高等职业教育"双高"建设新形态规划教材

钢轨探伤实训手册

（智媒体活页式）

主 编 亓 伟　王国良

西南交通大学出版社
·成　都·

内容简介

本书针对钢轨探伤岗位（初级、中级、高级）所需知识和技能，以典型工作任务为载体，将《钢轨探伤》实训部分进行梳理，编写了 SZT-800 数字式钢轨探伤仪基础操作、SDW-900 数字钢轨焊缝探伤仪基础操作、手工检查基础实操、钢轨探伤上道作业标准，这些实训任务将常用钢轨探伤仪器、设备、试块的使用方法及钢轨探伤专业知识融入其中，是对《钢轨探伤》教材主要知识点和技能的强化与拓展。

本书结构设置合理，任务选取恰当，内容安排贴近工作实际，由简及难，由浅入深，逐步加深学习者对教材内容的理解，提高任务分析、团队协作及实践操作等能力，同时在完成实训任务的过程中培养其良好的职业道德和工匠精神。

本书可作为高职高专院校铁道工程技术、城市轨道交通工程技术、高速铁路综合维修技术等相关专业的钢轨探伤实训教学用书，也可作为轮对探伤、锻件超声波探伤、铸件超声波探伤等相关的技术人员的参考用书。

图书在版编目（CIP）数据

钢轨探伤实训手册：智媒体活页式 / 亓伟，王国良主编. —成都：西南交通大学出版社，2023.4
ISBN 978-7-5643-9230-7

Ⅰ. ①钢… Ⅱ. ①亓… ②王… Ⅲ. ①钢轨–探伤–手册 Ⅳ. ①U213.4-62

中国国家版本馆 CIP 数据核字（2023）第 053584 号

Ganggui Tanshang Shixun Shouce（Zhimeiti Huoyeshi）

钢轨探伤实训手册（智媒体活页式）

主　编 / 亓　伟　王国良	责任编辑 / 韩洪黎
	封面设计 / 吴　兵

西南交通大学出版社出版发行

（四川省成都市金牛区二环路北一段 111 号西南交通大学创新大厦 21 楼　610031）
发行部电话：028-87600564　028-87600533
网址：http://www.xnjdcbs.com
印刷：四川玖艺呈现印刷有限公司

成品尺寸　185 mm × 260 mm
印张　15.5　　字数　384 千
版次　2023 年 4 月第 1 版　　印次　2023 年 4 月第 1 次
书号　ISBN 978-7-5643-9230-7
定价　46.00 元

课件咨询电话：028-81435775
图书如有印装质量问题　本社负责退换
版权所有　盗版必究　举报电话：028-87600562

前言

钢轨探伤是一门专业性、实践性都很强的专业课。为了真正体现"教""学""做"一体化的教育理念，我们编写了《钢轨探伤实训手册》。

本书可作为《钢轨探伤》配套教材使用，也可单独使用，是对《钢轨探伤》教材内容的强化与拓展，侧重于任务实施的过程及考核。通过对实训目的的分析，学习者以小组为单位进行任务分工，再根据任务内容，应用仪器工具，按照任务实施方法，对照考核评价的内容、标准，最终完成实训任务。任务完成过程中，锻炼了学习者任务分析、组织管理、团队协作、实践操作、仪器维护等多方面的能力，使理论与实践相结合，让学习更有针对性和有效性，更能激发学习者的学习兴趣，增强学习者的操作技能，强化学习者的能力素养。

本书由成都工业职业技术学院亓伟、成都西南交大高铁轨道设备有限责任公司王国良主编；成都工业职业技术学院陈爱平、余俊、豆银玲、陈爽、陈建男，上海申声科技有限公司辛安红参与编写完成。本书在编写过程中参阅了许多相关文献，咨询了许多专业从业者，在此对这些作者、一线工作者表示诚挚感谢。

由于编者水平有限，书中可能存在不足之处，恳请各位读者批评指正，以便进一步修改完善。

作　者

2023 年 3 月

二维码目录

序号	项目	二维码名称	资源类型	页码
1	项目一 钢轨探伤基础实操	认识 SZT-800 数字式钢轨探伤仪	视频	2
2		认识钢轨探伤仪按键	视频	4
3		钢轨探伤仪基本操作 1	视频	11
4		钢轨探伤仪拼图作业	视频	14
5		钢轨探伤仪基本操作 3	视频	18
6		钢轨探伤仪安装作业	视频	26
7		0°探头探伤原理	视频	31
8		钢轨探伤仪 0°探头识别与操作	视频	31
9		37°探头探伤原理	视频	38
10		钢轨探伤仪 37°探头识别与操作	视频	38
11		70°探头探伤原理	视频	45
12		正常钢轨轨端 70°探头 B 显出波	视频	45
13		钢轨探伤仪 70°探头识别与操作	视频	45
14		钢轨探伤仪回放软件操作	视频	58
15	项目二 焊缝探伤基础实操	K2.5 探头前沿与折射角测试	视频	93
16		0°探头水平线性与垂直线性测试	视频	95
17		扫查架扫查灵敏度校准	视频	97
18		K1 探头灵敏度校准	视频	99
19	项目三 手工检查基础实操	手工检测作业	视频	122

目 录

项目一 钢轨探伤基础实操 ········· 001

- 任务一 钢轨探伤仪基础操作（一） ········· 010
- 任务二 钢轨探伤仪基础操作（二） ········· 013
- 任务三 钢轨探伤仪基础操作（三） ········· 018
- 任务四 特殊功能键操作 ········· 022
- 任务五 探伤准备工作与探伤操作 ········· 026
- 任务六 钢轨探伤仪 0°探头识别与操作 ········· 029
- 任务七 钢轨探伤仪 37°探头识别与操作 ········· 037
- 任务八 钢轨探伤仪 70°探头识别与操作 ········· 044
- 任务九 钢轨探伤仪探头灵敏度和灵敏度余量的测试 ······ 053
- 任务十 下道及文件的导出、删除与回放 ········· 055
- 任务十一 钢轨探伤仪 B 显与数据回放 ········· 058
- 任务十二 钢轨探伤仪的保养与维护 ········· 074

项目二 焊缝探伤基础实操 ········· 075

- 任务一 焊缝探伤仪基础操作 ········· 086
- 任务二 焊缝探伤仪基础操作 ········· 089
- 任务三 斜探头入射点和折射角的测试 ········· 093
- 任务四 焊缝探伤仪水平线性与保护膜衰减值测试 ········ 095
- 任务五 焊缝探伤仪探头标定——GHT-1 试块 ········· 097

任务六　焊缝探伤仪探头标定——GHT-5试块……099
　　任务七　焊缝探伤仪现场灵敏度调试……101
　　任务八　焊缝探伤仪数据存储、导出与删除……107
　　任务九　焊缝探伤仪数据回放……113
　　任务十　焊缝探伤仪维护……120

项目三　手工检查基础实操……121
　　任务一　手工操作基本操作……122
　　任务二　道岔手工检查……124

项目四　钢轨探伤上道作业标准……125

项目五　钢轨探伤技能鉴定……133
　　任务一　钢轨探伤工初级操作技能考核……134
　　任务二　钢轨探伤工中级操作技能考核……158
　　任务三　钢轨探伤工高级操作技能考核……191

参考文献……239

项目一

钢轨探伤基础实操

学习目标

1. 知识目标

(1)掌握 SZT-800 数字式钢轨探伤仪组成、界面、按键功能。
(2)掌握 SZT-800 数字式钢轨探伤仪各探头 A 显、B 显回波。
(3)掌握 SZT-800 数字式钢轨探伤仪维护与注意事项。

2. 能力目标

(1)能够完成 SZT-800 数字式钢轨探伤仪界面识别与基本操作。
(2)能够识别 SZT-800 数字式钢轨探伤仪 A 显、B 显出波,并判断钢轨是否有伤损,找到钢轨伤损位置。
(3)能够利用 SZT-800 数字式钢轨探伤仪对标准试块进行伤损识别与探头标定。
(4)能够对 SZT-800 数字式钢轨探伤仪进行保养。

3. 素质目标

(1)培养学生的爱国主义情怀和民族自豪感。
(2)培养学生爱岗敬业、遵纪守法的职业精神、岗位精神。
(3)培养学生求真务实、踏实严谨、吃苦耐劳、精益求精的优秀品质。

知识学习

1. SZT-800 数字式钢轨探伤仪概述

SZT-800 数字式钢轨探伤仪由 SZT-800 主机、组合探头及探头架和专用手推车组成(见图1-0-1)。SZT-800 主机主要由显示屏、按键、提手、控制通道等部分组成(见图 1-0-2)。

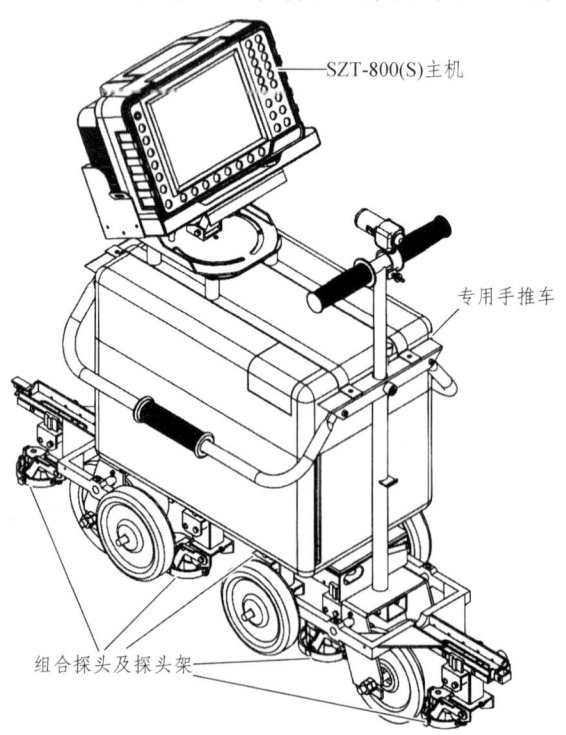

图 1-0-1 SZT-800 数字式钢轨探伤仪

认识 SZT-800 数字式钢轨探伤仪

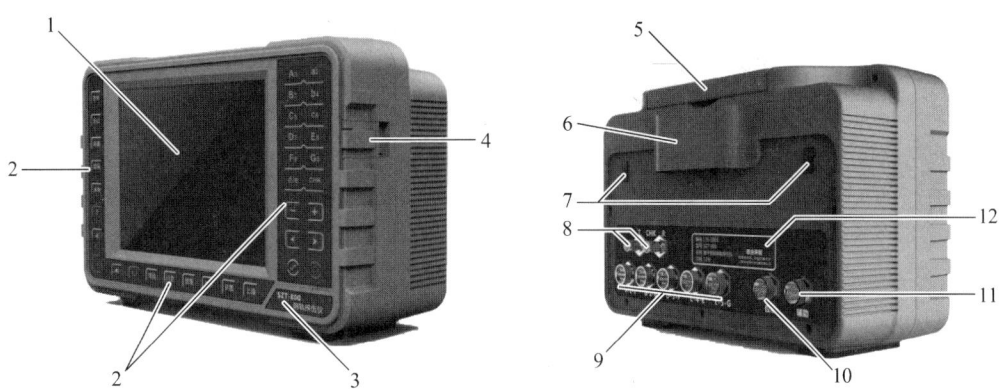

1—显示屏；2—按键；3—型号牌；4—USB 门；5—提手；6—锂电池；7—电池锁扣；
8—校对通道接口（Q9）；9—组合探头接口（GX16-7 芯）；10—位移轮接口（GX16-5 芯）；
11—辅助接口（GX16-4 芯）；12—铭牌。

图 1-0-2　SZT-800 主机组成

2. 标记符号说明

探伤仪内设标记符号说明见表 1-0-1。

表 1-0-1　标记符号说明

符号	说明
△	"黄色空心三角"为仪器自动标记的 2 级或 3 级疑似伤损
△	"红色空心三角"为仪器自动标记的 1 级疑似伤损
▲	"红色实心三角"为探伤人员标定的伤损
#	仪器自动识别的轨缝
@	回退标志，在回退处自动产生
T	测量的相对位置，测量时仪器自动显示光标距离此标志的水平距离
C	校验标志，进入 CHK 通道时自动产生
>	超速标志，超速超过设定的距离时自动标记
S	上道，或换操作员标志
*	人工标记的轨缝或其他意义的标志（有*、*1～*7 八种自定义标记）
Y	道岔标志，人工标记
$	曲线标志（进曲线为$起，出曲线为$止），人工标记
Q	桥梁或隧道标志（进桥/隧为 Q 起，出桥/隧为 Q 止），人工标记
Auto	使用自动增益探伤标志

3. 探头插座

仪器的后面板有 5 个 GX16-7 芯航空插座，为 5 个组合探头的接口，从左至右分别为 A-1-a、B-2-b、D-3-F、C-4-E、c-5-G，其中的数字分别对应探头电缆上标示的数字。当探伤仪作为右手机时，分别接轨内侧双 70°、轨外侧双 70°、向前 37°加后 0°、前直 70°加向后 37°和后直 70°加前 0°等 5 个组合探头。当为左手机时，分别接轨外侧双 70°、轨内侧双 70°、向前 37°加后 0°、前直 70°加向后 37°和后直 70°加前 0°等 5 个组合探头。编号见图 1-0-3。

图 1-0-3　仪器后面板组合探头的接口

4. 按键说明

SZT-800 数字式钢轨探伤仪常用按键说明见表 1-0-2。

表 1-0-2　按键说明

认识钢轨探伤仪按键

按　键	功　能	说　明
A1 a2 B3 b4 C5 c6 D7 E8 F9 G0 d/e CHK	通道选择	（1）短按作为通道选择，相应通道（A~F、a~c）的 B 超图形显示在前。 （2）长按 A~F，单独显示该通道的 B 显图像，短按任意通道键恢复全 B 超。长按 G，G 通道的 AB 显同时隐藏，短按打开。长按 d/e 打开或关闭 d/e 通道，短按 de 通道 A 超切换显示。 （3）在菜单设置时，当某个菜单项为超过 4 位的数字时，作为数字键使用。 （4）按 CHK 键，进入或退出校对通道 A 显模式
－ ＋	加/减	（1）通常作为数值的增加或减少，以及菜单值的选择。 （2）在"测量"功能时，上下移动光标
＜ ＞	左/右	（1）通常作为左右或上下依次移动来选择项目。 （2）在"测量"功能时，左右移动光标
✓	确认	菜单设置的确认
↺	撤销	菜单设置的撤销
上道	菜单键	长按进入"上道设置"菜单，短按功能保留
拼图	菜单键	长按进入"探头位置校正"菜单，短按功能保留
文件	菜单键	长按进入"文件"菜单，短按功能保留
管理	菜单键	长按进入"系统管理"菜单，短按功能保留

续表

按 键	功 能	说 明
设置	菜单键	长按进入"探测设置"菜单,短按查看原始波形
增益	菜单键	长按进入"增益设置"菜单,短按查看3 dB增强B显图形(软件版本V2.0及以上,FPGA版本V3.5及以上)
(小方门)	菜单键	长按进入"小方门设置"菜单,短按开/关Qaa和QBb
(喇叭)	菜单键	长按进入"报警设置"菜单,短按打开或关闭报警声音
电源	电源键	开关机按键
锁	锁轨	长按进入"GPS引导点列表",短按锁定轨型/解锁轨型。校对模式中按下作为屏幕冻结键
P	长链	长按作为斜70°B显翻折功能键,短按作为长链确认键
A/B	显示模式键	(1)短按在"全通道AB显""全通道拼图B显"和"全通道分区B显"模式之间切换。(2)长按切换到"单通道AB显"模式
里程	里程键	(1)短按进行里程校对。(2)长按进入"里程系数校正"菜单
测量	测量键	按下进入"测量"菜单,测量伤损深度及水平相对距离
标记	标记键	(1)短按作为特殊标记键标记。(2)长按进入"伤损标记"菜单
存储	存储键	按下存储当前屏幕显示的AB超数据

5. 仪器显示界面

(1)全通道AB显模式(见图1-0-4)。

① 探测状态区:位于屏幕的左上部分。显示报警编码、速度、里程、轨型等。

② A显区域:位于屏幕中上部。该模式下A超最多有7条基线,分别显示11个通道的A超。从上到下,第1根基线为A和a通道共用,第2根基线为B和b通道共用,第3根基线左边为C和c通道共用,右边为d/e通道,第4、第5、第6、第7根基线分别为D通道、E通道、F通道、G通道。A、a、B、b、C、c这六个通道波形往上,d/e、D、E、F、G这几个通道的波形往下。

③ 增益显示区域:位于屏幕右上部。A、a、B、b、C、c、D、E、F、G、d/e分别对应各个通道的增益。S、H、L为当前选中通道的声程、深度、水平距离。

④ B超区域:位于屏幕下部。各通道B超的颜色、增益显示的颜色和A超波形的颜色相同。B显区域的下方为里程标尺,标尺每一格为20 cm。

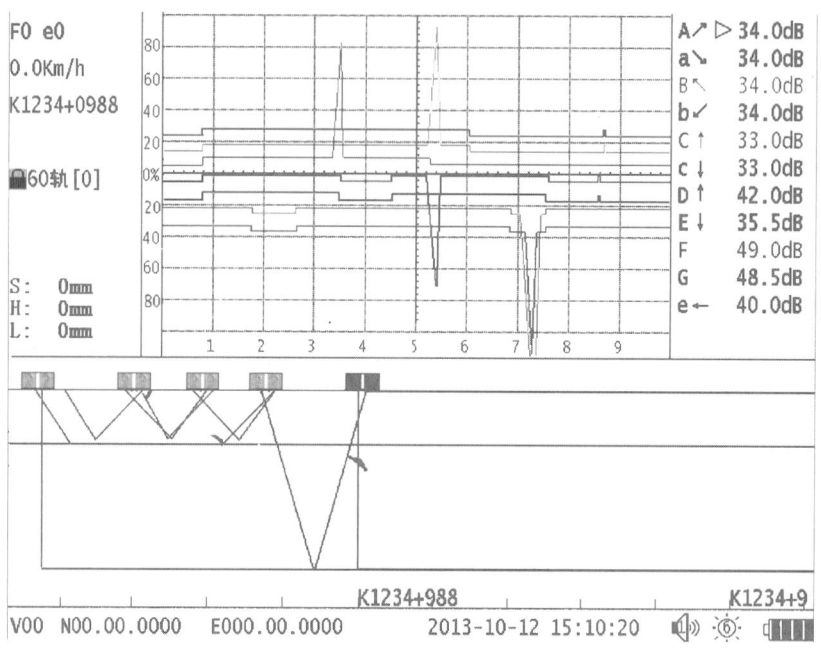

图 1-0-4　全通道 AB 显模式

⑤ 仪器状态区域：位于屏幕最下方一栏，左边 V00、N00.00.0000、E000.00.0000 分别表示 GPS 的有效卫星的个数、纬度、经度。右边分别为日期、时间、音量、亮度、电池剩余电量。

（2）全通道拼图 B 显模式（见图 1-0-5）。

该模式最上部分为探测状态区，中间为 B 显区，下边分别为增益显示区和仪器状态区，B 显区域中的标尺每格为 10 cm。

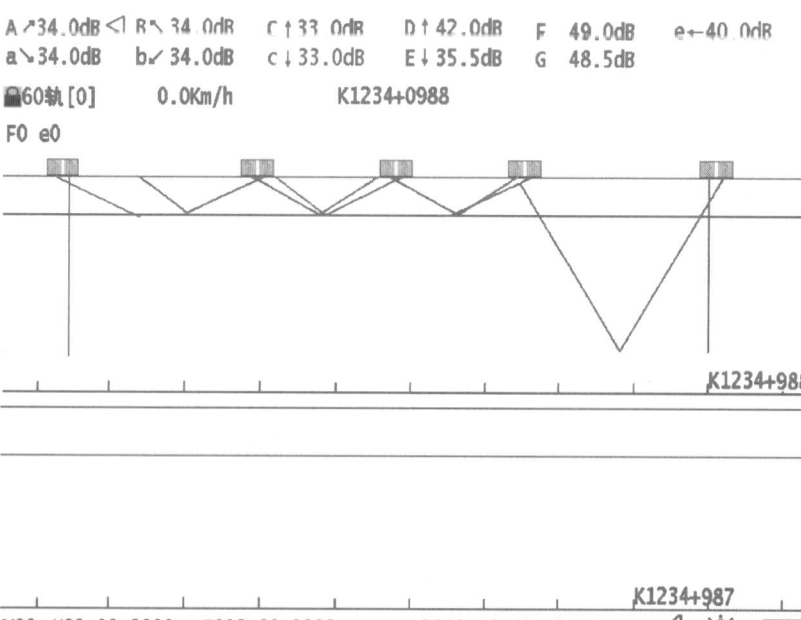

图 1-0-5　全通道拼图 B 显模式

（3）全通道分区 B 显模式（见图 1-0-6）。

该模式将 B 显区域分为 3 个区域，从上到下依次为 70°区域、37°区域和 0°区域。

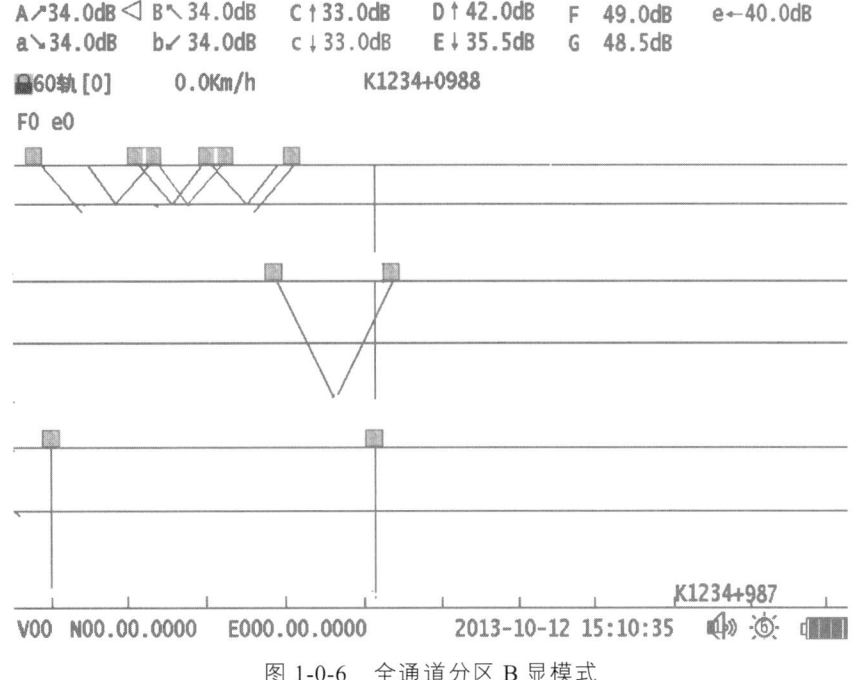

图 1-0-6　全通道分区 B 显模式

6. 手推车的结构

（1）手推车结构图。

手推车结构图如图 1-0-7 所示。

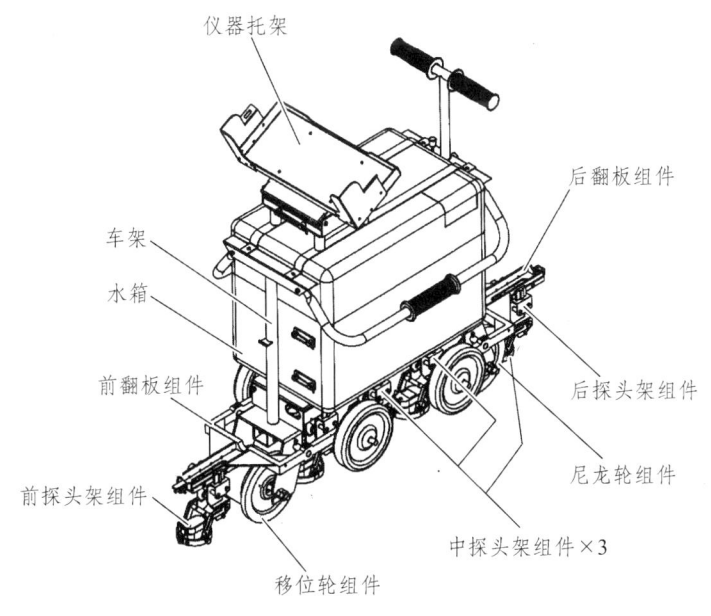

图 1-0-7　手推车结构

（2）探头架。

探头架共有 5 个，车体下部有 3 个，前后翻板各 1 个。

车体下部的 3 个探头架具有简易手动升降装置，用手轻轻往上托探头架，即将其升起并挂住，使探头脱离轨面。按下探头架一侧的按钮，探头架即自行落下，使探头紧贴轨面。

每个探头架由 2 个内六角螺丝固定在车架上，松开 2 个内六角螺丝，可纵向调节探头架。

此外，5 个探头架均有横向细调装置，并有锁定螺母，以便将探头固定在轨面横向的适当位置上。

当手推车从轨道上抬下时，仅需将前后翻板翻起即可，而不需将车体下部的探头架升起。只有当手推车在轨道上推行并不探伤时，为了减少探头磨耗，才需将车体下部的 3 只探头架升起。

（3）探头布置。

SZT-800 和 SZT-800S 最多可用 10 个双晶片探头同时探伤，10 个探头组成 5 个组合探头，探头在小车上的分布位置如图 1-0-8 所示。其中，Aa 组合为 1 号探头，Bb 为 2 号探头，DF 为 3 号探头，CE 为 4 号探头，cG 为 5 号探头。

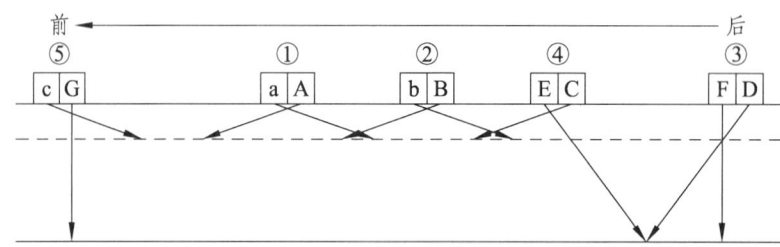

A—70°前内；a—70°后内；B—70°前外；b—70°后外；C—70°前直；c—70°后直；D—37°前；
E—37°后；d—E 探头发射，D 探头接收（SZT-800S 无此通道）；F—后 0°；G—前 0°；
e—D 探头发射，E 探头接收（SZT-800S 无此通道）。

图 1-0-8　探头布置

（4）俯仰旋转托架。

手推车上的仪器托架，有俯仰旋转装置。俯仰有多个角度，适合于不同身高的探伤人员的需要。松开托架底架两只缩紧螺栓，托架左右可旋转最大至 45°，调节至适当角度再锁定，以使仪器处于便于观测的位置。托架上有减震器，用于防止仪器受外界冲击震动的影响。

（5）翻板。

探伤车要使 5 组探头同时工作，必须有较长的长度，这就使探伤车增加了体积，不便于机动。为了解决这一问题，探伤车采用了翻板结构。

当探伤车在钢轨上探伤时，须把前后翻板放下，此时长度增加到 1 000 mm，可放置 5 只探头架。翻板有锁定装置，只需将翻板翻下至一定位置，即自动锁定。

当探伤车在公路上推行时，或在钢轨上推行而不探伤时，须将翻板翻起，此时车身长度缩减至 660 mm，便于机动。只需上拉手推车把手下面的拨杆，翻板即自动翻起。

当翻板已翻起而在钢轨上推行时，由于橡胶轮已放下，在过道岔时会碰撞胶轮，需将探伤车抬起方能通过。

（6）给水系统。

给水系统是由水箱、水路调节阀及水管组成，为探头提供耦合剂。探头保护膜与钢轨表面虽很光滑，但还不能保证探头与钢轨之间有良好的声接触。若其间有极小的空气夹层，也将使进入钢轨的超声波能量大为减少，影响探伤质量。因此，在探伤时，必须有适量的水作为探头和钢轨的声耦合。

水箱容量约为 20 L，水位高低可从手推车侧面的游标读出。水流量调节，除有总水阀门控制外，另有 4 个分阀门，控制 5 个探头架的流水量，可分别调节到适当位置，一般第 1 只探头的水流量应充分保证，其余探头可适当调节得小些。

位移传感器、尼龙轮、保险轮、橡胶轮位移传感器位于后尼龙轮侧面，用于采集行走的距离、速度、方向信息。

尼龙轮是供探伤车在钢轨上探伤时行走之用。能在不同宽度的钢轨上前进或倒退。为使探头始终保持在钢轨中心部位，特将其做成单面轮边。前、后轮的平行角度可以适当调节，以便使尼龙轮有一定的斜行力，保证轮边靠在钢轨一侧滚动。

任务一　钢轨探伤仪基础操作（一）

1. 试验目的

熟悉 SZT-800 数字式钢轨探伤仪模式切换、通道选择等功能，掌握上道设置、探测设置等基本设置。

2. 试验内容

（1）探伤仪模式切换；

（2）探伤仪通道选择；

（3）上道设置；

（4）探测设置。

3. 试验设备

SZT-800 数字式钢轨探伤仪主机。

4. 操作方法

（1）探伤仪模式切换。

按"A/B"键切换显示模式，在"全通道 AB 显模式"与"全通道 B 显模式"之间切换，长按"A/B"键切换到"单通道 AB 显模式"。

按"CHK"键，进入或退出校对通道 A 显模式。

全通道 AB 显模式：该显示模式显示所有通道的 A 超和 B 超（见图 1-0-4）。

（2）探伤仪通道选择。

SZT-800（S）仪器右边 12 个通道按键，分别对应仪器的 12 个通道。其中 A~G 及 a~c 等 10 个通道按键在进入菜单时又可以作为菜单设置时的数字按键，如图 1-1-1 所示。

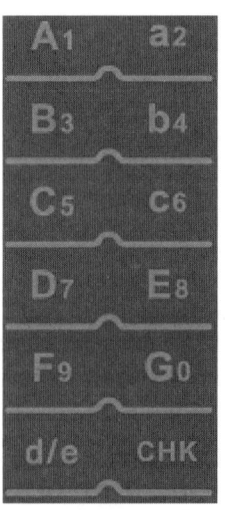

图 1-1-1　数字按键

短按上面的按键，光标定位在所选通道，此时按"－　＋"可以设置所选通道增益，也可以按"◁ ▷"键选择通道。

短按 A~F，相应通道的 B 超显示在前。长按 A~F，单独显示该通道的 B 显图像。

长按 G，G 通道的 AB 显同时隐藏，短按打开。长按 d/e 打开或关闭 d/e 通道。

短按 d/e 键，切换显示 d 或 e 通道的波形。

（3）上道设置。

如果开机距离上次关机的时间超过 15 分钟，开机后仪器自动进入"上道设置菜单"，否则需要长按"上道"进入"上道设置"菜单，如图 1-1-2 所示。

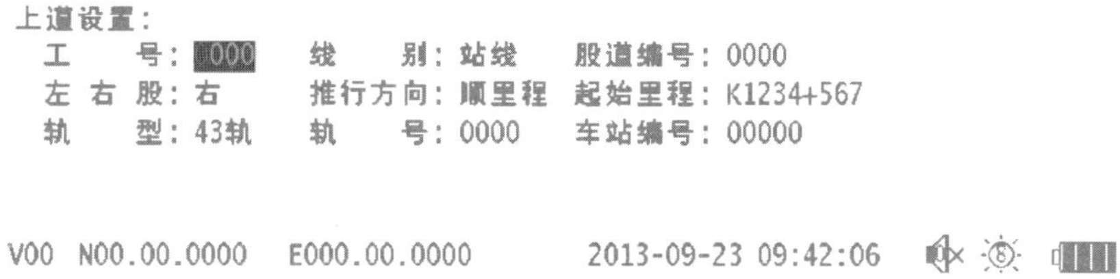

```
上道设置：
    工  号：0000      线  别：站线    股道编号：0000
    左右股：右        推行方向：顺里程  起始里程：K1234+567
    轨  型：43轨      轨  号：0000    车站编号：00000

V00  N00.00.0000   E000.00.0000   2013-09-23 09:42:06
```

图 1-1-2　上道设置界面　　　　　　　　　　钢轨探伤仪基本操作 1

①工号：设置操作者的工号，共 4 位数字编码，按数字键逐位设置。

②线别：有正线、站线供用户选择，正线表示仪器检测线路在正线条件下探伤，站线表示在站场条件下探伤，按+/-设置。

③股道编号/行别：在站线模式时为"股道编号"，4 位数字编码，按数字键设置；在正线模式时为"行别"，有单线、上行、下行 3 项可供选择，按+/-设置。

④左右股：有左股、右股 2 项，按+/-设置。

⑤推行方向：有顺里程、逆里程 2 项，按+/-设置。

⑥起始里程：用于设置探伤开始的起始里程，分为 2 部分，第 1 部分是公里数，第 2 部分是米数，它们都是逐位修改的，除米数的"千位"外，各位的修改范围为 0~9，按数字键设置，如果在长链超过 10 km 的情况下，米数的"千位"可以按"- +"设置，设置好此位后按"◁ ▷"定位到"百位"，然后按数字键逐位设置。

注：当里程为长链并且超过 9 999 m 时，为了能够用 4 位表示"千位"用大写字母（ABCD…Z）表示，比如 10 000 用 A000 表示、11 000 用 B000 表示、12 000 用 C000 表示，每增加 1 km 字母增加 1，以此类推 35 000 用 Z000 表示，所以"A503"表示 10 503 m，"B500"表示 11 500 m，"Z999"表示 35 999 m，最大的长链为"Z999"。

⑦轨型：默认为上次关机时的轨型，当 G 通道的灵敏度正常时，在一定距离内能自动识别轨型；也可按+/-键手动设置轨型，有 43、50、60、75 可选。

⑧轨号：用于修改起始钢轨编号，它是逐位修改的，各位的修改范围为 0~9。按数字键设置。

⑨车站编号：为 5 位数字编码，在站线时才有显示，各位修改范围为 0~9。按数字键设置。

（4）探测设置。

长按"设置"进入"探测设置"菜单，如图 1-1-3 所示。

① 长短轨：选择长轨或短轨，选择长轨时轨缝识别无效。

② 抑制：可以选择抑制大或抑制小。

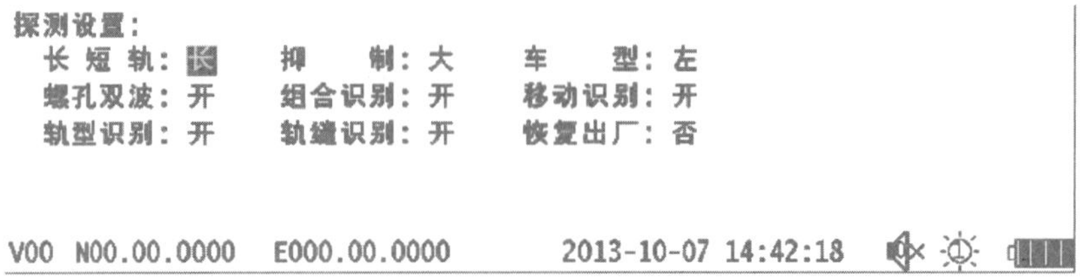

```
探测设置：
    长 短 轨：长        抑    制：大        车    型：左
    螺孔双波：开        组合识别：开        移动识别：开
    轨型识别：开        轨缝识别：开        恢复出厂：否


V00  N00.00.0000    E000.00.0000       2013-10-07 14:42:18
```

图 1-1-3　探测设置界面

③ 车型：分为左机和右机，左机用于检测行进方向左边的钢轨，右手机用于检测行进方向右边的钢轨。

④ 螺孔双波：螺孔双波伤损识别功能开关，为疑似伤损识别功能之一。

⑤ 组合识别：多通道组合伤损识别功能开关，为疑似伤损识别功能之一。

⑥ 移动识别：单通道移动伤损识别功能开关，为疑似伤损识别功能之一。

⑦ 轨型识别：开关轨型识别功能，为"开"时仪器自动识别轨型，为"关"时需要手动设置轨型。

⑧ 轨缝识别：开关轨缝识别功能。

⑨ 恢复出厂：将探测设置恢复到出厂状态。

5. 注意事项

（1）注意按键有长按、短按 2 种情况，操作时注意体验区分。

（2）注意数字按键的应用，并通过练习熟练各项设置操作。

任务二 钢轨探伤仪基础操作（二）

1. 试验目的

熟悉 SZT-800 数字式钢轨探伤仪探头位置校正、小方门设置、报警设置、增益设置、里程系数校正等各项操作。

2. 试验内容

（1）探头位置校正；

（2）小方门设置；

（3）报警设置；

（4）增益设置；

（5）里程系数校正。

3. 试验设备

SZT-800 数字式钢轨探伤仪。

4. 操作方法

（1）探头位置校正。

探伤过程中，软件需要将探伤仪各通道的 B 超图形合成为完整的画面，这样需要准确校正各个通道探头相对于 F 通道（后 0°通道）探头的位置距离。如果探头之间位置有误差，在探伤过程中可能会出现以下情况：

① B 超图像位置错乱。

② 在轨缝识别设置为"开"的情况下，不能消除无损轨缝的端面回波报警。

仪器的拼图功能是通过获取一幅完整的轨缝 B 超图形，通过左右移动调整各个通道图形的方法来校正探头的相对位置。所有探头的位置偏移量都是相对于 F 探头的位置（F 探头的位置为 0），步骤如下：

① 在探测设置菜单中将轨缝识别设置为"开"。

② 将 G 通道的 AB 显打开。

③ 调整好各通道的增益，G 通道（前 0°）探头距离轨缝最远的螺孔 200 mm 以上。

④ 按正常的探伤推行速度将小车匀速推过轨缝（后 0°探头越过轨缝 200~400 mm），检测是否有轨缝标志"#"，有"#"进行下一步，否则重试。如图 1-2-1 所示。

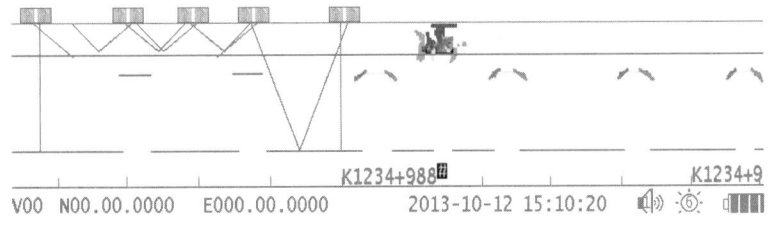

图 1-2-1　拼图示意

⑤ 长按""键进入"探头位置校正"菜单，按"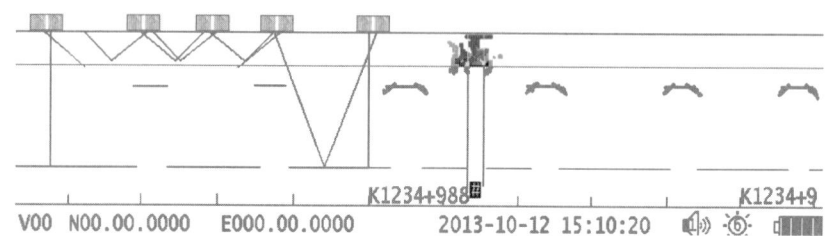"选择需要校正的探头，如图1-2-2所示。

以F通道探头位置为基准	G	D	E	C	c
	860	-30	280	255	895
	A	a	B	b	出厂
	600	620	445	465	否

图1-2-2　探头位置校正

G 校正 G 探头位置，此时屏幕将在"#"前后显示两条线，按"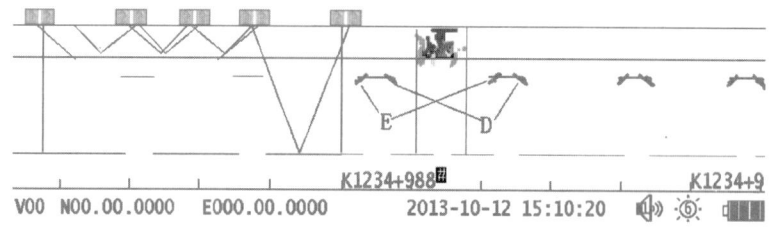"使之与 F 通道的轨底图形缺口重合（或者使 G 通道螺孔图形与 F 通道螺孔图形重合），如图1-2-3所示。

钢轨探伤仪拼图作业　　　　　　　　　　图1-2-3　拼图示意

D 校正 D 探头位置，移动 D 通道 B 超图形，使 D 通道的螺孔图形相交于 0°探头相对应的螺孔图形的右边，如图1-2-4所示。λE 校正 E 探头位置，移动 E 通道 B 超图形，使 E 通道的螺孔图形相交于 0°探头相对应的螺孔图形的左边，如图1-2-4所示。λA 校正 A 探头位置，此时屏幕将在"#"前后显示两条线，这两条线是所有 70°探头（A\aB\bC\c）端面波图形的范围，按"〇"移动 A 通道端面波图形，使之置于这两条线之间，如图1-2-4所示。

图1-2-4　拼图示意

其他通道（a\B\b\C\c）校正探头位置的方法，同"探头 A 位置校正"。

探头位置校正好后，按"〇"键退出。

（2）小方门设置。

长按"▣"进入"小方门设置"菜单，如图1-2-5所示。各个小方门的定义如表1-2-1所示。

表 1-2-1　小方门设置说明

小方门	小方门说明
QAa	A 型显示第 1 根基线上的小方门，用于检测 A、a 通道的轨面鱼鳞伤
QBb	A 型显示第 2 根基线上的小方门，用于检测 B、b 通道的轨面鱼鳞伤
QDE1	A 型显示第 4、第 5 根基线上左边的小方门，用于检测 D、E 通道的螺孔
QDE2	A 型显示第 4、第 5 根基线上右边的小方门，用于检测 D、E 通道的轨底锈蚀
QF1	A 型显示第 6、第 7 根基线上左边的小方门，用于检测 F、G 通道的螺孔
QF2	A 型显示第 6、第 7 根基线上右边的小方门，用于检测 F、G 通道的轨底
Qde	A 型显示第 3 根基线上右边的小方门，用于 d/e 通道穿透探伤

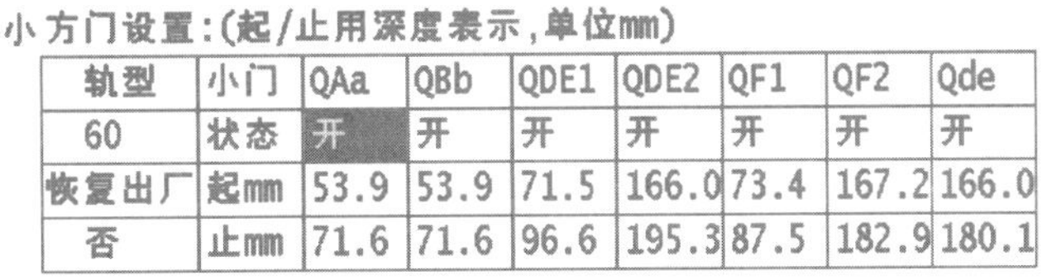

小方门设置：(起/止用深度表示，单位mm)

轨型	小门	QAa	QBb	QDE1	QDE2	QF1	QF2	Qde
60	状态	开	开	开	开	开	开	开
恢复出厂	起mm	53.9	53.9	71.5	166.0	73.4	167.2	166.0
否	止mm	71.6	71.6	96.6	195.3	87.5	182.9	180.1

图 1-2-5　小方门调整示意图

①轨型：选需调整小方门门限的轨型。
②恢复出厂：恢复当前轨型的小方门到出厂状态。
③状态：各个小方门的开关。QF2 常开，用户不能修改。
④起 mm：各个小方门的前沿的位置。
⑤止 mm：各个小方门的后沿位置（注：QAa、QBb、QDE2 的止不能调，为大方门的止）。
（3）报警设置。
短按"🔊"打开或关闭报警音频。长按"🔊"进入"报警设置"菜单，如图 1-2-6 所示。

```
报警设置：
  音    量：00      报警音频：开      语音提示：开
  零度失波：开      Qde 失波：开      轨缝回波：关
  QDE2出波：开      QAB 出波：开      交  替  波：开
  超    速：开      耦    合：开      恢复出厂：否

V00  N00.00.0000  E000.00.0000    2013-10-07 15:55:08
```

图 1-2-6　报警设置

① 音量：0～31 级音量可调。
② 报警音频：开/关报警音频，出厂默认开。
③ 语音提示：开/关语音提示功能，出厂默认开。
④ 零度失波：零度失波报警方式，有"距离控制"和"正常失波"2 种方式，出厂默认距离控制。
注：设置为"距离控制"时，屏幕 A 超区域右下角显示"距离"，当后 0°穿透探伤失波达

到设定的距离时产生失波报警，设定距离在"管理员设置"菜单中由管理员设定。设置为"正常失波"时，屏幕 A 超区域右下角显示"正常"，当后 0°穿透探伤只要失波即产生失波报警。

⑤ Qde：失波 Qde 失波报警开关，出厂默认开。
⑥ 轨缝回波：轨缝回波报警开关，出厂默认关。
⑦ QDE2：出波 QDE2 出波报警开关，出厂默认关。
⑧ QAB：出波 QAB 出波报警开关，出厂默认关。
⑨ 交替：交替波报警开关，出厂默认开。
⑩ 超速：超速报警开关，出厂默认开。
⑪ 耦合：耦合报警开关，出厂默认开。
⑫ 恢复出厂：将报警设置恢复到出厂状态。

（4）增益设置。

在没有进入任何菜单的模式下，短按"A～de"键，光标定位在所选通道（也可以按" < > "键选择通道），此时按" - + "可以设置所选通道的增益，并且屏幕上的 S、H、L 显示此通道出波的声程、深度、水平距离。

当需要将所有通道的增益同时提高或减小相同 dB 时，可以在增益菜单中使用"增益联调"的功能，长按" 增益 "进入"增益设置"菜单，如图 1-2-7 所示。

增益设置：
增益联调：0.0dB   自动增益：关   增益运用：自动->手动

V00 N00.00.0000 E000.00.0000 2013-10-08 09:43:06

图 1-2-7 增益设置示意

① 增益联调：将所有通道增益同时增加或减少相同的 dB 数，调节范围为+/-5 dB。注：当某一通道的增益大于等于 60 dB 或小于等于 20 dB 将不能再继续使用联调功能来增加或减少衰减量。

② 自动增益：自动增益调节功能开关，使用自动增益时，仪器根据钢轨的表面状况自动调节增益，不需要用户设置增益，此时用户不能调节增益。

在仪器锁定轨型时，自动增益功能失效，不再自动调节增益，避免在这些钢轨表面情况复杂的地方自动增益产生错误的调节，解除轨型锁定后，自动增益重新开始调节。

③ 增益运用自动->手动（自动增益的数值用于手动增益）。按" ✓ "键，弹出询问对话框，选择"是"然后再按" ✓ "设置成功。

（5）里程系数校正。

长按" 里程 "进入"里程系数校正"菜单，如图 1-2-8 所示。
① 仪器测量校正里程系数时仪器测量的位移轮行走的距离（只读）。
② 校正距离设置校正距离，有 5 m、10 m、15 m、25 m、50 m、100 m 可选。
③ 计算系数选择"是"然后按下" ✓ "键，仪器自动计算里程系数。
④ 里程系数可以手动设置里程系数（计算方法：设定的校正距离/仪器测量距离）。

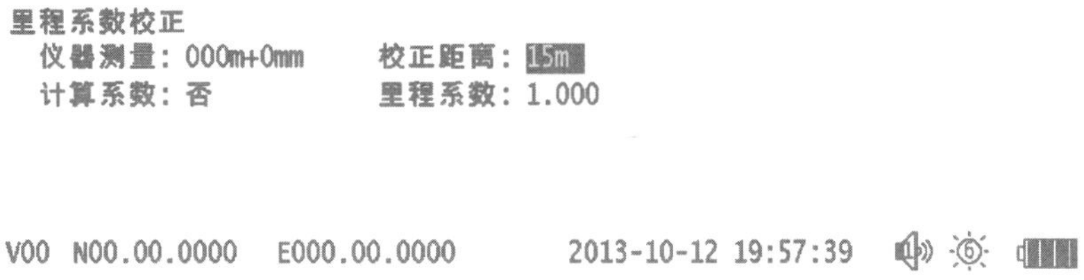

```
里程系数校正
    仪器测量：000m+0mm      校正距离：15m
    计算系数：否            里程系数：1.000


V00  N00.00.0000   E000.00.0000      2013-10-12 19:57:39
```

图 1-2-8　里程校正示意

　　里程系数校正方法：比如选 15 m 的实际距离来校正，首先用卷尺量一段 15 m 的钢轨，标记好起点和终点，将小车的后 0°探头后沿对准起点位置，然后进入"里程系数校正"菜单，匀速推行小车，使后 0°探头的后沿刚好达到标记的终点时停下。将"计算系数"设置为"是"然后按下"■"键，仪器自动计算里程系数，并更新"里程系数"。此外，也可以手动设置里程系数（计算方法：里程系数=设定的校正距离÷仪器测量距离）。

任务三　钢轨探伤仪基础操作（三）

1. 试验目的

熟悉 SZT-800 数字式钢轨探伤仪系统管理、管理员设置、增益上限、探头零点设置、探头角度设置、大方门设置等各项操作。

2. 试验内容

（1）系统管理；

（2）管理员设置；

（3）增益上限；

（4）探头零点设置；

（5）探头角度设置；

（6）大方门设置。

3. 试验设备

SZT-800 数字式钢轨探伤仪。

4. 操作方法

（1）系统管理。

长按" 管理 "进入"系统管理"菜单，如图 1-3-1 所示。

钢轨探伤仪基本操作 3

图 1-3-1　系统管理设置示意

① 屏幕亮度：8 级亮度可调。

② 昼夜模式：有白天和黑夜 2 种显示背景。

③ B 超粗细：标准和精细 2 种模式。

④ 参数调出：用户可以调出保存好的任何一套工作参数。工作参数包括增益、报警、方门、探测设置等，系统共存有 10 套工作参数：当前工作参数、厂家默认、参数 1~参数 9。仪器工作时，使用当前工作参数进行工作。用户可以修改当前工作参数，将当前工作参数存储为参数 1~参数 9，也可以将厂家默认参数、参数 1~参数 9 调用覆盖当前工作参数。

⑤ 参数保存：保存当前的工作参数到选定的参数中。

⑥ 管理设置：此处需要输入密码。输入密码后按下"Enter"进入"管理员设置"菜单（详见管理员设置）。

⑦ 线编号：使用数字键设置线路编号。

⑧ 单位编号：用户的工务段单位编号，使用数字键设置。
⑨ 工区：用户所在的工区编号，使用数字键设置。
⑩ 班组：用户所在的班组编号，使用数字键设置。
⑪ 时间设置：光标移动到此项，按下"✓"键进入日期时间设置对话框。
⑫ 本机信息：光标移动到此项，按下"✓"键查看本机的软件版本、FPGA 版本、仪器编号。

（2）管理员设置。

在系统管理菜单的"管理设置"项中输入密码（初始密码只提供给有管理员权限的用户），然后按"✓"键进入"管理员设置"菜单，如图 1-3-2 示。

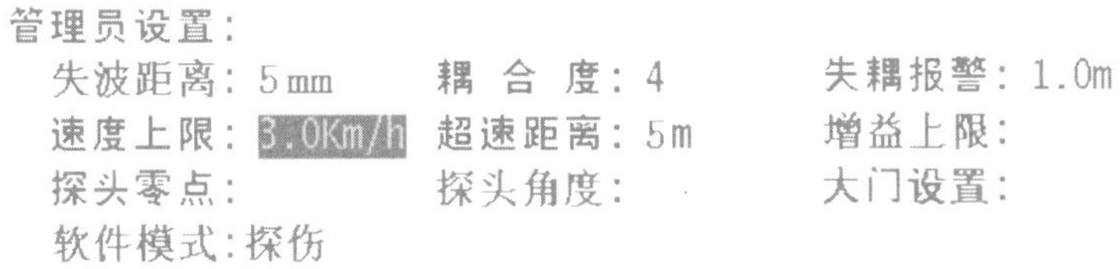

```
管理员设置：
失波距离：5mm      耦合度：4         失耦报警：1.0m
速度上限：3.0Km/h  超速距离：5m      增益上限：
探头零点：         探头角度：        大门设置：
软件模式：探伤
```

图 1-3-2　管理员设置示意

① 失波距离：0°失波报警距离，当"报警设置"菜单中 0°失波设置为"距离控制"时，0°失波超过该项设定的距离时产生失波报警（可选 5 mm/10 mm）。

② 耦合度：设置探头耦合级别，一旦低于此级别，则报警（共 5 级，1 为最低级别）。

③ 失耦报警：设置探头失耦报警的距离，如果耦合度低于耦合级别持续超过此距离，则语音报警提示"探头故障"。

④ 速度上限：设置超速报警的速度上限，推行速度超过此限值将报警。持续报警超过超速距离，则在探伤数据中标记一次超速。

⑤ 超速距离：设置超速距离的限值。

⑥ 增益上限：自动增益调节的上限选中此项后，按"✓"进入"自动增益上限"菜单。

⑦ 探头零点：探头零点是超声波穿透探头内部晶片至探头接触面这一段距离所需要的时间，通常用微秒（μs）来表示。选中此项后，按"✓"进入探头"零点设置"菜单。

⑧ 探头角度设置：各个探头的折射角以及斜 70°探头的偏角。选中此项后，按"✓"进入"探头角度设置"菜单。

⑨ 大门设置：设置各个通道的大方门（检测范围），选中此项后，按"✓"进入"大方门设置"菜单。

⑩ 软件模式：探伤/检测 2 种模式。探伤时选用"探伤"模式，检测仪器时选用"检测"模式。

（3）增益上限。

探伤时使用自动增益调节仪器各个通道的灵敏度时，当灵敏度达到对应通道的上限设定值时灵敏度不会继续往上调，自动增益上限是为了防止探伤时小车推偏，以及在侧磨很厉害的钢轨上推行时，有可能会产生灵敏度调节过大的情况。上限不能设置太小，否则性能好的探头容易产生杂波，建议使用默认值。增益上限菜单如图 1-3-3 所示，按"◀ ▶"选择需要设置的通道，按"− +"设置上限。

自动增益上限：

A	a	B	b	C	c	D	E	F	G
44.0	44.0	44.0	44.0	41.0	41.0	48.0	48.0	48.0	50.0

图 1-3-3　自动增益上限示意

（4）探头零点设置。

探头零点是超声波穿透探头内部晶片至探头接触面这一段距离所需要的时间。在"管理员设置"菜单中选择"探头零点"进入探头零点设置菜单，如图 1-3-4 所示，按 " < > "选择需要设置的探头，按 " − + " 设置零点。

零点设置：

通道	斜70	直70	37度	0度
零点 μs	10.0	10.0	10.0	10.0

图 1-3-4　探头零点设置示意

零点单位为 μs。斜 70 表示 A、a、B、b 等 4 个通道连接的斜 70°探头，直 70 表示 C 和 c 通道连接的直 70°探头，37 度表示 D 和 E 通道连接的 37°探头，0 度表示 F 和 G 通道连接的 0°探头。

（5）探头角度设置。

在"管理员设置"菜单中选择"探头角度"进入探头角度设置菜单，如图 1-3-5 所示，按 " < > "选择需要设置的项目，按 " − + " 设置项目值。

探头角度设置：

通道	A	a	B	b	C	c	D	E	F	G
角度	68.0	-68.0	68.0	-68.0	68.0	-68.0	38.0	-38.0	0.0	0.0
偏角	18.0	18.0	18.0	18.0						

图 1-3-5　探头角度设置

① 角度：设置各个通道探头的折射角度。

② 偏角：设置各个通道探头的偏角（只有 A、a、B、b 等 4 个通道的探头有偏角）。

（6）大方门设置。

在"管理员设置"菜单中选择"大门设置"进入大方门设置菜单，如图 1-3-6 所示，按 " < > "选择需要设置的项目，按 " − + " 设置项目值。

大方门规定了各个通道有效回波的范围（检测范围），大方门"起"和"止"以外的回波为无效回波，仪器将不做处理。有 4 种大门，PAa 表示 A 和 a 的大方门，PBb 表示 B 和 b 的大方门，PCc 表示 C 和 c 的大方门，PDE 表示 D 和 E 的大方门。

① 起 mm 各个通道大方门的前沿的深度位置，单位为 mm。

② 止 mm 各个通道大方门的后沿的位置，单位为 mm。

大方门设置：(起/止用深度表示，单位mm)

	大门	PAa	PBb	PCc	PDE
轨型	起mm	8.3	8.3	9.0	17.9
60	止mm	74.6	74.6	50.0	180.7

图 1-3-6　大方门设置示意

（7）注意事项。

① 使用自动增益时注意探头位置要正确，所有探头要平行于钢轨的中心线。左右调节 0° 找到轨底反射的最高波，此时 0° 探头位置正确（正常无侧磨的钢轨通常居于中心线上）。左右调节 37° 探头，找到螺孔反射的最高波，此时 37° 探头位置正确（正常无侧磨的钢轨通常居于中心线上）。直 70° 探头与 0° 或 37° 探头组成组合探头，不用再调节。外打斜 70° 探头相对于中心线偏内不超过 5 mm，内打斜 70° 探头相对于中心线偏外不超过 5 mm。

② 更换探头时要注意检测探头是否符合要求，每批探头可能由于生产工艺的误差，自动增益可能会不同。如果手动设置的增益与自动增益相差 3 dB 建议使用手动增益。

③ 自动增益能够适应大部分的正常路段，但在钢轨侧磨比较厉害的地方或者老杂轨路段钢轨表面很差的地方以及道岔尖轨曲线等路段存在不确定因素，建议不要使用自动增益。

④ 推行时不能推偏，推偏可能会导致自动增益调节错误。

任务四　特殊功能键操作

1. 试验目的

熟悉 SZT-800 数字式钢轨探伤仪特殊标记、里程校正及长短链、斜 70°B 显翻折、轨型锁定、伤损 GPS 引导功能、伤损标记、伤损相对位置及深度测量、特殊位置存储、使用校对通道、校对通道报警闸门设置等各项操作。

2. 试验内容

（1）特殊标记；
（2）里程校正及长短链；
（3）斜 70°B 显翻折；
（4）轨型锁定；
（5）伤损 GPS 引导功能；
（6）伤损标记；
（7）伤损相对位置及深度测量；
（8）特殊位置存储；
（9）使用校对通道；
（10）校对通道报警闸门设置。

3. 试验设备

SZT-800 数字式钢轨探伤仪。

4. 操作方法

（1）特殊标记。

连续短按"标记"键或小车手柄上的快捷按钮，将依次显示为"*/Y/$/Q"标记符号，选好需要的标记符号后向前推行小车大约 300 mm，标记符号自动标记到 B 超图上（标记的位置为选定标记符号时刻的前 0°位置）。

当进入曲线或桥隧时，选择标记符号"$起"或"Q 起"，将在 B 超图的后 0°探头位置显示"$"或"Q"，当出曲线或桥隧时选择标记符号"$止"或"Q 止"，B 超图上不再显示"$"或"Q"。

除选择标记符号"*"外，仪器还提供了"*1"至"*15"7 种自定义标记符号，按"标记"键选择到"*"标记符号后，再按仪器右边的通道/数字键，屏幕显示相应的"*n"（n 为 1~15）。

推荐*n 符号的意义如表 1-4-1 所示，用户也可以自定义符号的含义。

表 1-4-1　自定义标记符号

*n 符号	符号意义
*	轨缝
*1	"接触焊"焊缝
*2	"气压焊"焊缝

续表

*n 符号	符号意义
*3	"铝热焊"焊缝
*4	
*5	
*6	
……	

（2）里程校正及长短链。

① 遇到公里标需要校正里程时，短按"■■"键，屏幕左边字符提示区的里程米的个位数字清零、十位数字自动四舍五入到百位，同时，百位的数字反显。如果需要调整百位数字，则直接按"■■"调整，需要调整其他位数字，则按"■■"选择需要调整的位，然后按"■■"调整，调整完后，按"■■"或直接推行确认保存调整后的值，或按"■■"取消调整，退出里程校正。

② 当顺里程计数到 990 m 时，屏幕左边字符提示区的里程下闪烁提示"[长链?]"，并且语音提示"接近公里标"。如果不是长链，不需要任何操作，达到整公里时，提示自动消失。如果是长链，则按"■■"确认此长链，屏幕将显示"[长链!]"。继续推行到长链结束时，再按下"■■"，取消长链，里程自动进位到整数公里，"[长链!]"提示消失。

（3）斜 70°B 显翻折。

长按"■■"键可以使 4 个斜 70°的 B 显相对于轨颚线翻折，这样便于区分斜 70°一二次波图形，如图 1-4-1 所示为翻折前后的 B 显图形。

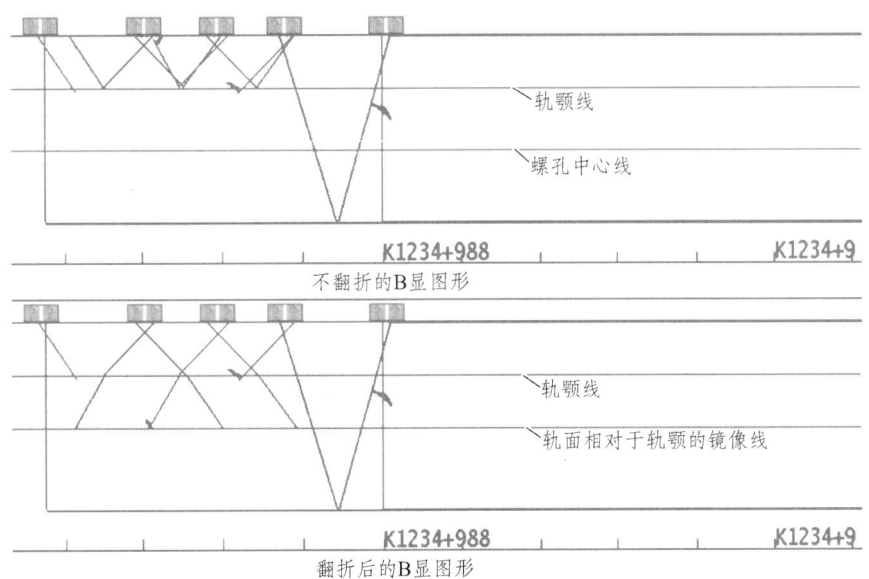

图 1-4-1　斜 70°B 显不翻折与翻折示意

（4）轨型锁定。

当轨型识别功能打开时，按下"■■"键锁定轨型，仪器暂停轨型自动识别，并在轨型前显示"🔒",再次按下"🔓"键解除轨型锁定。轨型锁定功能主要用于道岔的尖轨段,避免方门跳动。在锁定轨型时自动增益将不会调节(在侧磨比较厉害以及老杂轨上,建议锁定轨型避免自动增益不正常调节)。

（5）伤损 GPS 引导功能。

当数据回放发现疑似伤损,需要再次现场复核该伤损时,使用回放软件将数据中的伤损 GPS 及里程导出到 "GPS_Coordinates.csv" 文件,然后将该文件放到 U 盘根目录下 "SZT-800" 文件夹中,仪器开机进入探伤界面后插上该 U 盘,然后长按 " " 键进入 GPS 引导点列表菜单,仪器会自动弹出"导入 GPS 坐标"对话框（见图 1-4-2）,选择"是"然后按确认键即可导入文件中 GPS 引导点信息。当探伤仪到达 GPS 引导点 20 m 范围内时仪器显示"已到达 GPS 引导点附近！",当到达 10 m 范围内时,仪器会显示"接近 GPS 引导点！"。仪器一次可以最多输入 20 个引导点。

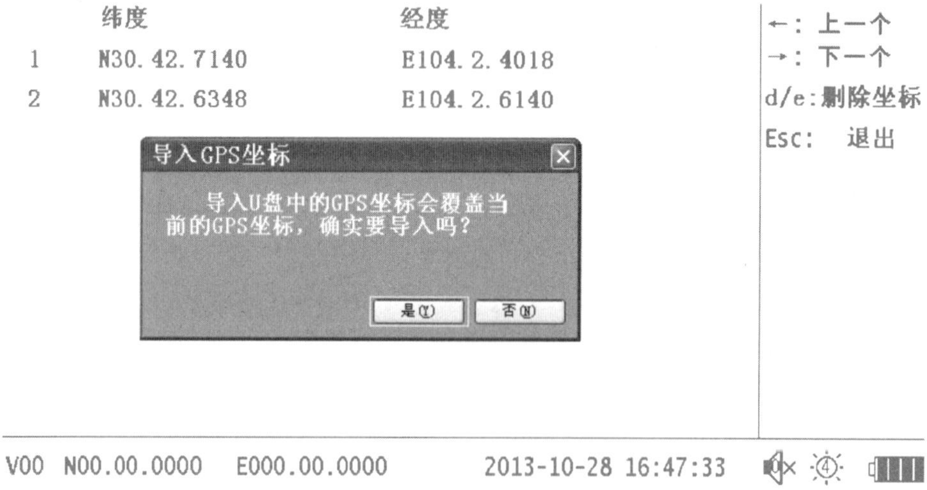

图 1-4-2　GPS 引导功能示意

（6）伤损标记。

人工确认伤损后,需要将语音报警的疑似伤损或报警标记为真正的伤损"人工发现的伤损"。在 A 超或 B 超工作模式下,长按" 标记 "键进入伤损标记模式,用于手动纪录伤损的类型和位置。伤损标记的操作步骤如下:

① 进入伤损标记模式后,光标定位到 B 超的报警位置,按" − + "选择需要标记的报警。

② 然后按" < > "分别选择伤损"长度位置""截面位置""伤损状态""细化""伤损程度""处理情况"等项目,使用" − + "分别设置这些项目的编码。

③ 设定完毕后,按" "确认标记伤损(此时 B 超会在此伤损对应的轨底位置标记"▲"),按" "放弃伤损标记,并退出伤损标记模式。

注:"处理情况"为探伤时现场钢轨处理的情况,可设置为未处理、钻孔上夹板、鼓包上夹板、原位复焊。

伤损编码按照《钢轨伤损分类》（TB/T 1778—2010）进行编码,见表 1-4-2。

表 1-4-2　钢轨伤损分类编号结构

第1位（数字）	第2位（数字）	第3位（数字）	第4位（数字）	第5位（字母）
伤损在钢轨长度上的位置	伤损在钢轨横截面上的位置	伤损状态	伤损状态的细化	伤损程度
0—钢轨全长范围（或全长的大部分）； 1—轨身的局部区域； 2—夹板接头（轨端、夹板孔和夹板长度范围的钢轨）区域； 3—焊补区域； 4—接续线焊接区域； 5—闪光焊接头； 6—铝热焊接头； 7—气压焊接头； 9—其他形式焊接的焊缝和热影响区	0—整个钢轨截面或截面的任何部分； 1—轨头表面（踏面、轨距角、轨头侧面）； 2—轨头内部； 3—轨头下颚； 4—轨腰； 5—夹板孔； 6—轨底（轨底下表面、轨底边缘或轨底角侧面）	0—弯曲变形； 1—磨耗、压溃、压陷（或凹陷）； 2—波浪磨耗； 3—接触疲劳裂纹（剥离裂纹）及其引起的掉块和疲劳断裂； 4—内部裂纹或内部缺陷（白点、夹杂物、成分偏析、淬火缺陷、焊接缺陷、焊补缺陷等）及其引起的核伤； 5—表面缺陷及其引起的疲劳断裂； 6—外伤（擦伤、碰伤等）及其引起的疲劳断裂； 7—锈蚀及其引起的疲劳断裂； 8—没有明显疲劳裂纹的脆性断裂； 9—其他	各伤损状态的细化顺序以1、2、3、4…；没有细化时没有数字	A—不到轻伤； B—轻伤； C—轻伤有发展； D—重伤； E—折断

（7）伤损相对位置及深度测量。

按下"测量"键，进入测量模式，测量伤损或报警相对于参考点（轨缝#，标记点*，后0°）的水平距离、相对于轨头表面的垂直深度，以及当前位置之前的 25 m 范围内仍取两点的水平距离。测量步骤如下：

①进入测量模式后，光标定位到 B 超区域后 0°的位置，按"◁ ▷"水平移动光标，按"- +"垂直移动光标，此时测量菜单的"深度""距F""距#""距*"数值显示相应变化。

②如果需要测量任意两点的水平距离，移动光标，到达第 1 个点的位置后，按下"✓"设置好第 1 个点"T"的位置，然后再移动光标到达第 2 个点的位置，测量菜单的"距T"显示两点间的水平距离。如果要计算 37°穿透失波的伤损位置，第 1 个点的位置为第 1 次穿透失波报警点的中心，第 2 个点的位置为第 2 次穿透失波报警点的中心，de_L 为穿透失波伤损距后 0°的水平距离，de_H 为伤损距轨面的深度。

③按"✓"或"↻"退出测量模式。

（8）特殊位置存储。

按下"存储"，仪器存储当前屏幕显示范围的数据，以表示此位置的钢轨需要特别注意，所有按"存储"的数据存储在一个比全程数据文件小得多的文件内，便于管理和传送。

任务五　探伤准备工作与探伤操作

1. 试验目的

熟悉 SZT-800 数字式钢轨探伤仪的准备工作、上道基本操作、探伤推行速度操作、探伤过程要点等各项操作。

2. 试验内容

（1）准备工作；

（2）上道基本操作；

（3）探伤推行速度操作；

（4）探伤过程要点。

3. 试验设备

SZT-800 数字式钢轨探伤仪。

4. 操作方法

（1）准备工作。

SZT-800 上道前需要做以下工作：

① 作业前为仪器的电池充好电。

② 检查探头与保护膜间是否有气泡，如果有气泡应重新封装。

③ 请按照图 1-5-1 所示的探头位置分布，将探头按标号对应安装到手推车探头架上。

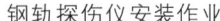

钢轨探伤仪安装作业

图 1-5-1　探头位置分布

④ 水箱内注满水（在温度较低的环境下进行探伤则应在水中加入精盐或酒精等作为防冻剂），通过小车两侧的抬手将小车抬上钢轨，放下前后翻板，打开水阀，并检查出水是否畅通。

⑤ 让小车的尼龙轮与钢轨贴近能前后行走且不偏、不掉道，检查各个探头是否在钢轨轨面的中间位置，如果有偏差，先松开探头架调节螺杆的锁紧帽，然后旋动调节螺杆横向调节探头架。

⑥ 将仪器固定到小车的托盘上，5 个复合探头的引线插头（7 芯）按照连引线上的标号"1"～"5"从左到右连接到仪器背面的插座上，然后接上位移轮连接插头（5 芯）和辅助连接插头（4 芯，辅助连接线连接快捷确认按钮及夜光照明灯）。各个接线连接如图 1-5-1 所示。

（在探伤过程中，如需要使用校对探头进行验证时，再将校对探头连接到上方的 CHK 插座，上道前不需要安装。）

⑦ 调整手推车推手的高度和仪器的仰角到适合操作的位置。

SZT-800 上道前除需要做以上 7 步工作外，还由于 SZT-800 的 D、E 通道同时具有反射式探伤和穿透式探伤的功能，需要根据探伤的轨型调节 D 和 E 两探头的距离（即③号和④号组合探头）。按理论计算，50 轨探伤时两探头中心间距为 229 mm，60 轨探伤时两探头中心间距为 265 mm。由于实际会有一些偏差，所以两个探头的距离需上道微调。

（2）上道基本操作。

SZT-800 有以下上道的基本操作：

按" "键开机，进入"上道设置"菜单，设置好"线别、行别、左右股、推行方向、里程、轨型、轨号"。

打开总水阀，并且调节 4 个分水阀，一般前面第 1 只探头的水流量应充分保证（出水位连续状态），其余探头可适当调节得小些。

如果关闭了"自动增益"，请检查各个通道的灵敏度是否正确。如果使用"自动增益"，请在钢轨上来回推动几次小车，使仪器的灵敏度自动调节到最佳。

检查各个通道的小门是否正确。

根据探头位置校正（拼图）的方法，拼好图，使 B 超画图正确。

SZT-800 除以上 5 点外，还需微调 D 和 E 探头的位置，使 d/e 通道在轨底的出波达到最高。

（3）探伤推行速度。

探伤过程中应控制探伤仪的推行速度，推行速度过快易造成缺陷漏检，推行速度过慢也会造成探伤效率低。在实际探伤中推荐采用 2～3 km/h 的推行速度进行探伤，在过接头时应适当放慢速度观察波形及图形。

当推行速度超过仪器的超速设定值时，仪器将发出短促的提示音"嘀"，如果持续超速的距离达到仪器设定的超速距离将有"超速"语音提示，并在探伤数据中记录一次超速。所以，连续听到"嘀"的限速提示音时应降低推行速度。

（4）探伤过程要点。

① 钢轨表面应除去油污、冰块、砂土、氧化皮等，必要时应适当提高探伤灵敏度予以补偿，或加大供水量等方法。

② 对侧面磨耗较严重的钢轨，应检查探头与钢轨中心线的相对位置是否合适，并及时进行调整，以避免探头原定扫查区域改变而引起的缺陷漏检。

③ 对垂直磨耗较严重的钢轨，应对仪器的报警闸门位置及时进行调整，以防止误报警或漏报警现象产生。

④ 对表面擦伤严重，出现表面沟槽、掉块或轨头变形等钢轨，应放慢探伤仪的推行速度并加大供水量进行仔细检查，若仍难以判定是否存在缺陷，应采用手动探伤方法，使用校对探头从不同部位进行辅助检查，防止缺陷的漏检。

⑤ 对轨底锈蚀而引起的 0° 探头所测得的轨底回波降低较严重的部位，应通过往复推行的操作方法，仔细观察探伤过程中回波图形的变化情况，并采取其他角度的斜探头作轨底手动探伤以防止钢轨中缺陷的漏检。

⑥ 在过接头的过程中，要放慢推行速度，仔细观察波形，以免由于太多报警声造成漏检。

⑦ 推行过程中，注意仪器的里程与实际里程是否有偏差，尤其在语音提示"前方公里标"时更要注意。如果有偏差，应该及时校正里程（参考任务四"特殊功能键操作里程校正"）。

⑧ 当遇到报警或 SZT-800 仪器语音报警提示"发现伤损"时，应该注意观察复核。如果确认为伤损，应该标记为"人工发现的伤损"（参考任务四"特殊功能键操作里程校正"）。注意，SZT-800 自动识别标记的伤损只是疑似伤损，目的是防止漏伤，不作为最终认定的伤损。

⑨ 推行过程中，如果探头和钢轨的耦合度没有达到仪器设定的耦合度，仪器会每秒一次"嘀嘀嘀"报警，并且 B 显画面上相应的探头会显示"?"，表示该探头耦合不良。当连续耦合不良超过仪器设定的耦合不良距离时，会语音提示"探头故障"。当耦合不良发生时，要及时分析导致耦合不良原因（轨面的原因、出水的原因、探头的原因等等），应及时处理。

任务六　钢轨探伤仪 0°探头识别与操作

1. 试验目的

熟悉 SZT-800 数字式钢轨探伤仪 0°探头 A 显、B 显出波情况,能够正确区分正常钢轨回波与钢轨伤损回波等各项操作。

2. 试验内容

（1）熟悉 0°探头位置、A 显基线、B 显基线；

（2）正常钢轨大小腰检测；

（3）正常钢轨接头处检测；

（4）水平裂纹检测；

（5）斜裂纹检测；

（6）纵向裂纹检测；

（7）非裂纹异常回波识别。

3. 试验设备

SZT-800 数字式钢轨探伤仪。

4. 操作方法

（1）熟悉 0°探头位置、A 显基线、B 显基线。

探伤仪上的 0°探头如图 1-6-1 所示，其中 G 为前 0°探头，F 为后 0°探头。对应的 0°探头

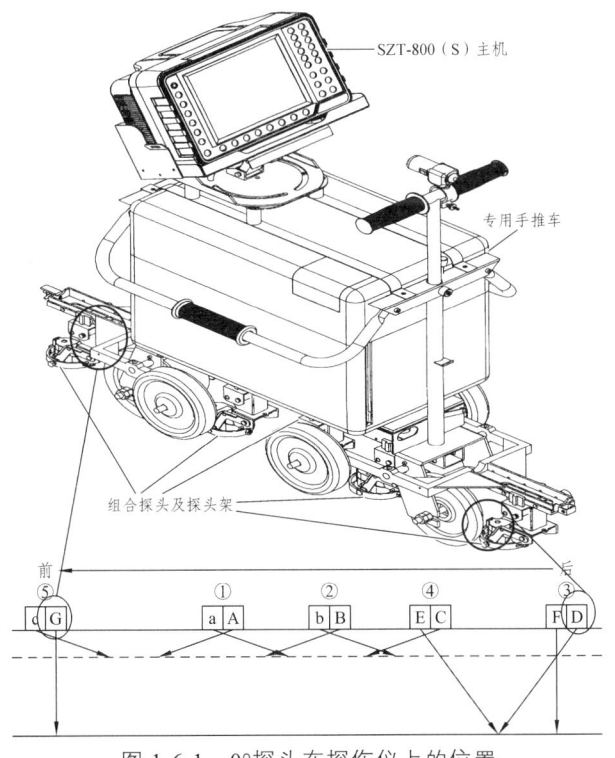

图 1-6-1　0°探头在探伤仪上的位置

的 A 显基线如图 1-6-2 所示,其中前 0°基线为图中所指上方相应线条,后 0°探头为图中所指下方相应线条。0°探头的 B 显基线如图 1-6-2 中所指相应线条。

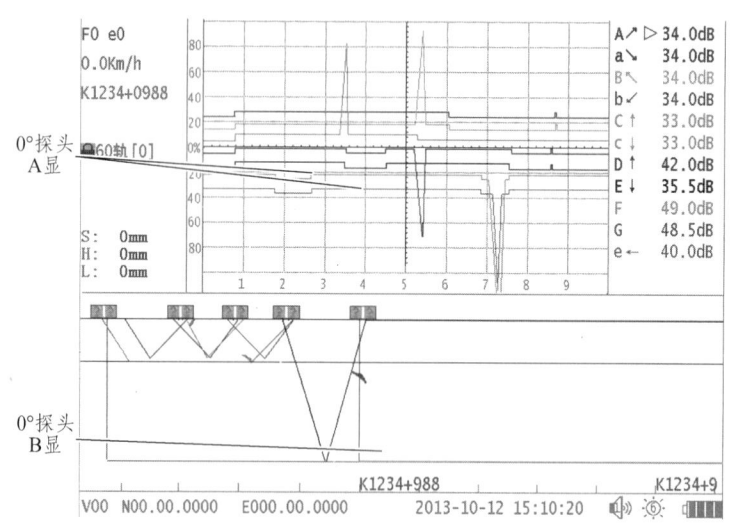

图 1-6-2　0°探头 A 显、B 显基线

（2）正常钢轨大小腰检测。

钢轨大小腰处,因无螺栓孔,因此正常情况下探头发射超声波由轨头直达轨底,回波深度与钢轨高度有关。A 型显示的荧光屏对应基线刻度（声程 1∶2.5）50 kg/m 轨在 6.0 左右、60 kg/m 轨 7.0 左右,如图 1-6-3 所示。

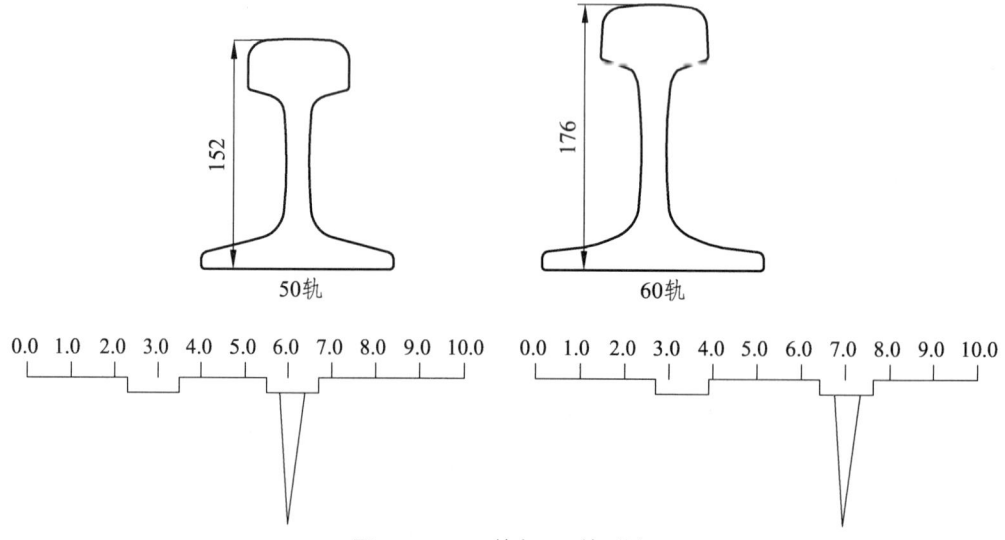

图 1-6-3　50 轨与 60 轨对比

（3）正常钢轨接头处检测。

当探头检测有螺孔部位,则螺孔波和轨底波会发生交替显示过程:a 轨底波→b 轨底波和螺孔波→c 螺孔波→d 螺孔波和轨底波→e 轨底波。B 型显示在轨颚线下方呈两端稍倾的水平线,如图 1-6-4 所示。

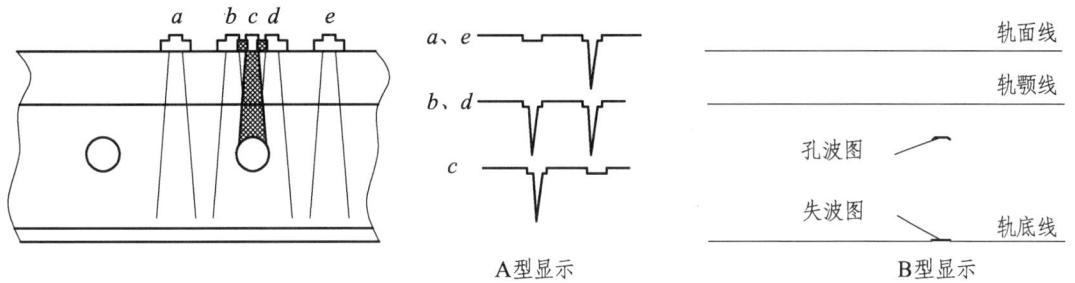

图 1-6-4　螺栓孔处 A 显、B 显图形

0°探头探伤原理

钢轨探伤仪 0°探头识别与操作

（4）水平裂纹检测。

0°探头发射超声束遇有水平裂纹时，A 型显示的荧光屏对应基线 0 位与轨底波间显示水平裂纹回波，同时，轨底波消失并报警；B 型显示在轨颚线下方，螺孔水平，显示在螺孔图旁，轨端水平裂纹，显示在轨端部位。水平裂纹距轨面越深，回波显示刻度值越大，如果水平裂纹长且表面平整，则会产生多次等间距水平裂纹回波的显示，如图 1-6-5 所示。

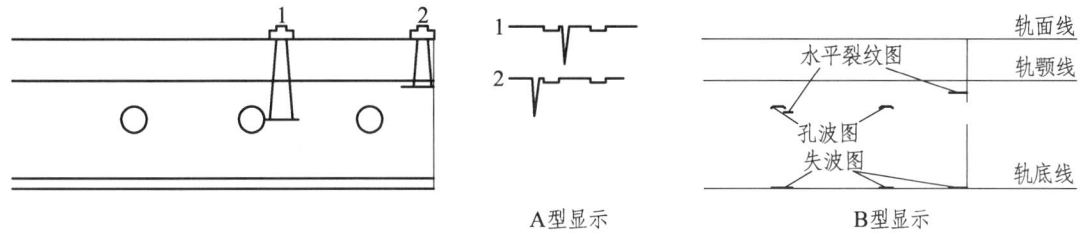

图 1-6-5　钢轨水平裂纹与 A 显、B 显回波

① 遇有钢轨轨腰单侧水平裂纹、轨头部一侧或颚部圆弧处有水平裂纹，裂纹进入声束扫查范围，A 型显示的荧光屏对应基线会同时显示底波和水平裂纹回波；B 型显示根据裂纹距轨面高度，分别显示在轨面线下方的对应位置上，如图 1-6-6 所示。

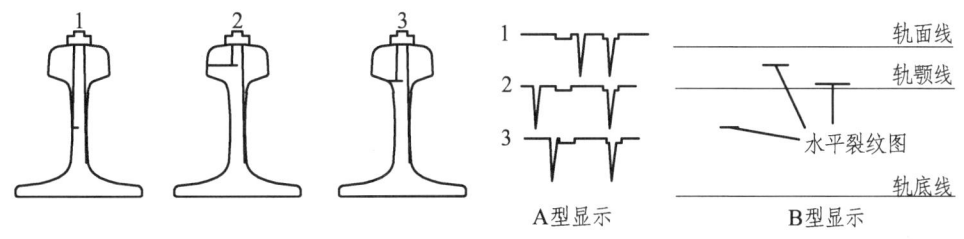

图 1-6-6　钢轨水平裂纹与 A 显、B 显回波

② 螺孔单侧水平裂纹，A 型显示的荧光屏对应基线有时会出现螺孔波、水平裂纹波和轨底波 3 波并存的现象；B 型显示与螺孔水平裂纹相同。当出现这种显示，应将探头横向移动，

观察伤波变化情况，确定单侧裂纹的具体部位，由于单侧裂纹的横向深度不一或探头位置偏离轨面中心轴线等因素，有可能发生裂纹漏检，因而要经常注意探头位置的调整，如图 1-6-7 所示。

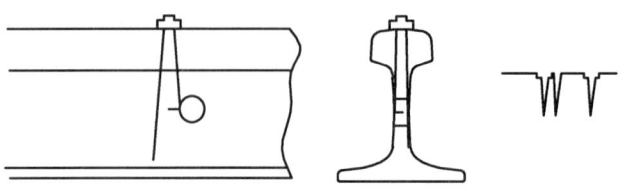

图 1-6-7　钢轨水平裂纹与 A 显、B 显回波

（5）斜裂纹检测。

由于钢轨内外侧受力不均或长期偏载作用下，轨腰裂纹呈纵向水平发展，在横截面上与水平呈一定的倾斜角。裂纹因在一个方向倾斜后，产生回波不强或失底波的现象，有波形显示时，还会出现回波位置后移，如图 1-6-8 所示。

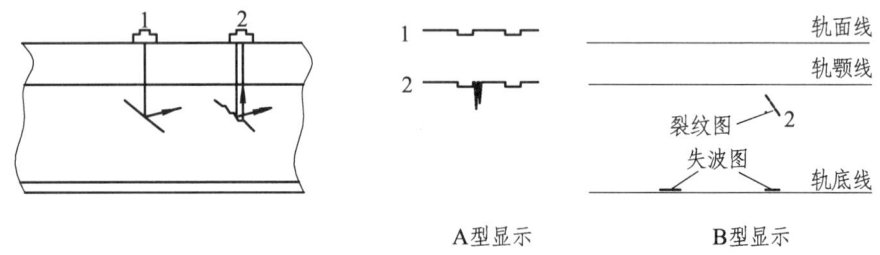

图 1-6-8　钢轨横向斜裂纹与 A 显、B 显回波

0°探头遇螺孔向下裂纹，其倾角在 37°左右，一般长度大于 15 mm，会产生螺孔波与轨底交替过程中，两波均不显示而报警，裂纹越长，则失波探头位移也越长，在 B 型显示中失波图越长，失波沿长部位与裂纹处于螺孔位置对应；螺孔向上裂纹，其倾角较小时，会有特殊显示形式，一般表现为底波、螺孔波交替显示迟缓或螺孔波变粗，这是因一部分声波在斜裂纹与螺孔形成的二面角上反射，当裂纹长度大于 15 mm 时也会产生失底波报警，如图 1-6-9 所示。

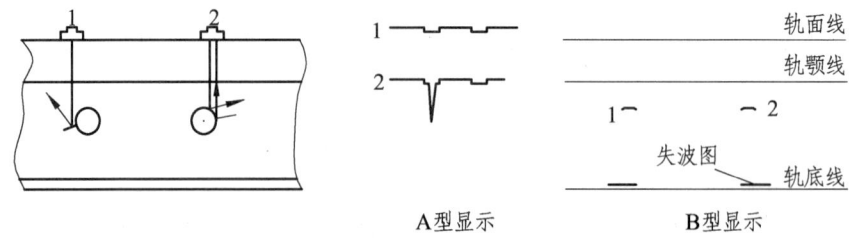

图 1-6-9　螺孔横向斜裂纹与 A 显、B 显回波

（6）纵向裂纹检测。

纵向裂纹的长度不一，从几厘米至十几米，甚至纵贯整根钢轨。轨头、轨腰、轨底部位都有可能存在。在钢轨外观状态正常的条件下，0°探头探测中发生失底波或底波减弱报警，为避免因轨底（腰）严重锈蚀的干扰，一般应适当开大增益，观察底波有否显示。若有底波显示，可以不判伤；如果仍无底波显示，或在荧光屏扫描线上有回波显示，可初步判为纵向

裂纹。各种纵向裂纹回波特点见表 1-6-1。

表 1-6-1　纵向裂纹回波特点

裂纹形状	回波特点	裂纹与回波图示
直线型	一般产生在轨底或轨腰部位，多数存在倾斜劈裂，使入射轨底的声波被阻隔，从而产生现失底波报警	A型显示　B型显示（轨面线、轨颚线、失波图、轨底线）
曲线型	当纵向裂纹的形状不规则，伤损以曲线型存在于钢轨腰部，提高灵敏度后有时会显示不固定位置的回波	A型显示　B型显示（轨面线、轨颚线、失波图、轨底线）
开口型	裂纹顶端横向宽度较大，入射的超声波在其顶端产生反射，回波幅度强，波形稳定，可根据回波显示的刻度确定纵向裂纹顶端距轨面的深度	A型显示　B型显示（轨面线、轨颚线、裂纹图、失波图、轨底线）
鼓泡型	多数在轨腰（或颚部）形成局部鼓起，根据鼓泡的大小会产生有伤波或伤波和底波并存显示，一般伤波波幅高，探头位移短。除按波形判断外，还可目视或手摸探头下方轨腰部是否有鼓起现象	A型显示　B型显示（轨面线、轨颚线、裂纹图、轨底线、失波图）

（7）非裂纹异常回波识别。

① 异常螺孔回波。

老杂轨区段，因线路爬行，螺孔被螺栓挤压、磨耗成椭圆形或是插入人工锯制轨短，螺孔钻眼不良造成卷边或毛刺（见图 1-6-10）。探测时会有类似螺孔水平裂纹波显示，其特点是波幅低，显示不稳定或一闪而过。

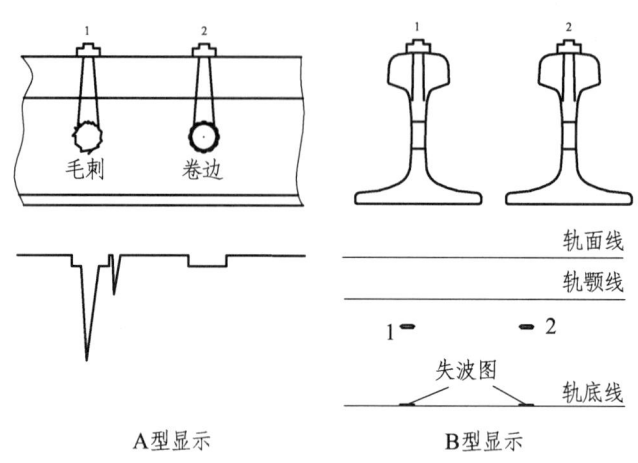

图 1-6-10　钻孔不良回波

② 迟到波。

由于钢轨轨腰宽度较窄或 0°探头偏离钢轨横向中心，声束在钢轨侧壁上产生反射和波型转换（见图 1-6-11），部分入射螺孔或轨底的超声波声程增加，A 型显示的荧光屏对应基线螺孔波或轨底波之后，显示一个与螺孔波或轨底波同时出现同时消失的迟到波。螺孔迟到波容易与螺孔水平裂纹混淆，区别方法可以从回波显示规律上判断，水平裂纹显示规律是螺孔波与裂纹波交替显示，而迟到波则是同时出现同时消失。

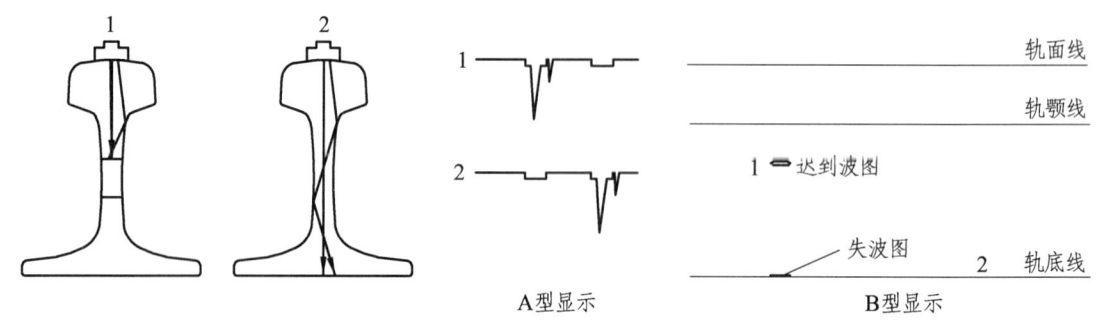

图 1-6-11　迟到波显示

（8）手工检查确认。

引起 0°探头底波消失报警的因素很多，轨面擦伤、油污和灰砂、轨底（腰）锈蚀严重、探头位置偏离轨面中心等。需要通过目视、去污、调整探头排除。对于纵向裂纹已延至轨端的情况，可拆卸螺栓或在轨端面观察裂纹是否存在，而钢轨标志印记，轨腰鼓泡或调边使用钢轨的颚部疲劳裂纹都可采用眼看、手摸和镜照的方法加以确认。

（9）纵向和水平裂纹定位定量。

① 纵向裂纹定位定量。

a. 纵向裂纹的位置判断。

轨头纵向裂纹。用 0°探头接 5 通道，将探头置于轨头外侧（见图 1-6-12），以无伤轨头侧面的等分波和有伤轨头等分波比较，估算伤损存在位置和正确测定长度，同时可目视轨面黑线和颚部是否有透锈进行综合判断。

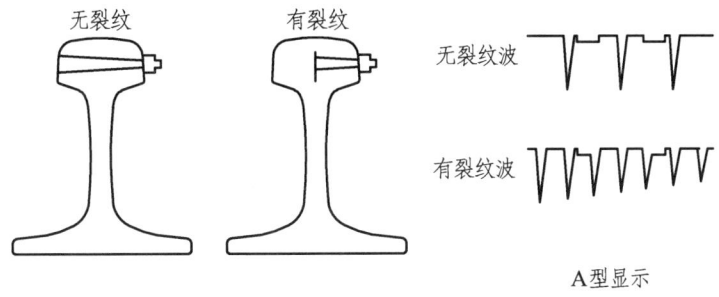

图 1-6-12　轨头纵向裂纹判断

轨腰纵向裂纹，可参照上述方法判断（见图 1-6-13），由于轨腰宽度窄，等分波间隔小，应注意分辨。

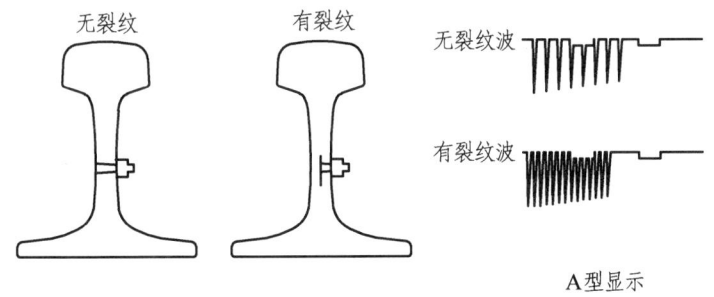

图 1-6-13　轨腰纵向裂纹判断

轨底纵向裂纹，用 70°探头接 1 通道，置于轨脚坡面（见图 1-6-14）与轨腰垂直，先后在有伤和无伤部位进行比较，依据坡面回波差异判定。

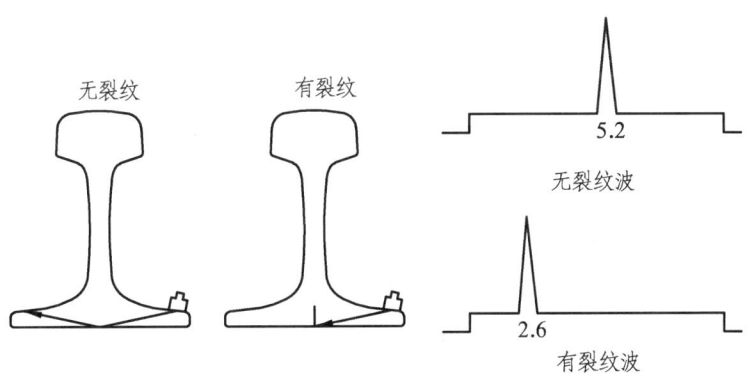

图 1-6-14　轨底纵向裂纹判断

b. 纵向裂纹长度判断。

失波报警法。0°探头置于轨面，在正常探伤灵敏度下，可根据 0°探头失波报警时的探头位移长度（A 型显示）或失波图形长度（B 型显示）确定（见图 1-6-15）。一般为报警时探头位移距离就是纵向裂纹的长度，但由于现场裂纹实际状态和仪器探伤灵敏度调节的影响，测出长度与实际裂纹长度会有一些误差。

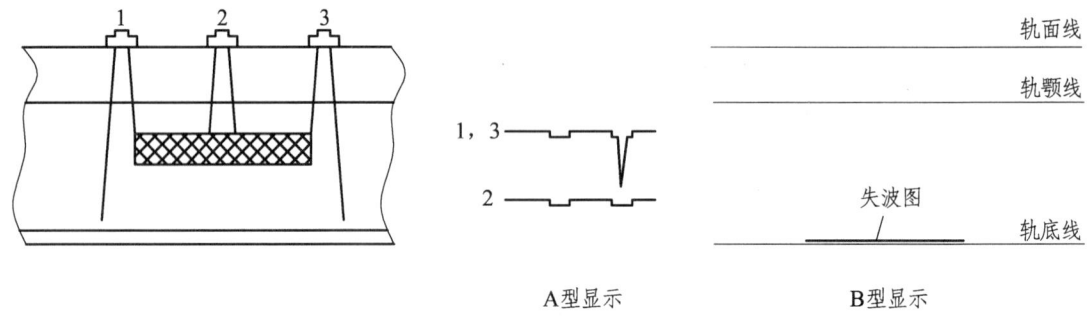

图 1-6-15　失波报警法测长

裂纹回波法。采用与纵向裂纹位置判断相同的方法，轨头和轨腰用 0°探头，轨底用 70°探头（见图 1-6-16）。在确定裂纹位置的同时，探头分别向裂纹两边移动，直至裂纹波刚消失，在探头中心对应的钢轨上做好标记，则两个标记的距离为纵向裂纹长度。此法测出值与实际长度也会有误差，其主要原因是裂纹两端的形状和探测面的影响。

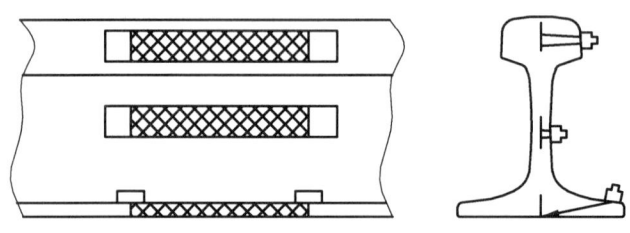

图 1-6-16　裂纹回波法测长

② 水平裂纹定位定量。

根据基线所代表的探测声程和回波显示的刻度进行定位，如扫描线按声程 1∶2.5 调节时，水平裂纹回波在荧光屏刻度 3.0，则裂纹距轨面的深度为 75 mm 处（见图 1-6-17）。在现场探伤中，因受仪器的近区阻塞影响，轨头近表面的水平裂纹一次回波被仪器抑制而无法显示，实际显示的第 1 支回波已不是水平裂纹第 1 次回波，因此会产生计算出的裂纹深度与实际裂纹深度不一致，这一点在水平裂纹定位中要注意。水平裂纹长度按延伸度法确定，根据回波有无时的探头位移，测得裂纹长度。

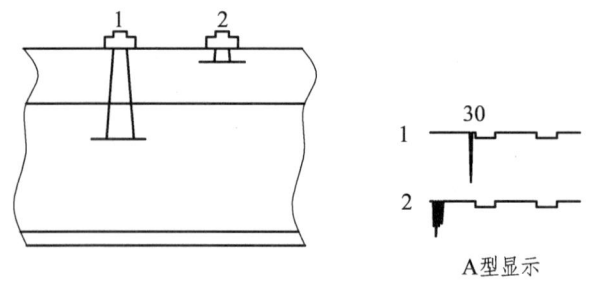

图 1-6-17　水平裂纹定位定量

任务七　钢轨探伤仪 37°探头识别与操作

1. 试验目的

熟悉 SZT-800 数字式钢轨探伤仪 37°探头 A 显、B 显出波情况，能够正确区分正常钢轨回波与钢轨伤损回波等各项操作。

2. 试验内容

（1）熟悉 37°探头位置、A 显基线、B 显基线；
（2）螺孔向下斜裂纹；
（3）螺孔向上斜裂纹；
（4）螺孔水平裂纹；
（5）一孔向轨端向下（或水平）裂纹；
（6）一孔向二孔向上裂纹；
（7）轨端水平和斜裂纹；
（8）轨腰斜裂纹；
（9）轨底横向裂纹。

3. 试验设备

SZT-800 数字式钢轨探伤仪。

4. 操作方法

（1）熟悉 37°探头位置、A 显基线、B 显基线。

探伤仪上的 37°探头如图 1-7-1 所示，其中 D 为前 37°探头，E 为后 37°探头。对应的 37°

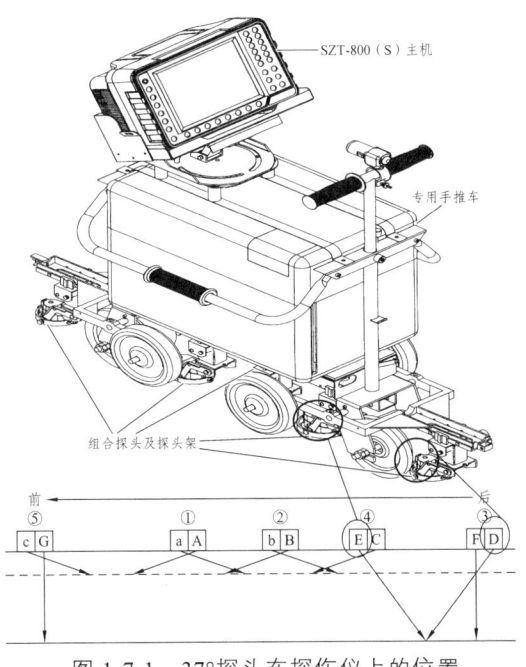

图 1-7-1　37°探头在探伤仪上的位置

探头的 A 显基线如图 1-7-2 所示，其中前 37°基线为从上往下第四根基线，后 37°探头为从上往下第五根线条。37°探头未检测到回波时无 A 显、B 显显示，检测到回波时前 37°A 显显示 A 显脉冲，B 显在钢轨纵断面相应位置显示相应线条；后 37°探头 A 显显示 A 显脉冲，B 显在钢轨纵断面相应位置显示相应线条。37°探头主要探测轨腰投影范围的螺孔裂纹、斜裂纹和特殊部位水平裂纹，以及轨底横向裂纹。

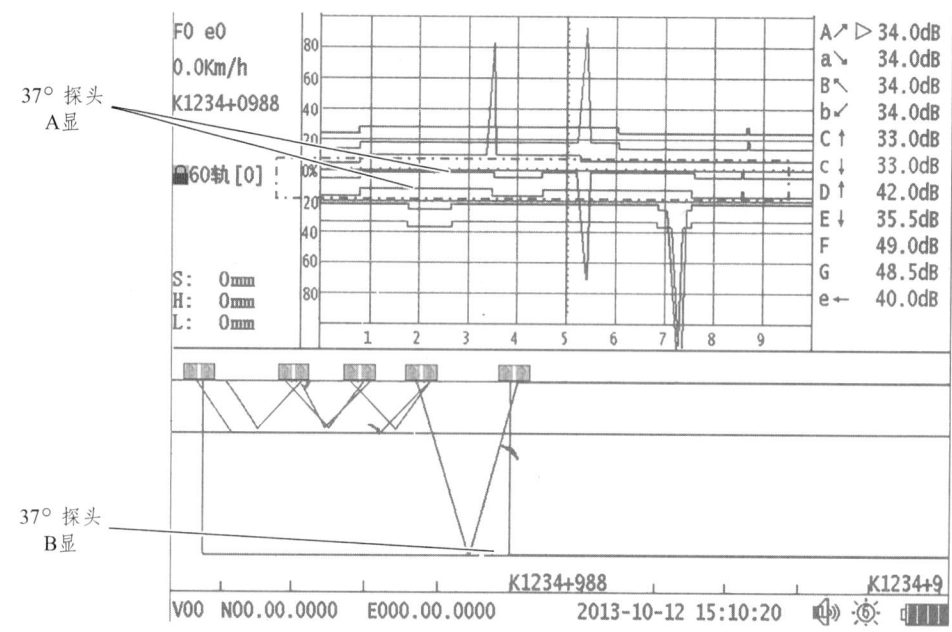

图 1-7-2　37°探头 A 显、B 显基线

37°探头探伤原理

钢轨探伤仪 37°探头识别与操作

螺孔回波：A 型显示的荧光屏刻度 4.0 左右出现螺孔回波，B 型显示在轨颚线下方显示与螺孔回波深度相对应的两条斜线，如图 1-7-3 所示。

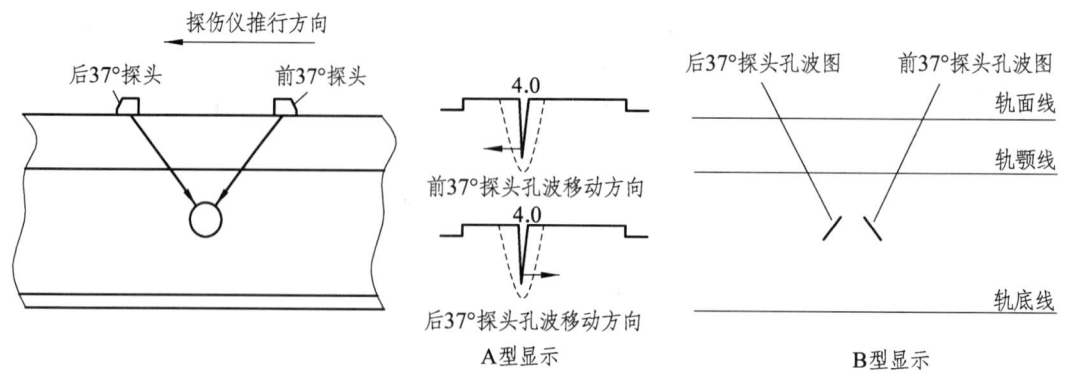

图 1-7-3　螺栓孔处 37°探头 A 显、B 显示意

（2）螺孔缺陷的波形显示。

① 螺孔向下斜裂纹。

A 型显示的荧光屏对应基线 5.0 以后先显示螺孔向下裂纹波，裂纹波消失后，在 5.0 以前显示螺孔波，伤波位移长短与裂纹长度有一定的对应关系，一般为裂纹越长，显示裂纹波的起点刻度值越大、回波位移越长；B 型显示中螺孔向下裂纹显示在螺孔图下方，如图 1-7-4 所示。

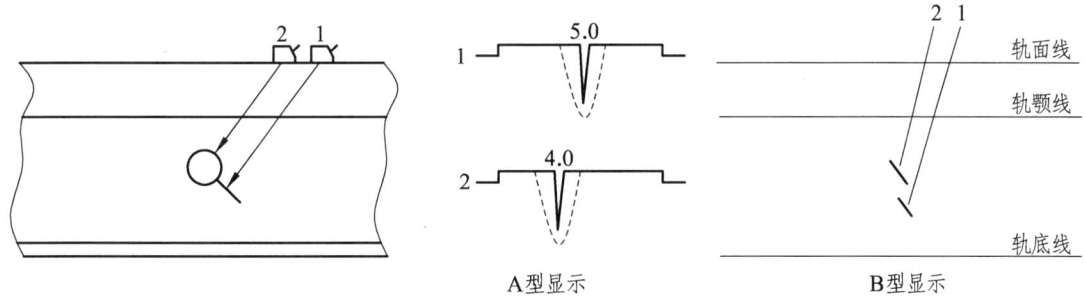

图 1-7-4　螺孔向下斜裂纹 37°探头 A 显、B 显示意

② 螺孔向上斜裂纹。

A 型显示特点为先显示螺孔波，后显示裂纹波，在螺孔波还没有消失时，在螺孔波之后就出现裂纹波。当向上斜裂纹端点低于螺孔顶面时，则伤波显示在螺孔波范围内；当向上斜裂纹较长，且裂纹端点超过螺孔顶面时，则裂纹的回波失落点超过螺孔波显示范围，裂纹回波位移长，回波失落点刻度值越小；B 型显示为螺孔图先显示，裂纹图后显示，与实际检测时，出波顺序相同，如图 1-7-5 所示。

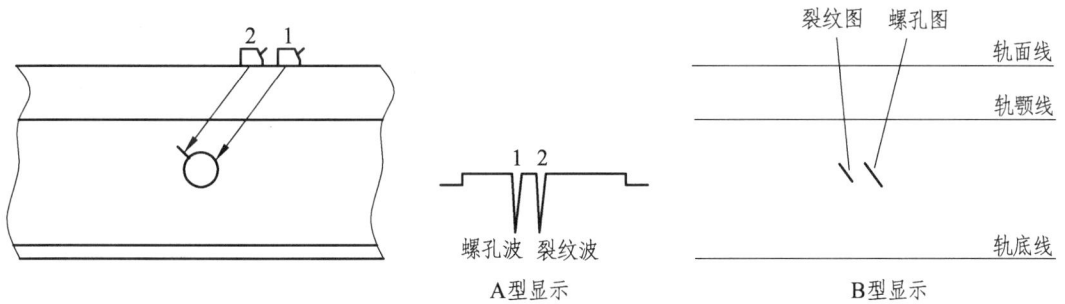

图 1-7-5　螺孔向上斜裂纹 37°探头 A 显、B 显示意

③ 螺孔水平裂纹。

37°探头遇到第 Ⅰ、Ⅳ 象限间的螺孔水平裂纹时，由于螺孔周边和裂纹面之间构成角反射作用，能显示螺孔水平裂纹波。探头声束先射及水平裂纹角反射点，后射及螺孔反射面，因此，A 型显示的荧光屏先显示裂纹回波后显示螺孔回波，因水平裂纹角反射点与螺波反射面高差小，则两个回波间隔很小，并有裂纹波未消失螺孔波就出现的同时显示过程；B 型显示在螺孔图下方紧接着显示裂纹图，位置比向下裂纹要高些，如图 1-7-6 所示。

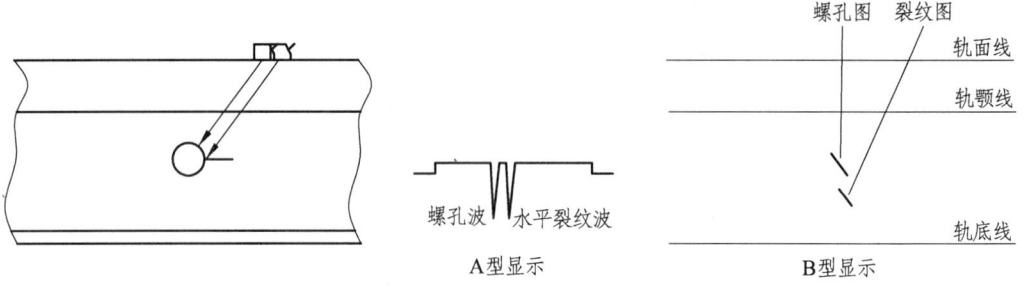

图 1-7-6　螺孔水平裂纹 37°探头 A 显、B 显示意

④ 一孔向轨端向下（或水平）裂纹。

A 型显示在荧光屏 5.0 左右会显示裂纹波，这时探头入射点距轨端 10～35 mm 范围，如果斜裂纹越长，探头距轨端也越大，裂纹波显示的刻度也越大，由于该部位各种回波很多，很难以听报警来确定裂纹，只有看清颚部波的同时，注意螺孔波波位后方回波的显示，这样才能发现裂纹；B 型显示一孔向轨端裂纹均显示在轨缝线的另一侧，这是仪器对轨端面反射过程无法判断，按回波声程计算伤损位置显示的结果，如图 1-7-7 所示。

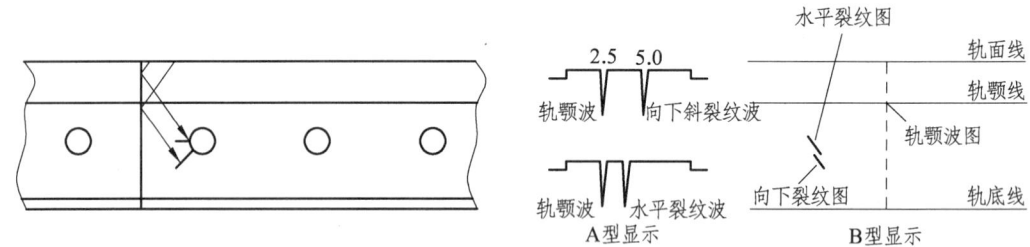

图 1-7-7　一孔向轨端向下（或水平）裂纹 37°探头 A 显、B 显示意

⑤ 一孔向二孔向上裂纹。

37°探头入射点进入另一根钢轨顶面时，显示不完整螺孔波。探头继续向前移动 10 mm 左右，显示向上裂纹波，探头入射点离轨端约 15 mm。由于轨端顶面不平，多数情况下第 1 螺孔波不能正常显示，因此，一旦发现荧光屏显示螺孔波的刻度上有回波，则要以观察探头位置方法来鉴别，认真区分是螺孔回波还是向上裂纹回波，防止误将向上裂纹波当成螺孔波来处理。B 型显示对此伤损容易判断，无论不完整螺孔图是否出现，只要采用前后 37°探头回波合并显示方式，很容易判断出是否存在一孔向二孔向上裂纹，这是 B 型显示的优势，如图 1-7-8 所示。

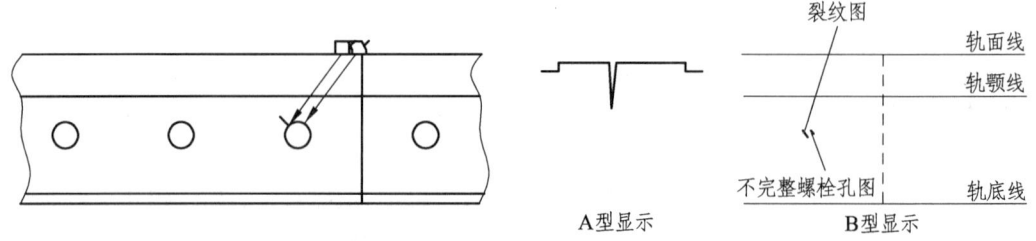

图 1-7-8　一孔向二孔向上裂纹 37°探头 A 显、B 显示意

⑥ 轨端水平和斜裂纹。

37°探头发现轨端水平或裂纹，根据裂纹在轨端上的深浅而定。要重视轨颚和轨腰（与螺

孔等高部位）上的裂纹检出。一般钢轨下颚水平裂纹较多，应根据轨颚和轨颚裂纹回波强度、位移量不同来区别，防止将裂纹回波误认为颚部反射波；轨腰（与螺孔等高部位）上的裂纹，A 型显示不仅要看出波位置，还需根据探头位置不同来区别，如接头第 1 螺孔显示后，探头前移 76 mm 左右，在荧光屏螺孔波显示刻度上出现回波，且回波很强时，很可能轨端腰部有裂纹；B 型显示只需根据屏显图形来判断。轨端裂纹是水平还是倾斜，可根据 0°探头回波情况进行鉴别，若 0°探头有回波反应，一般为水平裂纹或倾斜度较小的向上斜裂纹，若失底波而无回波则是轨端斜裂纹，如图 1-7-9 所示。

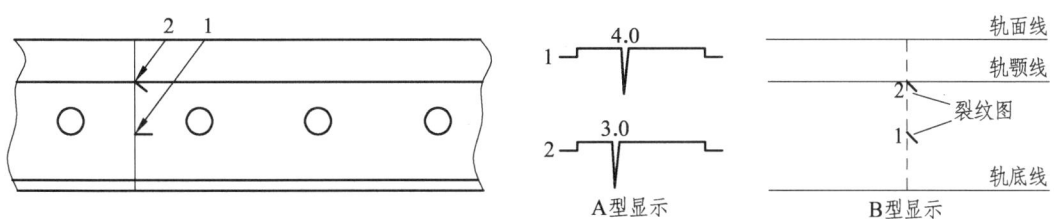

图 1-7-9　轨端水平和斜裂纹 37°探头 A 显、B 显示意

⑦ 轨腰斜裂纹。

37°探头遇到轨腰斜裂纹，当裂纹方向同入射波方向正交，产生回波和报警。回波显示离基线 0 刻度（A 型显示）越远或图形显示（B 型显示）离轨面线越远，则裂纹距轨面越深；回波位移越大，一般裂纹越长。若 A 型显示探伤仪使用螺孔反报警门方式探伤，应注意反报警门范围内的轨腰斜裂纹因不报警而漏检，同时，也要注意因探伤灵敏度高，而产生年号、炉号回波导致的误判，如图 1-7-10 所示。

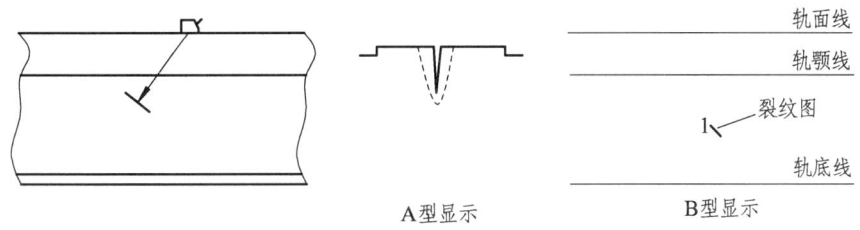

图 1-7-10　轨腰斜裂纹 37°探头 A 显、B 显示意

⑧ 轨底横向裂纹。

老杂轨区段或隧道、道口内，因轨底严重锈蚀或垫板磨损，在锈蚀严重部位或磨损的台阶边产生会产生横向裂纹；铝热焊接头轨底焊筋边沿或热影响区、接触焊热影响区钳口部位烧伤处也会产生轨底横向裂纹；特大桥上铺设的固定型温度调节器，异型尖轨的底部钻有 50 mm×12 mm 的防爬孔，在防爬孔圆切面边也会产生横向裂纹，如图 1-7-11、图 1-7-12 所示。

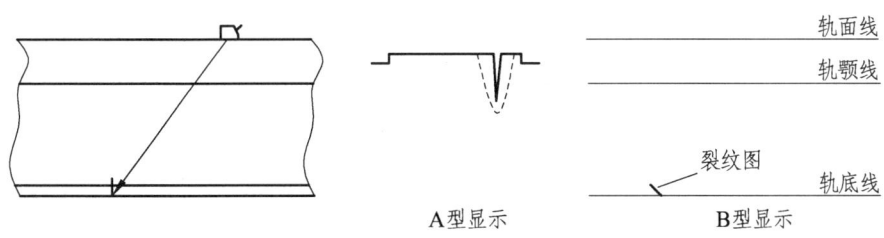

图 1-7-11　轨底横向裂纹 37°探头 A 显、B 显示意

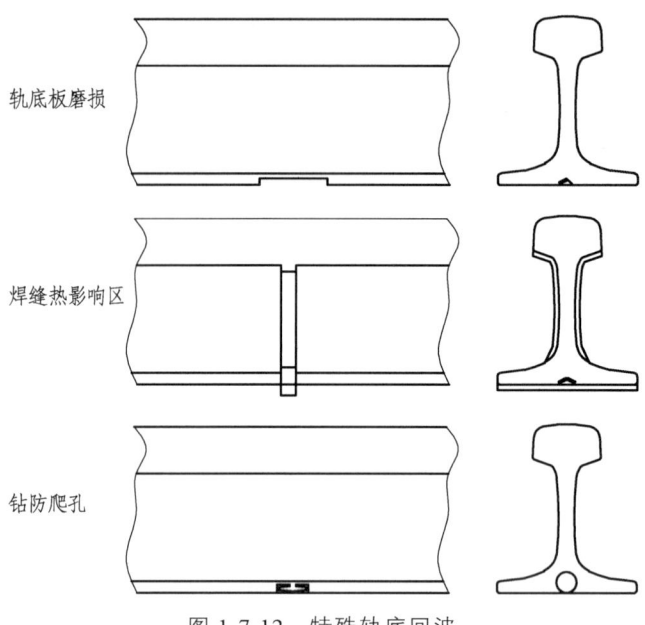

图 1-7-12 特殊轨底回波

横向裂纹一般呈"月牙形"扩展,且与轨底面垂直,裂纹与轨底面构成直角反射点,在探伤中前、后37°探头会产生两次回波(A 型显示)或图形(B 型显示)和报警;对只有一次回波报警,且回波位移长的部位,要注意分析,有可能是倾斜度较大的横向裂纹,或者是轨底磨损形成的台阶和焊筋回波反映。37°探头只能探测轨腰投影范围内的轨底横向裂纹,凡在这个区域与轨底垂直的裂纹且面积较大时,均有良好显示,若裂纹与轨底面夹角小于84°回波明显下降,仪器检测困难。

(3)非螺孔裂纹回波的鉴别。

① 异常螺孔的鉴别。

异常螺孔的鉴别如表 1-7-1 所示。

表 1-7-1 异常螺孔鉴别

名称	图示	产生部位	波形特征	鉴别方法
导线孔	○○	自动闭塞区段	回波略低于标准螺孔波,且位移量小,两孔相邻时易误判螺孔裂纹	目视
大小孔	⬭○	自动闭塞区段的短尺轨	大小孔回波类似于螺孔向下裂纹	0°探头鉴别或拆检
双环孔	⬮	短尺轨	前后37°探头都有类似螺孔向上裂纹回波	
拉长孔	⬯	老杂轨和线路爬行严重区段	产生近似螺孔水平裂纹回波	
卷边孔	⬰	短尺轨	卷边回波显示在螺孔后方,且有同时显示的瞬间,一般卷边波消失后,螺孔波仍显示	拆检
气割孔	⬱	大修换轨或工程施工区段	螺孔波波形松散杂乱	
尖刀孔	⬲	灰坑、水沟、隧道、道口等老杂轨区段	由于轨腰严重锈蚀,使孔壁呈尖刀状,螺孔波显示微弱或无回波	0°探头鉴别或拆检

② 螺栓回波。

钢轨爬行轨缝拉大后,螺栓与螺孔壁紧密接触,当雨水渗入接触面后,37°探头发射声波一部分在螺孔面上反射,另一部分透过接触面射入螺栓圆柱面上产生反射,荧光屏会同时显示螺孔和螺栓回波或图形,如图 1-7-13 所示。可采用手工检查锤击打螺栓方法,使螺栓与螺孔接触面分离,螺栓回波会消失。

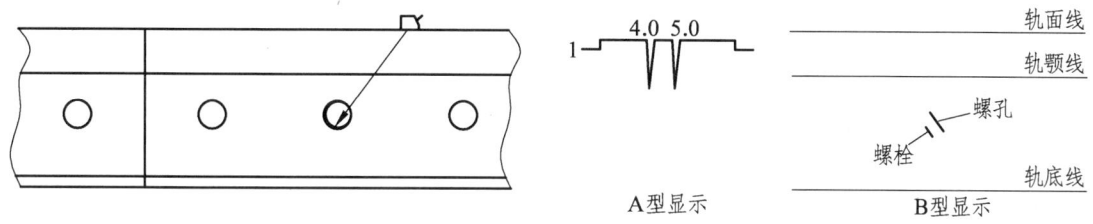

图 1-7-13　螺栓回波

③ 倒打螺孔波后移。

道岔铺设配轨时,由于轨端锯切面不垂直,呈一定的斜度。在37°探头探伤中,声波在端面反射后,方向与垂直端面不同,增加传播距离,使倒打螺孔回波显示后移到 5.0 刻度左右,容易误认为螺孔向轨端水平裂纹,可以通过目视轨端方法进行区别,如图 1-7-14 所示。

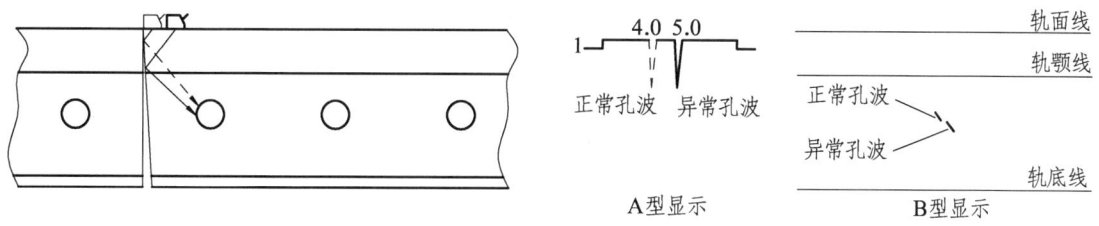

图 1-7-14　倒打螺孔波后移

④ 螺孔顶面反射波。

有缝线路 60 kg/m 钢轨探伤中,检测接头第 1 螺孔时,有些钢轨探伤仪 A 型显示第 1 螺孔波后会紧接着出现类似螺孔向上裂纹波,这支回波是由于螺孔顶面反射纵波致轨端面引起,如图 1-7-15 所示。螺孔顶面反射波与螺孔向上裂纹波出波显示时间顺序有所不同,螺孔顶面反射波为螺孔回波出现后紧接着出现,而且在螺孔波消失前先消失;螺孔向上裂纹波则是螺孔回波出现后,快消失时出现,而且在螺孔波消失前后消失。检测时应掌握出波前后顺序,认真分析,去伪存真。

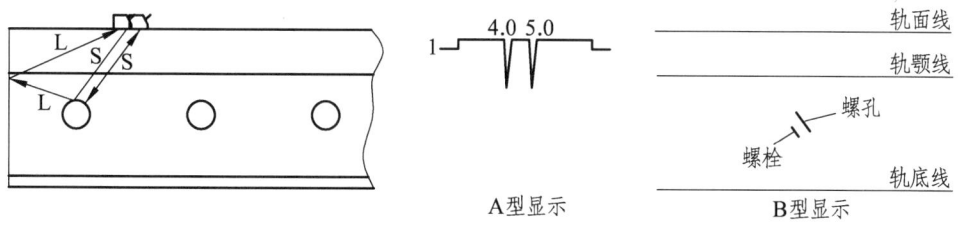

图 1-7-15　螺孔顶面反射波

任务八 钢轨探伤仪 70°探头识别与操作

1. 试验目的

熟悉 SZT-800 数字式钢轨探伤仪 70°探头 A 显、B 显出波情况，能够正确区分正常钢轨回波与钢轨伤损回波等各项操作。

2. 试验内容

（1）熟悉 70°探头位置、A 显基线、B 显基线；
（2）偏角检测核伤回波显示；
（3）无偏角检测核伤回波显示；
（4）倾斜核伤的显示；
（5）非核伤回波识别。

3. 试验设备

SZT-800 数字式钢轨探伤仪。

4. 操作方法

（1）熟悉 70°探头位置、A 显基线、B 显基线。

探伤仪上的 70°探头如图 1-8-1 所示，其中 A 为前内 70°探头，a 为后内 70°探头，B 为前

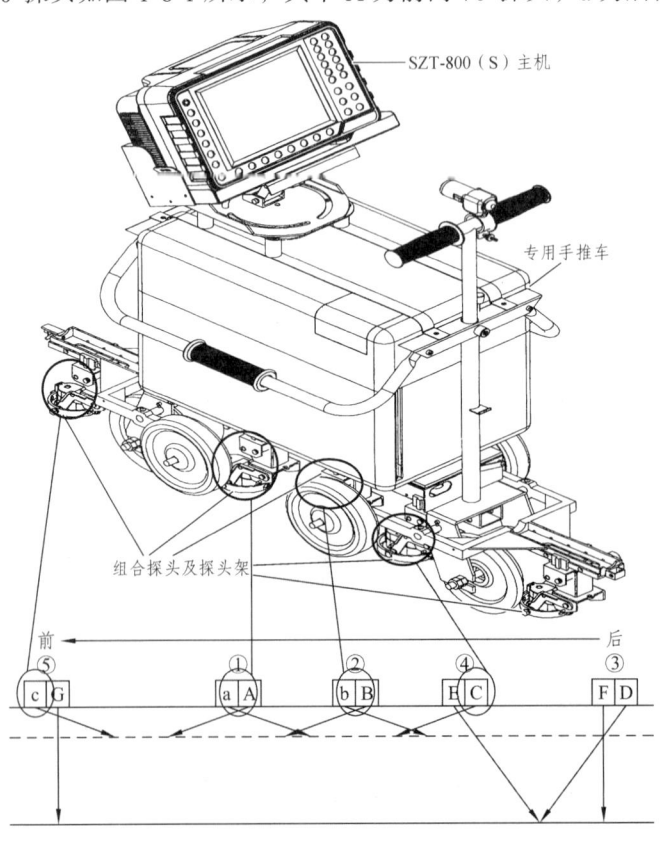

图 1-8-1 37°探头在探伤仪上的位置

外70°探头，b为后外70°探头，C为前直70°探头，c为后直70°探头。对应的70°探头的A显基线如图1-8-2所示，其中Aa基线为第1条红色线条，Bb探头为第2条绿色线条，Cc为第3条青色线条。70°探头的未检测到回波时无A、B显显示，检测到回波时A探头A显为向上的红色脉冲，a探头A显为向上的粉色脉冲，B显在钢轨纵断面相应位置显示红色或粉色线条；B探头A显为向上的绿色脉冲，b探头A显为向上的蓝色脉冲，B显在钢轨纵断面相应位置显示绿色或蓝色线条；C探头A显为向上的青色脉冲，c探头A显为向上的浅红色脉冲，B显在钢轨纵断面相应位置显示青色或浅红色线条。70°探头主要探测轨腰投影范围的螺孔裂纹、斜裂纹和特殊部位水平裂纹，以及轨底横向裂纹。

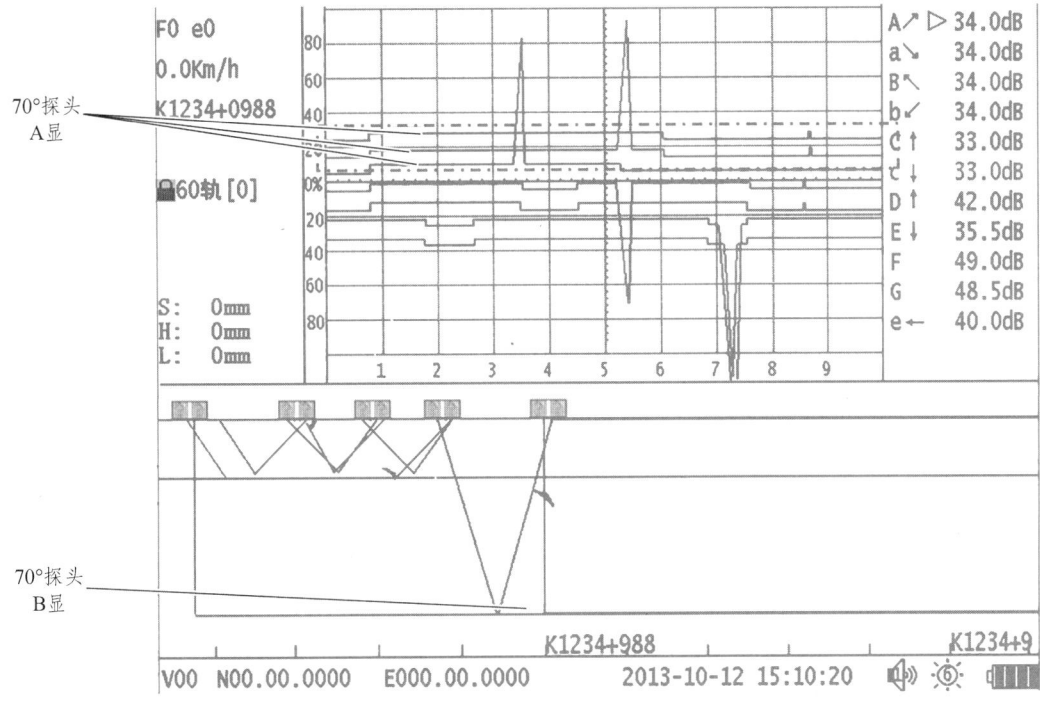

图1-8-2　70°探头A显、B显基线

70°探头探伤原理　　　正常钢轨轨端70°探头B显出波　　　钢轨探伤仪70°探头识别与操作

① A型显示的偏角扫查。

当70°探头入射点距轨端（60 kg/m 轨）216 mm 左右［见图1-8-3（a），50 kg/m 轨为208 mm 左右］，荧光屏刻度9.2左右（仪器标定为横波声程1∶2.5），将显示轨端顶角反射波；随着探头向轨端移动，由位置0移至位置1，回波由刻度9.2向5.0移动［见图1-8-3（b）］，这时二次波由轨端顶角向轨颚方向移动，同时，在荧光屏刻度4.8处显示轨颚底角波［见图1-8-3（c）］，探头位置距端轨108 mm左右，继续前移，二次回波波幅下降，一次回波波幅上升[见图1-8-3(d)],并随着探头从位置1移向位置2,一次回波由刻度4.6向1.0处移动[见图1-8-3(e)]。

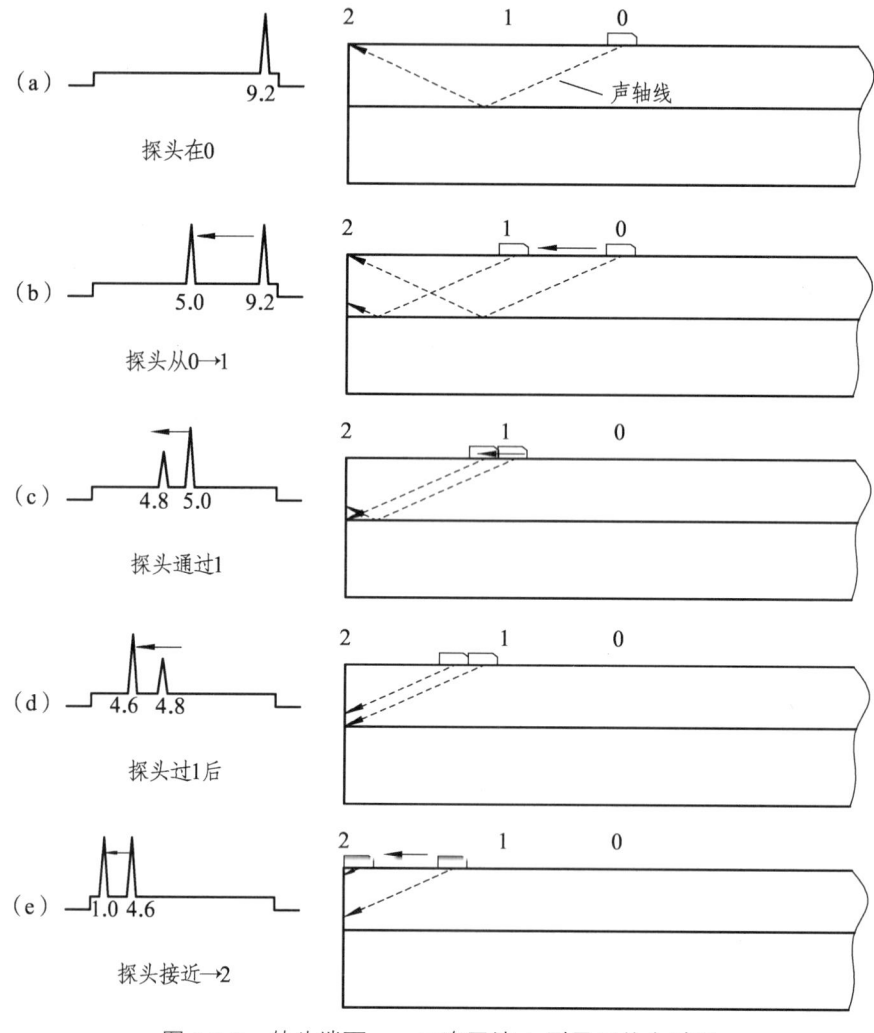

图1-8-3 轨头端面一、二次回波A型显示的全过程

② A型显示的无偏角扫查。

无偏角70°探头入射点距轨端140 mm左右[见图1-8-4(a)],荧光屏刻度10.0(仪器标定为横波声程1∶1.5),显示轨端反射波;随着探头向轨端移动,探头距轨端距离越来越小,回波由刻度大向刻度小移动[见图1-8-4(b)],它的显示特点与偏角70°探头端面回波显示不同,只有一次波,无一、二次波转换过程。

③ B型显示。

B型显示与A型显示不同,某处反射回波,在屏幕上只以一个点表示回波的空间位置。当70°探头入射点距轨端(60 kg/m 轨)216 mm左右,荧光屏轨颚线下开始出现回波反射点[见图1-8-5(a)],由于二次回波反射,声程大于一次波,折算出的深度大于轨颚厚度,因此显示回波的"点"出现在轨颚线下部;随着探头向轨端移动,探头由位置0接近位置1,回波声程越来越小,B型显示回波点向上延伸接近轨颚线[见图1-8-5(b)];探头移过位置1时,回波显示图会出现继续向上延伸和在轨颚线上同时出现回波显示点,这是一、二次波交替中出现的现象[见图1-8-5(c)];当探头移至轨端上,回波显示点接近轨面线[见图1-8-5(e)]。

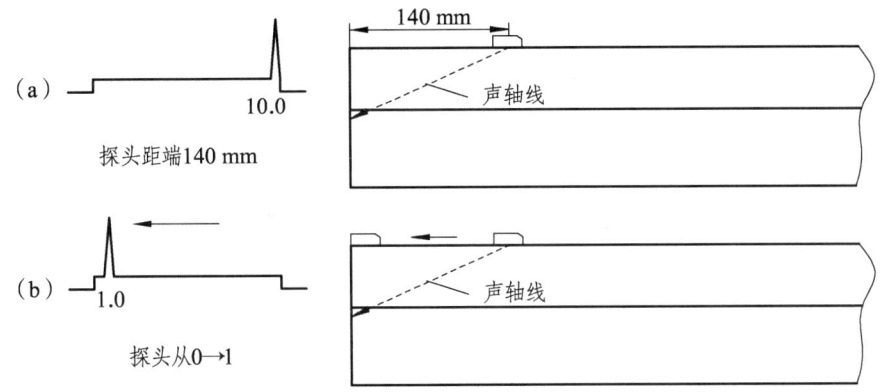

图 1-8-4　直 70°探头轨头端面回波 A 型显示的过程

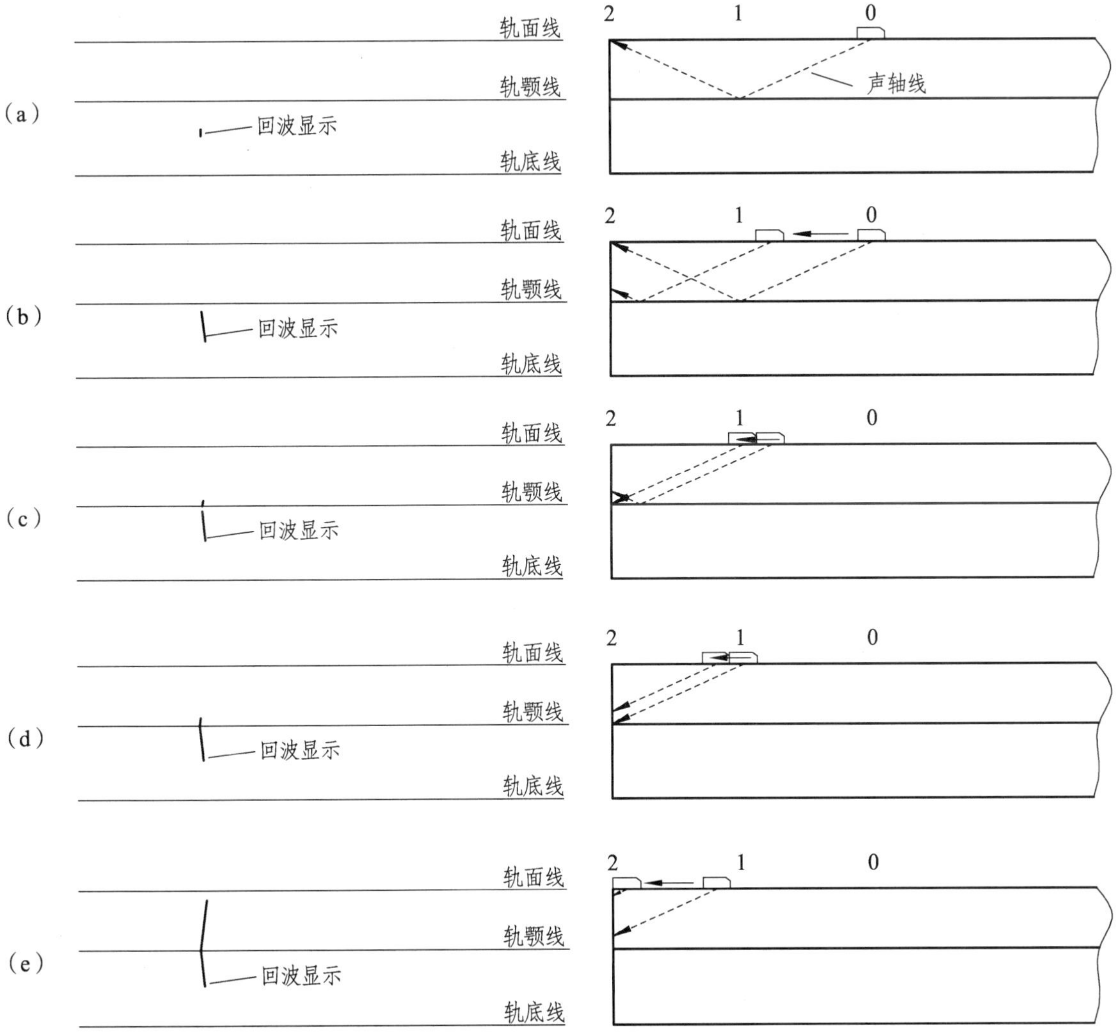

图 1-8-5　70°探头轨头端面回波 B 型显示的过程

（2）偏角检测核伤回波显示。

① 核伤位于轨颚附近。由于伤损存在于一、二次波扫查区，且接近轨颚，因此，A 型显示在荧光屏刻度 5.0 左右，一、二次回波连续显示［见图 1-8-6（a）］；B 型显示伤损图形在轨颚线附近，且伤波图形较长。

② 核伤位于轨头上方。一、二次波扫查区，A 型显示回波在荧光屏扫描线上分两次显示，两次显示越靠近扫描线两端，则核伤距轨面越近［见图 1-8-6（b）］；B 型显示在轨面线附近和离轨颚线较远的下方。

③ 核伤位于轨头一侧上角。处于二次波扫查区内，A 型显示回波显示于荧光屏刻度 5.0 以后，回波位置刻度越大，核伤距轨面越近［见图 1-8-6（c）］；B 型显示伤损图形在轨颚线下方，离轨颚线距离越大，核伤越靠近轨面。

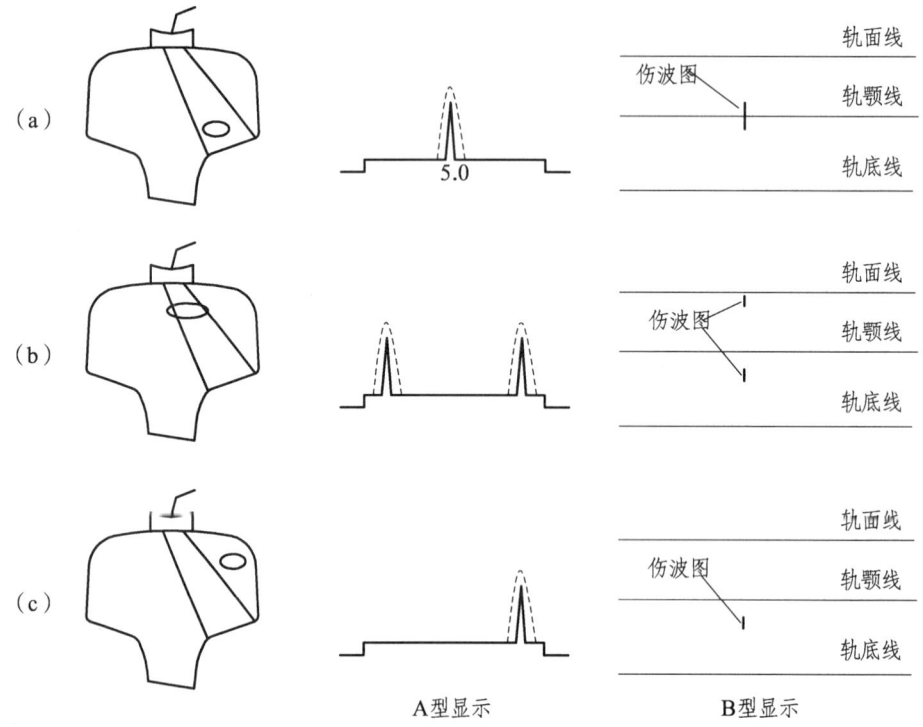

图 1-8-6　偏角检测核伤位置和回波显示

（3）无偏角检测核伤回波显示。

核伤的位置与回波刻度相对应，伤损越浅，A 型显示回波位置靠近起点，B 型显示靠近轨面线，反之，伤损越深，A 型显示回波位置靠近基线后端，B 型显示靠近轨颚线，如图 1-8-7 所示。

（4）倾斜核伤的显示。

① 核伤位于轨颚附近。虽然伤损存在于一、二次波扫查区，但由于核伤倾斜后，探头接收不到二次波［图 1-8-8（a）］，A 型显示回波在 5.0 之前，B 型显示在轨颚线之上；探头接收不到一次波［图 1-8-8（b）］，A 型显示回波在 5.0 之后，B 型显示在轨颚线之下。

② 核伤位于轨头上方。虽然在一、二次波扫查区内，但由于核伤倾斜后，使一次回波探头无法接收到，误以为核伤位于内侧上角处［图 1-8-9（a）］；或者二次波探头无法接收到，误以为核伤位于轨头中心处［图 1-8-9（b）］。

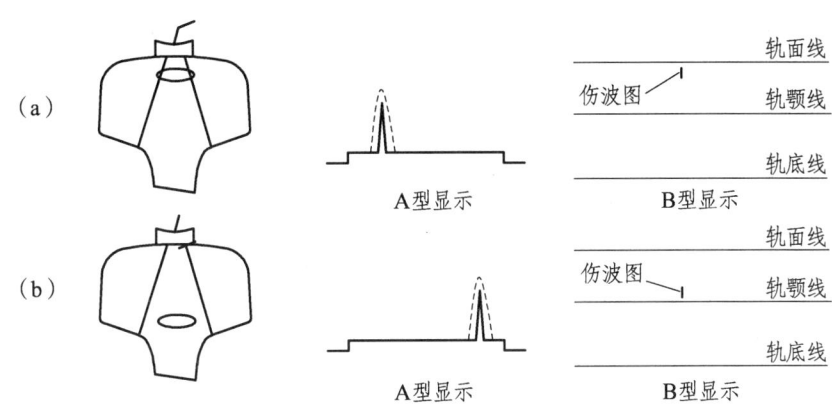

图 1-8-7　无偏角探测核伤位置和回波显示

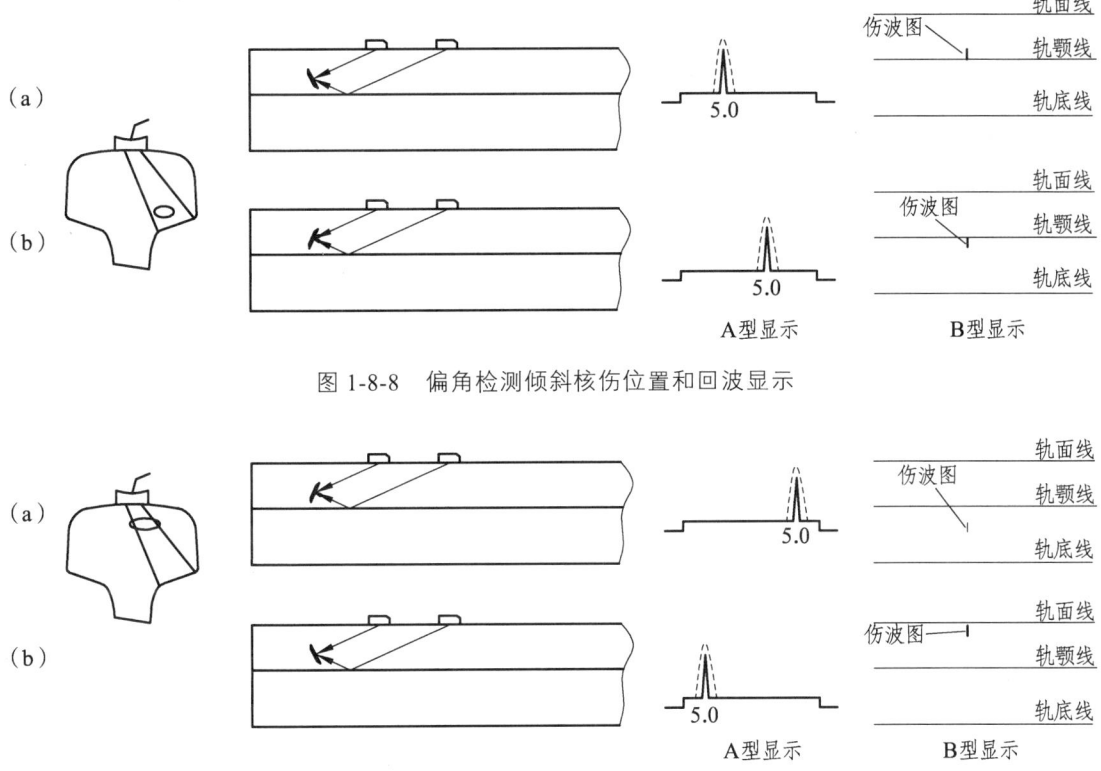

图 1-8-8　偏角检测倾斜核伤位置和回波显示

图 1-8-9　偏角检测倾斜核伤位置和回波显示

③核伤位于轨头一侧上角。虽然核伤在二次波扫查区内,但核伤倾斜后,如果取向正好与二次波正交,会有回波显示[见图 1-8-10(a)];否则,因核伤与二次波的入射角过大,回波无法被探头接收,造成漏检[见图 1-8-10(b)]。

(5)核伤定位定量。

采用基线法定位定量:

①核伤垂直高度确定。远点波减近点波刻度,乘以垂直距离系数得出值就是核伤垂直高度。60 kg/m 轨按声程 1:2.5 标定后,水平距离系数取 2.3,垂直距离系数取 0.9;50 kg/m 轨按声程 1:2 标定后,水平距离系数取 1.9,垂直距离系数取 0.7。

②核伤中心在钢轨纵向的位置的确定。核伤反射波中心刻度乘以水平距离系数，即为相关探头至核伤中心位置水平和垂直距离系数，见表1-8-1。

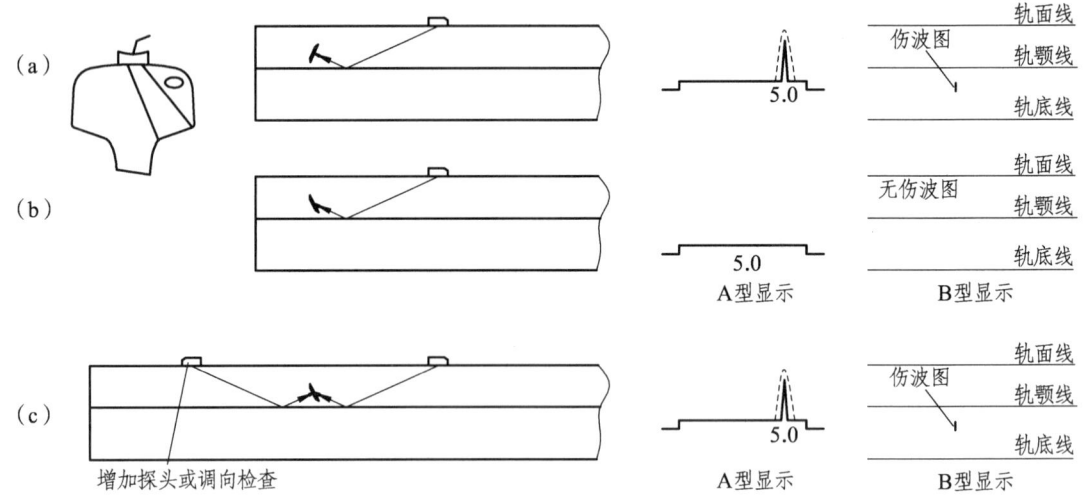

图1-8-10 偏角检测倾斜核伤位置和回波显示

表1-8-1 探头至核伤中心位置水平和垂直距离系数

轨型/比例	计算公式	66°	67°	68°	69°	70°
50 kg/m 轨声程1∶2	水平距离=$2\sin\beta$	1.83	1.84	1.85	1.87	1.88
	垂直距离=$2\cos\beta$	0.81	0.78	0.75	0.72	0.68
60 kg/m 轨声程1∶2.5	水平距离=$2.5\sin\beta$	2.28	2.30	2.32	2.33	2.35
	垂直距离=$2.5\cos\beta$	1.02	0.98	0.94	0.90	0.86

注：对于严重侧磨轨下颚形成的横向裂纹或擦伤、剥离和焊剂层下的核伤定位定量，使用侧面校对法，校对灵敏度在钢轨表面校对灵敏度上再提高10~12 dB。

为防止近区杂波而产生频繁报警，在钢轨探伤仪接收电路中采取近区抑制方式，使一次回波位移不到0刻度。这些均属于正常现象，切勿为追求一次回波位移到0刻度或二次回波单支波显示，而采取提高或降低探伤灵敏度，这样不利于钢轨探伤。

（6）非核伤回波识别。

①剥离层多次反射波。

钢轨制造和淬火不良，产生轨头表层剥离，形成不规则的薄层。超声波在薄层中多次反射后被探头接收，A型显示的荧光屏一次波范围会出现单支或多支回波同时显示的现象；B型显示轨面线附近会有不规则的、密集分布的点，同时会在轨底线上显示0°探头的失波（见图1-8-11）。但剥离层末端很容易产生核伤，如遇回波定位在剥离层末端，则很可能已经形成核伤。

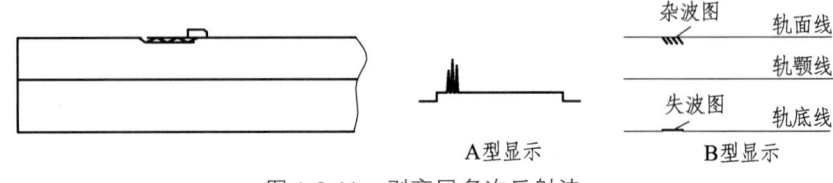

图1-8-11 剥离层多次反射波

② 鱼鳞剥离反射波。

曲线上股或部分直线地段形成鱼鳞状剥离。向轨头内侧发射的通道，A 型显示的荧光屏刻度 7.5～8.5 间会出现有规律、连续、循环出现回波显示（由于轨头磨耗、探头位置不同和仪器探测范围校正误差，回波位置会有所不同）；B 型显示轨颚线下会形成连续图形，且离轨颚线较远，如图 1-8-12 所示。探测中应慢走细看，重点注意波幅强、位移大的回波，因为鱼鳞剥离末端很容易产生核伤。

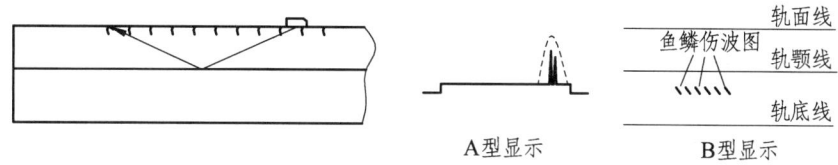

图 1-8-12　鱼鳞剥离反射波

③ 颚部锈蚀波。

轨头颚部锈蚀严重时，较深的锈损坑使超声波产生反射。这时会出现间断而短促的报警声，在荧光屏一、二次波交替处，显示没有移动的跳跃波，如图 1-8-13 所示。用砂纸打磨钢轨颚部，跳跃波会减弱或消失。为防止连续报警而干扰探伤，可适当降低增益，使跳跃波得到遏制；或打开"位移报警"功能（有些仪器具备），实现位移小的回波不报警。

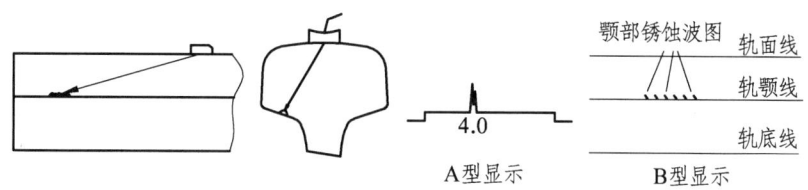

图 1-8-13　颚部锈蚀波

④ 轨面擦伤波。

擦伤波碎裂程度不同回波显示也不同，靠近刻度零点显示不规则的跳跃波或移动很短的回波，则擦伤的深度很浅。当一次或二次波范围内有回波显示，一般擦伤较深或存在"锅底""月牙"形损伤，这时应把仪器调向复查或进行校对，防止擦伤引发的核伤漏检。

⑤ 夹板卡损波。

探头入射点距夹板（60 kg/m 轨）108 mm 左右时，产生报警声，并在荧光屏一、二次波交替处显示波幅稳定的单支回波，如图 1-8-14 所示。通过目视或探头调向进行鉴别，要注意卡损处向内发展的横向裂纹。

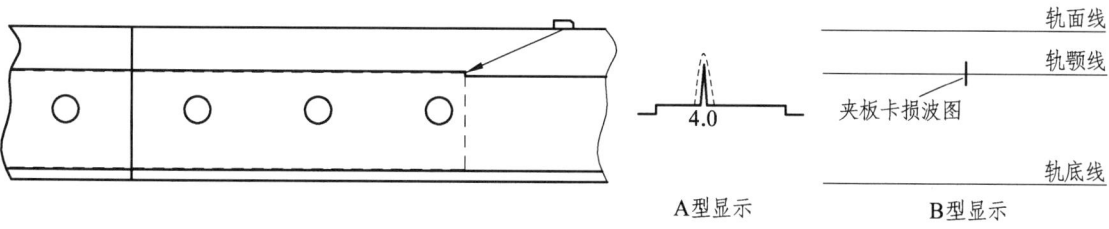

图 1-8-14　夹板卡损波

⑥ 焊筋轮廓波。

钢轨焊缝，轨头下颚都存在一个凸起的焊筋，探伤中一般都会产生回波。焊筋轮廓波在荧光屏刻度 4.5 左右显示，由于焊筋几何形状不一，回波显示的位移和强弱略有差异，铝焊接头回波强，气焊接头回波弱，如图 1-8-15 所示。要注意位移长、波幅强的回波分析，防止焊缝内缺陷的漏检。

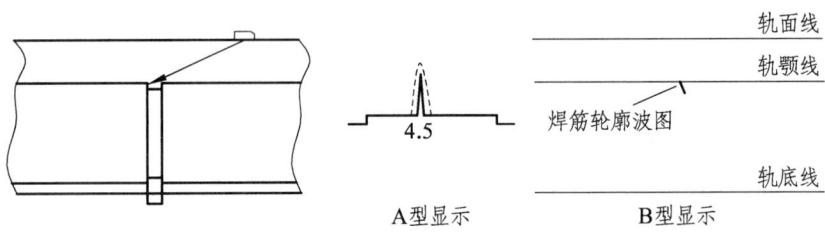

图 1-8-15　焊筋轮廓波

任务九 钢轨探伤仪探头灵敏度和灵敏度余量的测试

1. 试验目的

熟悉 SZT-800 钢轨探伤仪的使用方法和各探头性能测试指标的测试方法。

2. 试验内容

（1）测定探头的灵敏度；

（2）测定探头的灵敏度余量。

3. 试验设备

SZT-800 钢轨探伤仪、GTS-60C 试块、WGT-3 试块。

4. 操作方法

（1）仪器调节。

① 将探头连接对应通道，接通仪器电源；

② 打开水阀，推动仪器保证耦合良好。

（2）钢轨探伤仪各个探头灵敏度调试。

① 偏角 70°探头：在 GTS-60C 加长测试轨上，检测轨头踏面下 12 mm 处 $\phi 4 \times 20$ mm 平底孔（见图 1-9-1），调节增益使反射波位移量达到 2 大格。

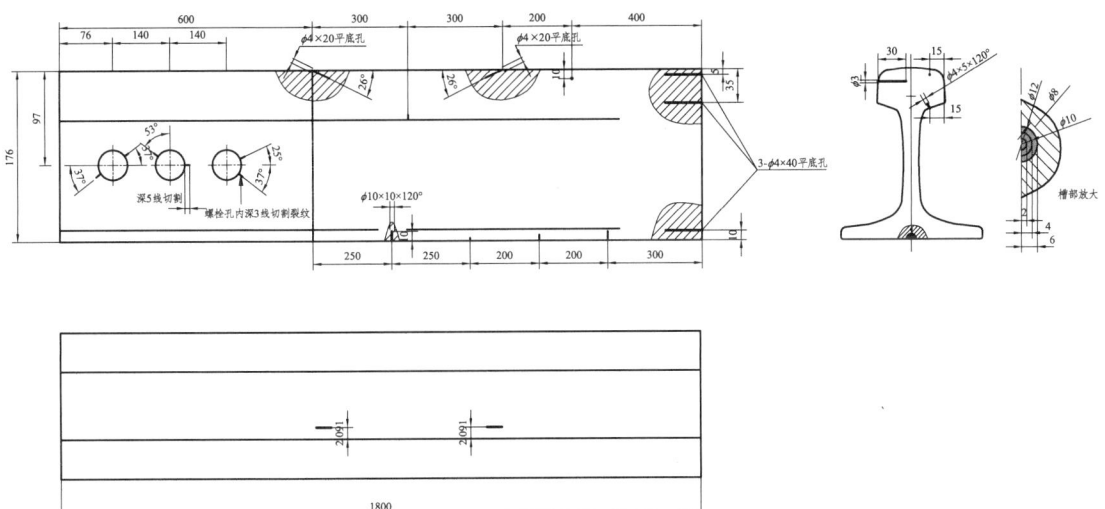

图 1-9-1 GTS-60C 试块

② 直 70°探头：在 GTS-60C 加长测试轨上，检测轨头踏面下 10 mm 处 $\phi 3$ 横孔，调节增益使反射波位移量达到 1 大格。

③ 37°探头：在 GTS-60C 加长测试轨上，螺孔向下斜裂纹长 3 mm，调节增益使反射波位移量达到 0.5 大格。

④ 0°探头：在 GTS-60C 加长测试轨上，螺栓孔 5 mm 长水平裂纹，调节增益使反射回波

与螺孔回波等高（波幅80%为基准），释放 8~10 dB。

（3）钢轨探伤仪各个探头灵敏度余量测试。

① 将仪器"抑制"开关设置为"大"，仪器稳定后将仪器灵敏度置于最高状态，将转换盒通道选择开关置于相应测试通道。

② 检查仪器噪声电平，若仪器噪声电平超过10%，则调节衰减器，使噪声电平为10%，并记录衰减器读数 S_0。

③ 将探头去掉保护膜置于 WGT-3 试块上测试：折射角为 70°和 37°的探头以 WGT-3 试块上深度为 65 mm 的横通孔为基准孔（见图 1-9-2）；0°探头以 WGT-3 深度为 110 mm 的底面为基准面。

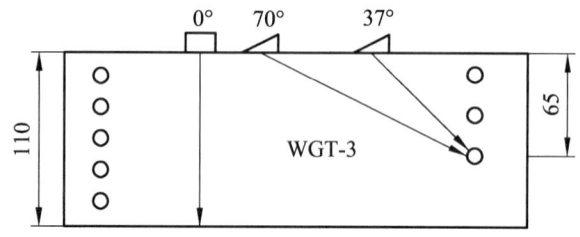

图 1-9-2　WGT-3 试块（尺寸单位：mm）

④ 探头置于试块中间（见图 1-9-2），保证耦合良好，且与试块侧面保持平行，前后移动探头，调节仪器衰减器，使各基准反射体波高为80%，记录此时衰减器读数 S_1。

⑤ 计算灵敏度余量 S'：$S'=S_1-S_0$。

（4）注意事项。

① 测试探头参数时，探头要正确连接仪器对应通道；

② 移动探头要找准基准孔面的最高波，再调节仪器增益至波高80%；

③ 各探头灵敏度余量合格要求：0°探头 $S' \geq 36$ dB、37°探头和 70°探头 $S' \geq 40$ dB。

任务十　下道及文件的导出、删除与回放

1. 试验目的

熟悉 SZT-800 数字式钢轨探伤仪的下道和文件的命名、导出、删除与回放等各项操作。

2. 试验内容

（1）下道操作；

（2）文件的命名；

（3）文件的导出与删除；

（4）文件的回放作业；

（5）文件上传。

3. 试验设备

SZT-800 数字式钢轨探伤仪。

4. 操作方法

（1）下道操作。

下道前关闭主水阀，向上提拉翻板提升钮收起前后翻板。下道避车时应将车体顺钢轨方向放置，以免列车运动的气流将仪器吹翻。下道后仪器长时间（半小时以上）不使用，应关闭电源以节省电池能量。

（2）文件名的定义。

① 正线文件名：年月日+Q+线编号+行别+左右股+推行方向+班组。

年月日：分别用 2 位数字表示。

线编号：4 位数字表示。

行别：单线——D，上行——S，下行——X。

左右股：左股——L，右股——R。

推行方向：顺里程——S，逆里程——N。

班组：4 位数字表示。

例：131230Q0057SRS0001 表示 13 年 12 月 30 日+正线+线编号 0057+上行+右股+顺里程+班组 0001。

② 站线文件名：年月日+Z+站编号+左右股+股道编号+推行方向+班组。

站编号：5 位数字表示。

左右股：左股——L，右股——R。

股道编号：4 位数字表示。

推行方向：顺里程——S，逆里程——N。

班组：4 位数字表示。

例：140110Z76101R0001S0001 表示 14 年 01 月 10 日+站线+站编号 76101+右股+股道编号 0001+顺里程+班组 0001。

（3）文件的删除。

按"文件"键进入文件操作界面，如图1-10-1所示。

```
存储设备                                      Enter：进入
Storage Card                                  Esc：返回
NandFlash                                     ←：上一个
                                              →：下一个




V00  N00.00.0000   E000.00.0000   2013-10-28 16:47:33
```

图1-10-1 文件操作界面

根据右边的操作提示，按"< >"选择存储路径，然后按下"○"进入文件列表，如图1-10-2所示。

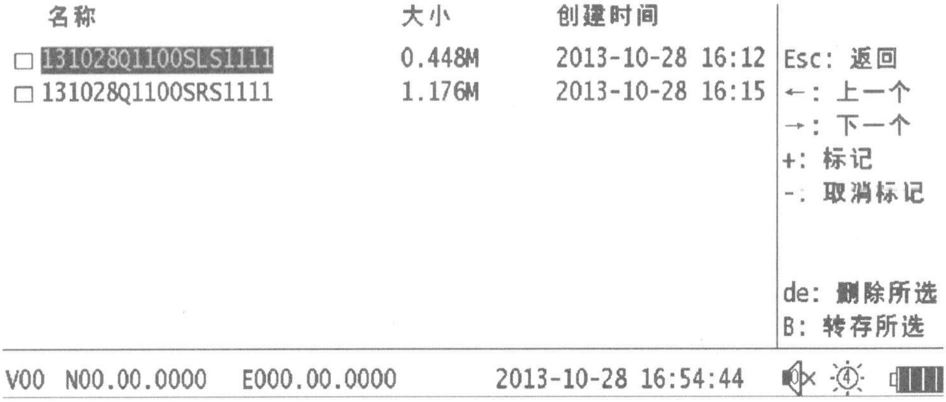

```
名称                    大小        创建时间
□ 131028Q1100SLS1111   0.448M    2013-10-28 16:12   Esc：返回
□ 131028Q1100SRS1111   1.176M    2013-10-28 16:15   ←：上一个
                                                    →：下一个
                                                    +：标记
                                                    -：取消标记


                                                    de：删除所选
                                                    B：转存所选
V00  N00.00.0000   E000.00.0000   2013-10-28 16:54:44
```

图1-10-2 文件列表

根据右边的操作提示，按"< >"移动到需要转存或删除的文件，并按"+"标记该文件（文件名前打"√"），然后根据右边的提示按下"d/e"删除所选的文件或按下"C₅"将所选的文件转存到U盘，如图1-10-3、图1-10-4所示。

（4）文件的回放。

在文件列表中，按下"< >"选择需要回放的文件，然后按下"○"进入回放界面，回放界面如图1-10-5所示。

①按下"○"暂停或播放。

②按下"○"退出播放返回到菜单列表。

③按下"< >"手动向前或向后播放。

④按下"- +"设置播放速度。

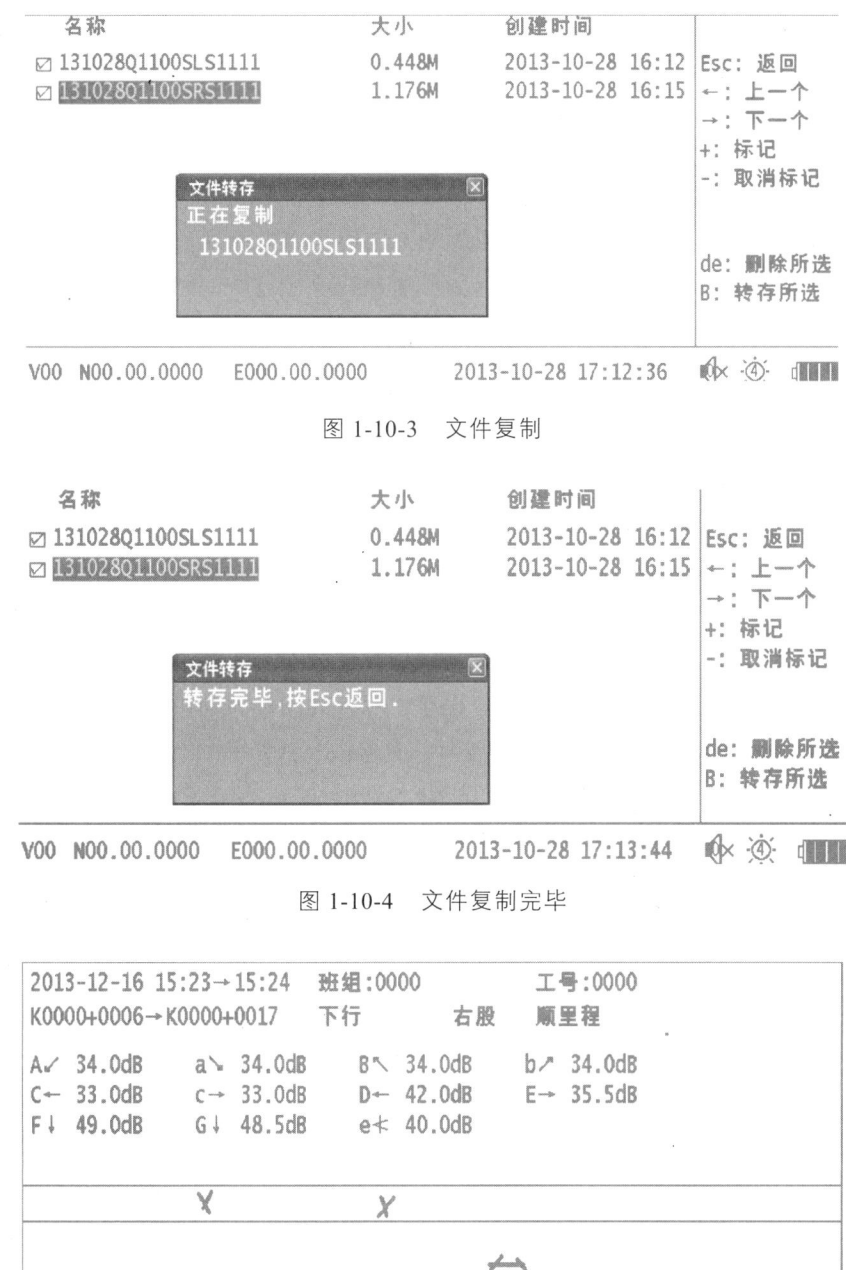

图 1-10-3 文件复制

图 1-10-4 文件复制完毕

图 1-10-5 文件回放

（5）作业文件上传。

探伤作业完毕后，将 U 盘插入仪器的 USB 接口，按照文件导出与删除的方法将文件导出到 U 盘。将存放数据的 U 盘保护好，按照路局的要求上传到回放管理部门，以便将来回放分析。

任务十一 钢轨探伤仪 B 显与数据回放

1. 试验目的

熟悉 SZT-800 数字式钢轨探伤仪数据回放软件应用与伤损检测。

2. 试验内容

（1）软件安装；

（2）熟悉软件界面；

（3）软件功能与操作。

3. 试验设备

SZT-800 数字式钢轨探伤仪。

4. 操作方法

（1）软件安装。

在本产品随机 U 盘中有 ，右键点击此文件，选择"解压到当前文件夹"。

文件夹中的 为本软件的运行程序，双击此图标，则可打开软件。

注：如果是 Win7 系统，第 1 次运行程序时，需要以"右键单击"->"以管理员身份运行"的方式打开程序。

（2）软件界面。

本软件的标准主界面大小可调，最小尺寸为 800×600。为确保使用方便，建议选择不小于 1 280×768 的屏幕分辨率。软件主界面如图 1-11-1 所示。

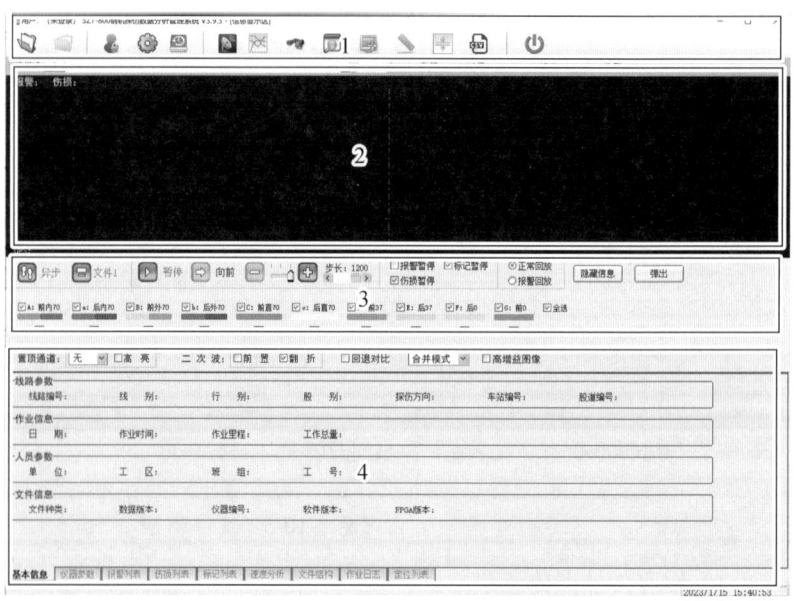

钢轨探伤仪回放软件操作

图 1-11-1 软件界面示意

软件界面主要分为 4 个区域：

①系统控制区：执行文件的打开、导出、工具使用、退出等功能。

②B 超显示区：显示 B 超图形和实时信息，其中 B 超显示窗口中心的灰色竖线为实时信息基准点。

③回放控制区：回放模式、回放状态的控制。

④信息显示区：文件的基本信息，报警、伤损的统计等。

（3）功能与操作。

①文件操作。

文件载入：系统控制区的 和 按钮，分别用作载入文件 1 和文件 2，且只有在已载入文件 1 的情况下才能载入文件 2。

可载入的文件有 2 种：".tpB"和".bak"。这 2 种文件分别为 B 超原数据和 B 超备份数据。如果 B 超数据所在文件夹有对应的 A 超数据（后缀为.tpA），则在载入 B 超数据时会自动将 A 超数据载入。

文件导出：点击伤损列表标签中的 按钮和 按钮，可分别将焦点文件的伤损信息导出为 Excel 文件和 PWMIS 格式的 Text 文件。

文件备份：回放员在登录的情况下，程序会自动将被阅览数据文件做备份，备份文件后缀为.bak。

②登录[①]。

打开程序时或点击 后，会显示登录窗口，如图 1-11-2 所示。

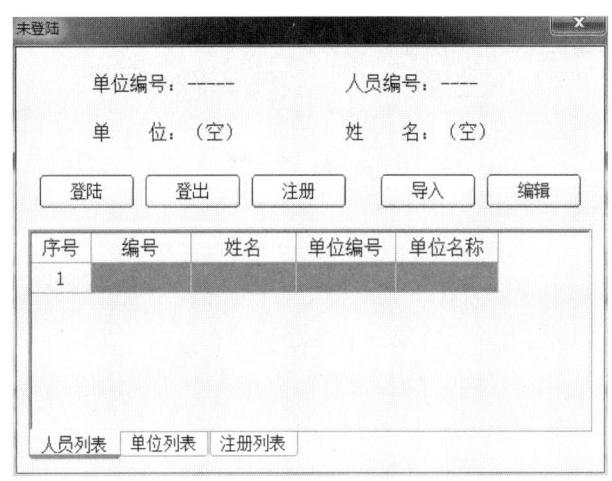

图 1-11-2　登录界面

注册：使用者可通过注册功能设置自己的"单位编号""人员编号"和"姓名"，可在"注册列表"中查看注册信息。

登录、登出：点击"登录"按钮，在编号框中输入人员、单位编号，如图 1-11-3 所示。登录状态下，点击"登出"按钮即退出登录状态。

---

① 图中"登陆"对应文中"登录"。

信息导入：导入信息包含了"人员信息"和"单位信息"。点击"导入"按钮后，载入后缀为.rcd 的用户信息文件（由局或段自行提供），可将用户信息导入到本地，并可在窗口下部的列表中查看。注：此"人员信息"为探伤工信息，与回放员注册的信息无关。

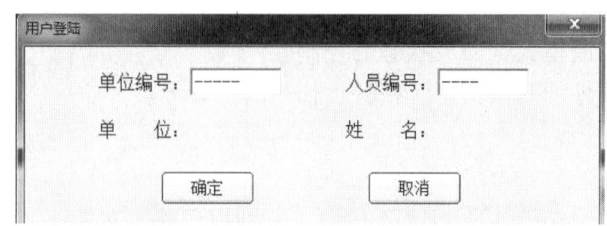

图 1-11-3　单位、人员编号输入界面

信息编辑：点击"编辑"按钮可进入用户信息编辑界面（需密码）。在此界面可实现用户信息的编辑和导出（生成.rcd 文件）功能。由于管理原因，此功能不做详细介绍。

③播放状态控制。

播放的状态主要由以下控件控制：

B 超图像移动：

自动播放：　　　为自动播放开关，鼠标点击此按钮或按键盘的空格键可切换"播放"和"暂停"状态。

手动播放：按下计算机键盘的"A"/"D"键可将画面向后/前移动。

拖拽播放：鼠标左键拖拽 B 超，可移动画面。

播放方向切换：点击　　　切换播放的方向。

调节播放速度：一共有 3 级速度选择，点击　　　两边的加、减按钮或者拖动中间的指针可调节速度。

调节步进长度：可从 2 到 400 做选择。改变　　　的滑块位置或点击计算机键盘的"W"/"S"按键可调节步进长度。

④双文件模式控制。

载入双文件后，回放的文件模式主要由以下控件控制：

同、异步切换：点击　　　切换同、异步状态。

只有当两个文件处于同一区间，且为左右股数据或不同探伤周期的数据时才能使能同步功能（文件信息中的线路参数要对应）。

当切换至同步状态时，两文件对应位置自动锁定，播放时，除在回退地段外，两文件位置始终对应。

需要调整对应位置时，可切换至异步，选好位置后重新变为同步。

异步状态下，两文件独立回放。

焦点切换：点击　　　切换焦点文件。"信息显示区"只显示焦点文件的信息。

⑤播放模式控制。

播放模式控制部分：

正常回放：自动回放时，根据"回放速度""步长"和"方向"连续移动 B 超图像。如果

"报警暂停"/"伤损暂停"被勾选,则在遇到报警/伤损时暂停(只在向前时)。暂停时,屏幕内已经出现过的报警/伤损不会再引起暂停。

手动回放时,根据"步长"连续移动 B 超图像。

快速回放:自动回放时,根据"回放速度"和"方向",从当前位置开始,跳转到屏幕外的下一个报警点所在位置。勾选"报警暂停"后,每跳转一次均会暂停;勾选"伤损暂停"后,当前窗口内有伤损,会暂停。

手动回放时,跳转到屏幕外的下一个报警点所在位置。

⑥界面显示控制。

控制显示界面,保证在小分辨率情况下将信息显示完整:

隐藏信息:控制信息显示区的"显示"/"隐藏"。

弹出:可将信息显示区设置为一个独立的置顶显示窗口。

⑦B 超显示信息。

B 超的显示窗口如图 1-11-4 所示。

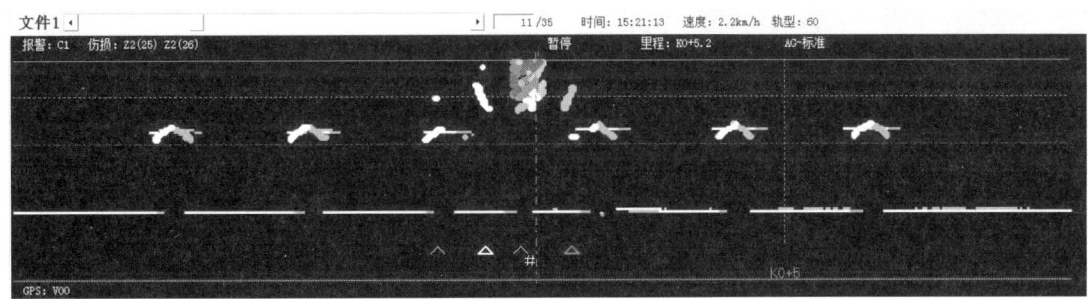

图 1-11-4　B 超显示窗口

窗口左上部滑动条和文字编辑框都指示当前位置的播放进度。拖动滑动条的滑块或在文字标记框中输入数字并按"回车"键,可跳转到指定位置。

窗口右上部,显示步进基准位置的实时信息。

B 超区正中的灰色竖虚线为 B 超步进基准线。

B 超区左上部,显示鼠标位置附近的报警和伤损,伤损代码见表 1-11-1。

报警显示为:通道(字母)+类型(数字),例如:A1。

伤损显示为:类型(字母)+(疑似等级(数字))+"("+序号(数字)+")",例如:Z2(12)、R(5)。

此外,在 B 超窗口的底部有各种标记符号,符号的意义如表 1-11-1 所示。

表 1-11-1　B 超窗口的底部有各种标记符号的意义

序号	标记名称		标记图案	说明
1	报警		∧(黄色)	
2	疑似伤损	1 级	△(黄色)	代号:Z1
		2 级	△(黄色)	代号:Z2
		3 级	△(红色)	代号:Z3

续表

序号	标记名称	标记图案	说明
3	回放伤损	▲（黄色）	代号：H
4	人工伤损	▲（红色）	代号：R
5	桥隧	Q	区域标记，起点带←，终点带→
6	曲线	$	区域标记，起点带←，终点带→
7	道岔	Y	区域标记，起点带←，终点带→，起点有道岔编号
8	自定义	※	有0~7共8种自定义类型，除0外，符号后面带数字
9	轨缝	#	
10	回退	@	带回退长度
11	上道	S	
12	校验	C	
13	超速点	<	
14	里程校正	K	
15	探头失耦	◇	区域标记，起点带←，终点带→，起点有失耦通道
16	失波报警	…（黄色）	F/G通道失波步进

⑧B超窗口操作。

在B超区域内按住鼠标左键并移动，可移动B超画面。

点击鼠标右键会弹出菜单，如图1-11-5所示。

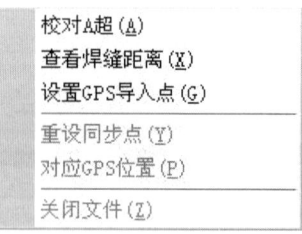

图1-11-5　B超窗口操作

A超校对：

查看焊缝距离：点击此菜单后，会弹出窗口，显示点击位置前后的轨缝和焊缝的位置和距离，如图1-11-6所示。

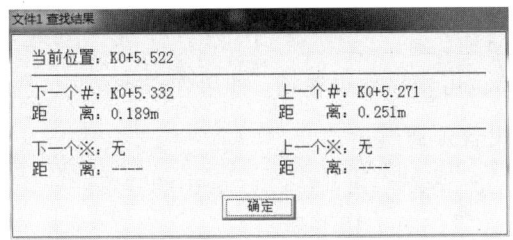

图 1-11-6 查看焊缝距离

设置 GPS 导入点：将当前位置的 GPS 信息生成记录到列表中，便于导出"GPS 信息点"文件。

重设同步点：双文件同步时，将当前位置设为同步对应位置。

对应 GPS 位置：双文件同步时，以目标文件当前 GPS 位置作为基准，将另一文件跳转到对应的 GPS 位置。

关闭文件：双文件时，关闭目标文件，如果目标文件为"文件 1"，则关闭后"文件 2"变为"文件 1"。

在有伤损或者报警的位置双击鼠标左键，会弹出"报警、伤损查看"窗口，如图 1-11-7 所示。

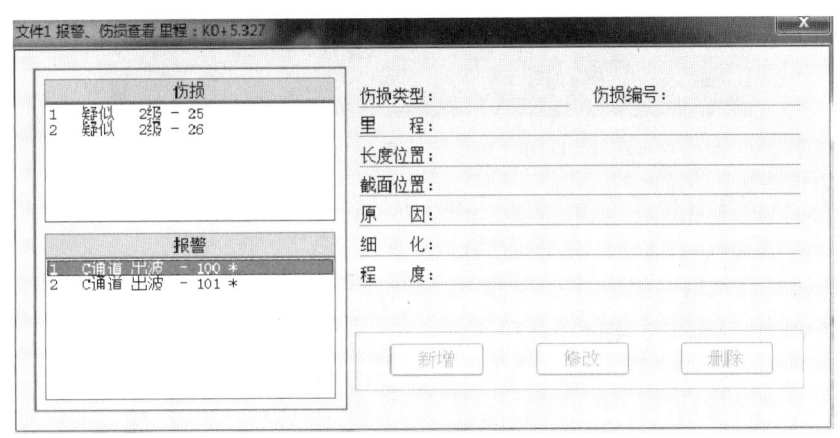

图 1-11-7 报警、伤损查看窗口

在"信息显示区"的"通道设置"中，会显示各通道的名称、颜色（斜 70°通道色条的左边表示一次波，右边表示二次波）和偏移量（相对于 0°），并能设置各通道的显示/隐藏状态、置顶通道和二次波显示方式，如图 1-11-8 所示。

图 1-11-8 通道状态与二次波显示

改变通道显示状态：鼠标左键点击通道名（如 ☑A：前内70 ）时，可显示或隐藏相应通道图形；鼠标右键点击通道名时，则单独显示相应通道图形。

通道置顶：改变 置顶通道：[无 ▼] □高 亮 中下拉框内容，可将相应通道图形置顶；鼠标左键点击通道颜色条 ☑A：前内T0 ▬ 也可将该通道置顶。如果勾选"高亮"选择框，则可将非置顶通道的B超图形变暗显示，突出置顶通道。

改变二次波显示方式：二 次 波：□前 置 ☑翻 折 中的"置前"控制二次波显示在一次波的上层或下层；"翻折"显示效果如图1-11-9所示。

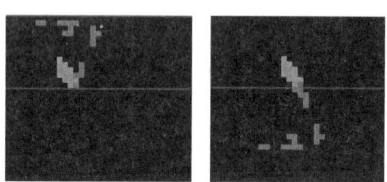

图1-11-9 二次波不翻折与翻折

隐藏回退：勾选 □回退对比，可将回退部分的B超图像在独立窗口显示，和被复核部分进行对比（B超窗口中被复核部分图像下端用蓝色虚线画出）。调节对比窗口中的按钮，可查看不同回退次数的图像，如图1-11-10所示。

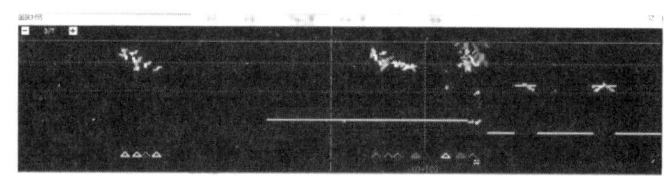

图1-11-10 查看不同回退次数的图像

B超分区：可实现B超图形在"合并"和"分区"模式的切换。分区模式下，B超按70°、37°和0°图形分开显示。

高增益图像：显示增益提高3 dB后的B超图像。注：探伤仪软件版本为V2.0及以上且FPGA版本为V3.50及以上才能使用此功能。

⑨A超显示。

成功载入A超数据的情况下，在B超窗口的右键菜单中选择"校对A超"，会弹出A超波形窗口，点击点位置用白色虚线标记，如图1-11-11所示。

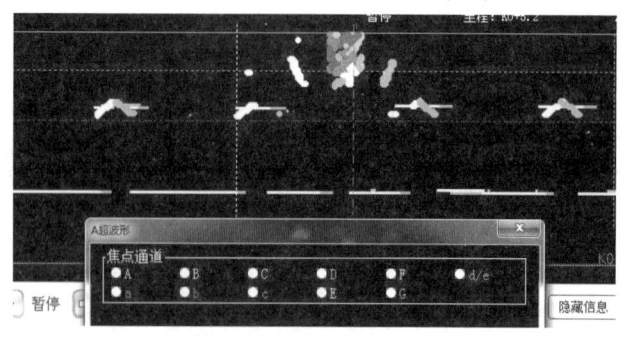

图1-11-11 校对A超

选择焦点通道后，B超区出现声束轨迹线（白色虚线），如图1-11-12所示。

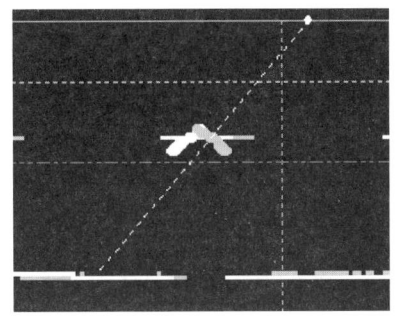

图 1-11-12　B 超区声束轨迹线

A 超窗口会显示焦点通道扫描到的波形，如图 1-11-13 所示。

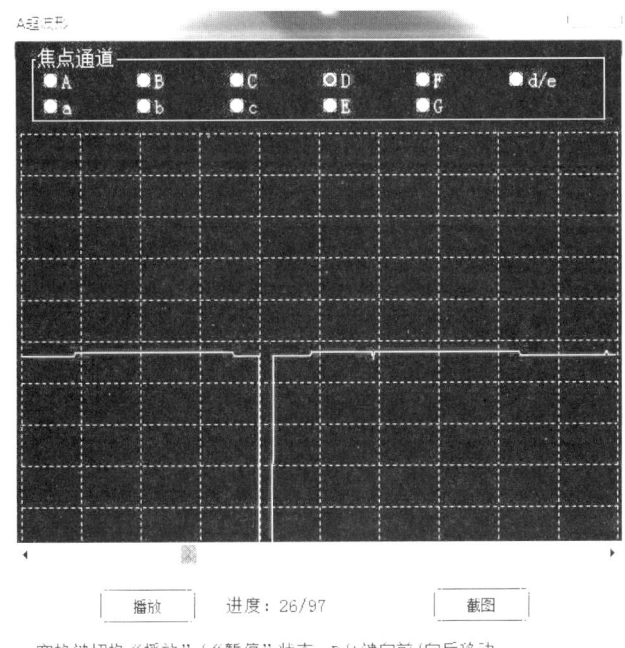

图 1-11-13　A 超窗口

⑩信息的显示与统计。

文件的信息主要显示在"信息显示区"，包含内容如图 1-11-14~1-11-16 所示。

图 1-11-14　信息显示区

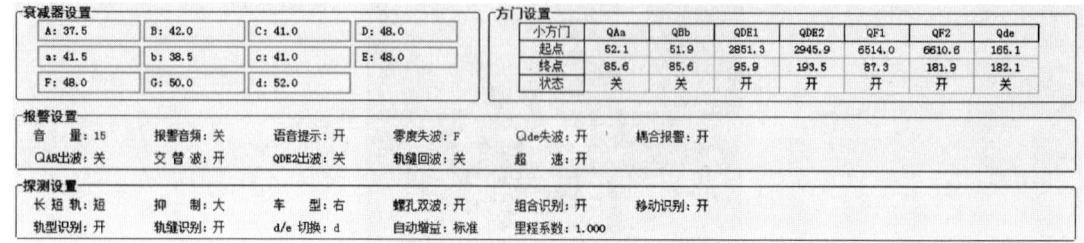

图 1-11-15 仪器参数

图 1-11-16 报警列表

报警统计：根据"通道"和"类型"统计各种报警的数目，此统计表中的数字为报警原始数目，未经筛选。

报警筛选：改变筛选项目，会在"报警列表"中显示符合条件的报警（改变"报警阈值"和"轨缝宽度"后，需按 执行 ），并改变 B 超窗口显示的报警标记。"报警阈值"的范围为 1~4，"轨缝宽度"的范围为 30~60。

报警列表：列出符合筛选条件的报警。鼠标左键双击列表中的报警时，B 超画面会跳转到该报警的位置。

图 1-11-17 所示为伤损列表。

图 1-11-17 伤损列表

伤损统计：根据"类型"和"等级"统计各种伤损的数目，此统计表中的数字为伤损原始数目，未经筛选。

伤损筛选：改变筛选项目，会在"伤损列表"中显示符合条件的伤损列表；列出符合筛选条件的伤损，鼠标左键双击列表中的伤损时，B 超画面会跳转到该伤损的位置。

图 1-11-18 所示为标记列表。

图 1-11-18 标记列表

标记筛选：左边为标记类型筛选，每项有三部分：名称，符号（除"探头失耦"外）和数目。

标记列表：右边为标记列表，显示勾选的标记项目。点击列表的某条项目，B超跳转到对应位置。

图 1-11-19 所示为速度分析界面。

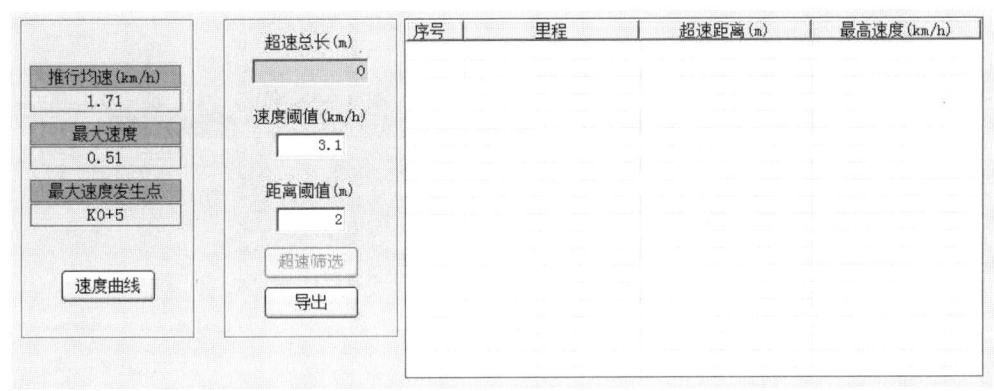

图 1-11-19 速度分析

超速筛选："速度阈值"的范围为 2.0~5.0，"距离阈值"的范围为 1~20。

改变筛选条件后，点击 超速筛选 ，会在"超速列表"中显示符合条件的超速点。

超速列表：列出符合筛选条件的所有超速点。鼠标左键双击列表中的超速点时，B超画面会跳转到该超速点的位置。注意：此列表中的超速点和仪器判定的超速点"＜"为不同项目。

导出列表：点击 导出 按钮，可将超速列表导出为 Excel 表格。

速度曲线：点击 速度曲线 后会显示"速度曲线"窗口，通过此窗口可查看全程的速度变化情况，如图 1-11-20 所示。

窗口左上角会显示鼠标所指位置的实时速度和里程，双击鼠标左键，B超图像跳转到相应位置。

右上角显示报警筛选的速度阈值，并在曲线中使用黄色虚线表示，方便查看超速位置。

左下角为显示比例调节。

回放日志：可以查看此文件之前的回放记录。

定位列表：显示"GPS 导入点"选择的 GPS 位置。回放员可将位置信息导出为 csv 文件，

067

可将此文件导入探伤仪中,用作 GPS 引导。

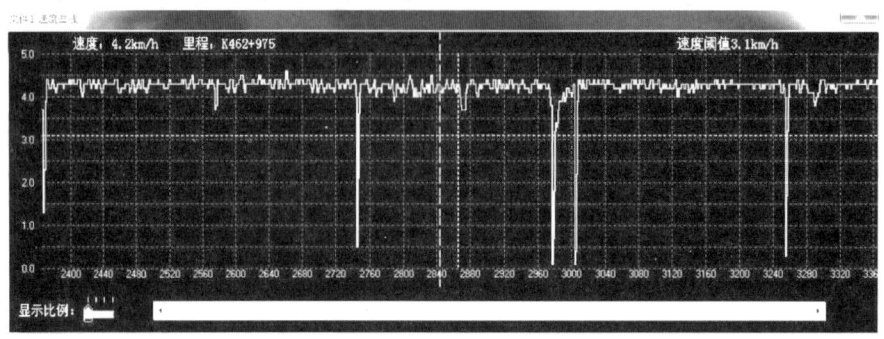

图 1-11-20　速度曲线

⑪文件结构。

"文件结构"列表列出文件中改变"行别""左右股""行走方向""股道编号"等参数时的位置,如图 1-11-21 所示。

阶段	时间	里程	参数	米块
1	08:14:22	K0+0	0008股道 右股 顺里程	1
2	08:16:10	K0+1	0008股道 左股 顺里程	7
3	08:20:25	K0+44	0008股道 右股 逆里程	55
4	08:35:40	K0+1	0009股道 左股 顺里程	104
5	08:50:48	K0+252	0009股道 右股 逆里程	363
6	09:11:55	K0+0	0011股道 左股 顺里程	762
7	09:34:45	K0+708	0011股道 右股 逆里程	1578
8	09:50:10	K0+0	0010股道 左股 顺里程	2304
9	09:53:04	K0+40	0010股道 右股 逆里程	2350
10	09:57:26	K0+0	0012股道 左股 顺里程	2420
11	10:01:17	K0+112	0012股道 右股 逆里程	2539
12	10:02:37	K0+0	0013股道 左股 顺里程	2578

图 1-11-21　"文件结构"列表

鼠标左键双击列表中的一行,B 超画面会跳转到对应的位置。

⑫数据修改。

回放过程中"添加""修改"和"删除"伤损。在 B 超的报警或伤损附近点击鼠标中间,会弹出"报警、伤损查看"窗口,如图 1-11-22 所示。

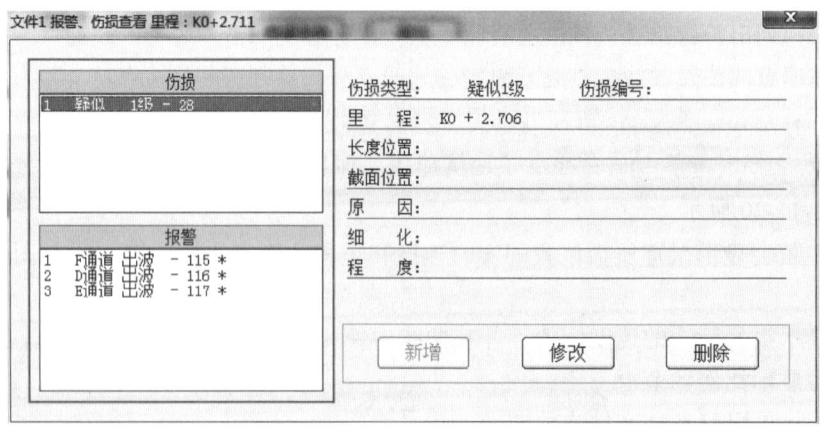

图 1-11-22　"报警、伤损查看"窗口

报警、伤损信息：

"伤损"中显示项目的含义为：序号+类型+程度（自动时）+在伤损列表中的序号。

"报警"中显示项目的含义为：序号+通道+类型+在报警列表中的序号+对应伤损标志(*)。

点击"伤损"中的项目后，在右侧会显示此伤损的详细信息。

伤损编辑：

伤损的标志，须登录后方可使用。

新增：选中"报警"中不带"*"的项目后，点击 新增 ，窗口右侧的伤损信息区变为编辑状态，设置好每条信息后保存，如图 1-11-23 所示。

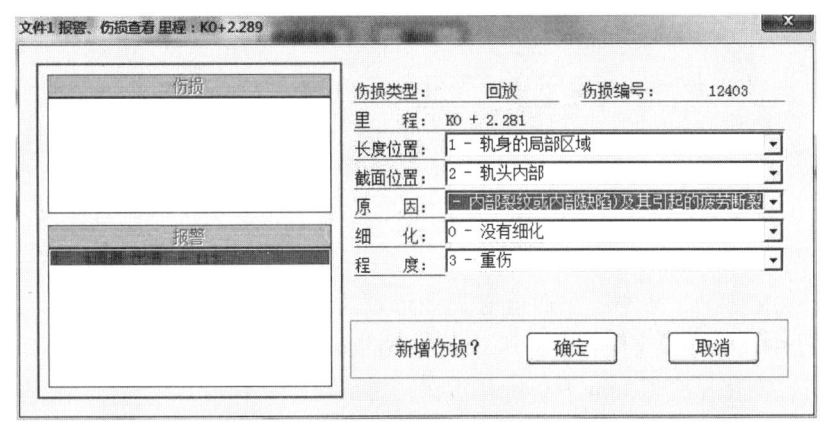

图 1-11-23　新增钢轨伤损信息

修改：选中"伤损"中的项目后，点击 修改 ，窗口右侧的伤损信息区变为编辑状态，设置好每条信息后保存，如图 1-11-24 所示。

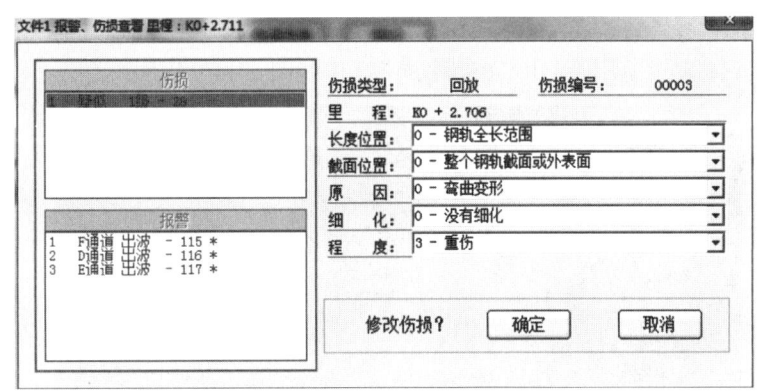

图 1-11-24　伤损信息区编辑状态

删除：选中"伤损"中的项目后，点击 删除 ，在弹出的提示框中选"是"，则删除该伤损。

保存编辑的伤损数据：在伤损编辑完毕后，退出软件或打开另外的数据时，系统会提示"数据已修改，是否保存？"，选择"是"则可将编辑后的数据文件保存为".bak"文件。

⑬系统设置。

点击 ⚙ 会弹出设置窗口，如图 1-11-25 所示。

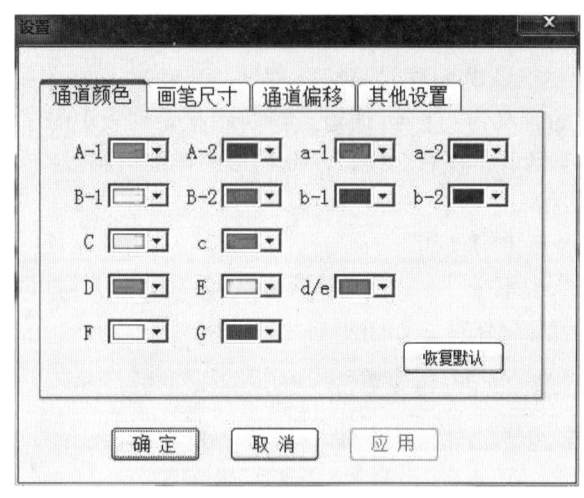

图 1-11-25　系统设置

通道颜色：改变各个通道 B 超绘制颜色。A、a、B 和 b 各有 2 个颜色选择框，左边为一次波颜色，右边为二次波颜色。

画笔尺寸：改变 0°、37°或 70°通道 B 超图形点的绘制大小，范围为 1~10。

通道偏移量（步进）：改变各通道相对于 F 通道的位置（在仪器的偏移基础上），范围为 -40~40 个步进。变化量会以 mm 为单位显示在"通道设置"栏。

其他设置：设置 GPS 信息在 B 超窗口的显隐以及 B 超背景模式。

⑭辅助功能。

本软件的辅助功能帮助回放人员对数据进行分析，主要按键如下：

GPS 图示窗口：按下 ，显示 GPS 图示窗口，如图 1-11-26 所示。

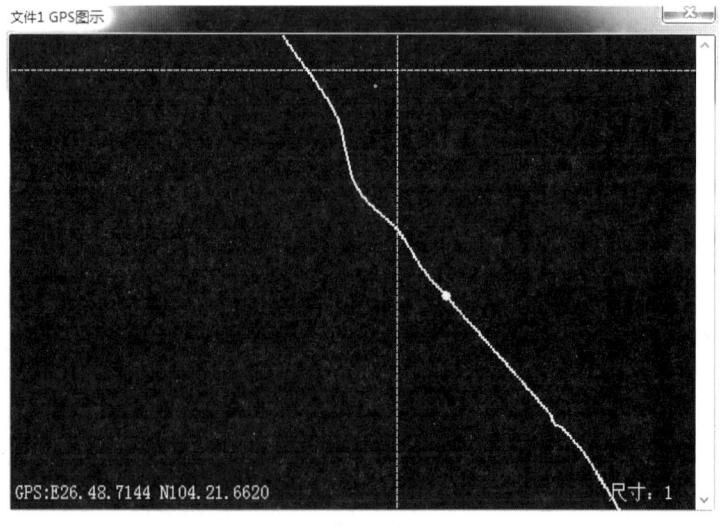

图 1-11-26　GPS 图示窗口

使用鼠标滚轮，可变化显示比例。

当图示超出窗口范围时，可使用滑动条或鼠标左键移动显示内容。

图示中的绿点代表 B 超当前位置，黄点代表附近有出波报警，红点代表附近有人工伤损或回放标伤。

在 GPS 图示对应位置双击鼠标左键，可将 B 超跳转到相应位置显示。

增益曲线窗口：按下 ⌇，显示增益曲线窗口，如图 1-11-27 所示。

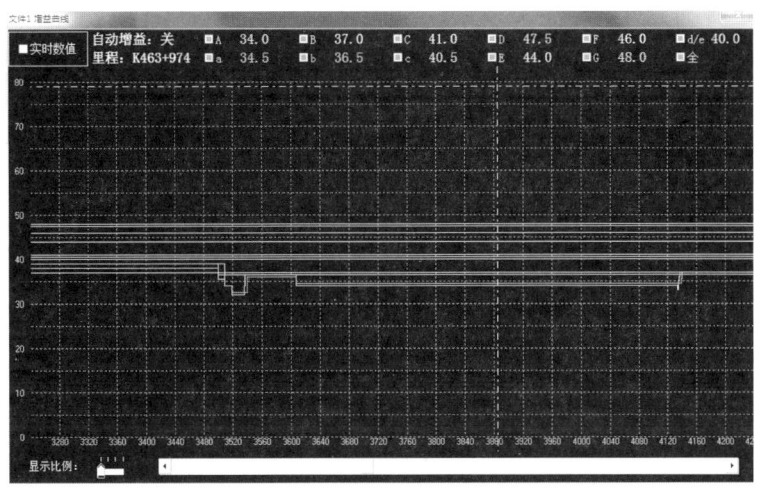

图 1-11-27　增益曲线窗口

定点查看：窗口上部显示鼠标位置（十字线中心）所对应的自动增益状态、里程各个通道的衰减器值。点击各通道的选择框，可控制该通道增益曲线的显隐。在曲线上点击鼠标右键，可将十字线位置固定。

增益曲线：中间的曲线为增益曲线。曲线所在的二维坐标中，Y 方向是益值，X 方向是播放进度,播放进度的数字与 B 超窗口上方 49 /6596 相对应。点击通道选择框（如 ■C　41.0）可改变对应通道的显隐。

位置跳转：在曲线上双击鼠标左键，B 超图形跳转到对应位置。

实时显示：勾选 ■实时数值 后，窗口变小并显示当前回放位置的实时增益值。如果某通道增益在回放过程中发生变化，该通道的增益值会加方框作为提示，如图 1-11-28 所示。

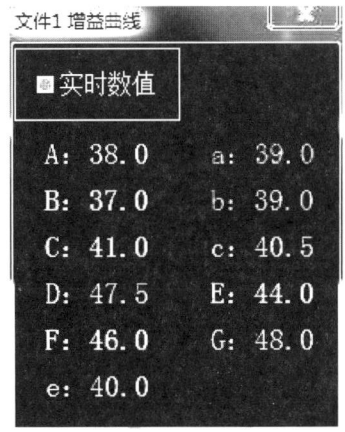

图 1-11-28　实时增益

位置搜索：按下 ![icon]，显示位置搜索窗口，如图 1-11-29 所示。

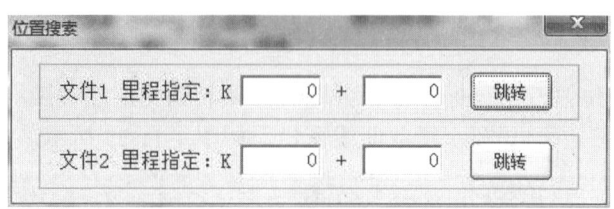

图 1-11-29 位置搜索窗口

两个文件可分别跳转到"里程指定"中输入里程位置。如果数据中有此里程，则跳转；没有，则警告。

放大镜：按下 ![icon]，开启"放大镜"功能。当鼠标移动到 B 超回放窗口时，会弹出"放大镜"窗口，如图 1-11-30 所示。

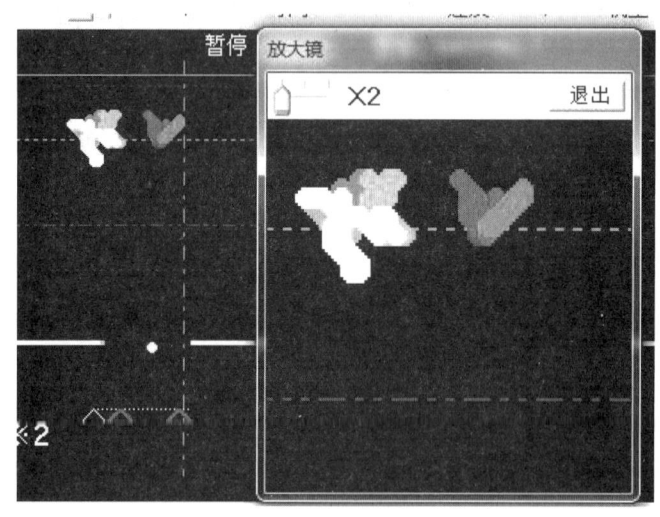

图 1-11-30 "放大镜"窗口

图中绿色虚线框为目标区域，在非固定状态下会随鼠标移动。

在 B 超窗口中点击鼠标左键，能将目标区域固定（虚线框变为红色）。再次点击，则取消固定。

改变放大镜窗口的左上部的指针，可调节放大倍数。

放大镜的图像随 B 超图像改变。

截图：点击 ![icon]，整个计算机屏幕进入截图模式，点击鼠标右键退出。

选择截图区：按住鼠标左键并移动，可选择截图区域。点击鼠标右键可取消。

截图编辑：编辑方式有"矩形""椭圆""箭头""刷子""文字"和"撤销操作"，对应按键为 ![icons]。

图片保存：点击 ![icon]，可将截图保存到指定位置。

测量、数据截取：点击 ![icon]，在 B 超图像左部显示测量的起点、终点和距离信息，如图 1-11-31 所示。

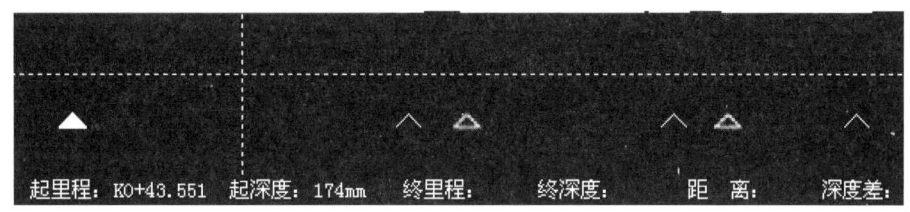

图 1-11-31　测量的起点、终点和距离信息

设置起止点：使用鼠标右键设置起点（实线）终点（虚线），并自动得出两点的水平和垂直距离，如图 1-11-32 所示。

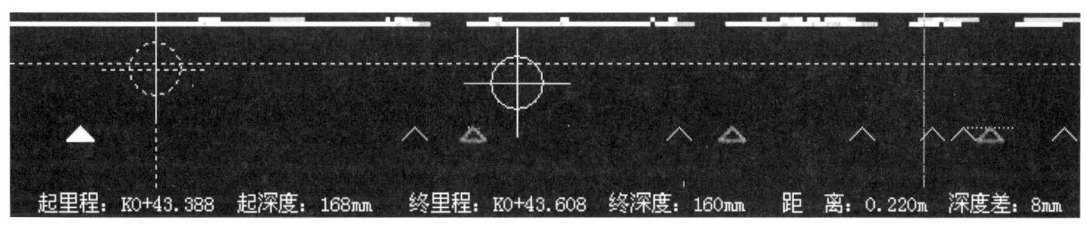

图 1-11-32　两点的水平和垂直距离示意

测量菜单：起点和终点设置完毕后，点击鼠标右键，可弹出菜单。菜单中有"转到起点""转到终点"和"清除测量"的功能，如图 1-11-33 所示。

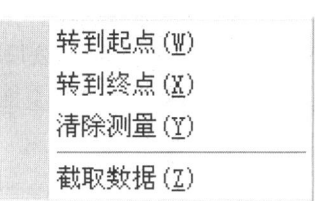

图 1-11-33　测量菜单

当设置好起止点后，在测量菜单中点击"截取数据"按钮，可将起点和终点所包含的米块数据单独保存为一个数据文件。

B 超垂直伸缩：点击 ![icon] 按钮，可调节 B 超垂直方向的显示比例，以便适用不同分辨率的情况。

日志文件解密：点击 ![icon] 按钮，将从仪器中导出的加密日志文件（.csv）解密。解密后的日志文件保存在加密文件的路径下，并在文件名中标注"（解密）"字样。

解密后的.csv 文件可直接用 Excel 打开并查看信息。

任务十二 钢轨探伤仪的保养与维护

1. 试验目的

熟悉 SZT-800 数字式钢轨探伤仪的保养与维护。

2. 试验内容

钢轨探伤仪的保养与维护。

3. 试验设备

SZT-800 数字式钢轨探伤仪。

4. 操作方法

（1）仪器不用时应存放在干燥阴凉的环境中，不可与坚硬或有油污的物质堆放在一起。仪器长时间不使用时，应将电池从仪器的电池舱取出，并分别存放好。

（2）当屏幕有污渍时，用干净的软布擦拭，要小心不可用力过大。注意不可使用酒精、稀释剂或其他挥发性的化学物质清洗仪器主机。

（3）对仪器各开关按键，操作时不宜动作过猛。

（4）注意要用专配的充电器为仪器电池充电。仪器的电池组要防止跌落损坏，要防止过充电和过放电。不用的电池应放置在干燥阴凉的环境中，不要将电池与金属物体混放或使电池的两端短路，不要将电池浸在水中或扔在火中。确保废旧电池使用适当的设施处理。

（5）探伤车上道下道要轻拿、轻放。翻板翻下时，不能置于石子或泥地上，以免损坏探头。注意防止翻板受撞击时损坏。

（6）在铁道上推行而不探伤时，应将箱体下部的探头架抬起悬空，并将翻板翻起，以减少不必要的磨耗。由于此时橡胶轮已放下，要注意防止过道岔时撞击橡胶轮。

（7）加强对探头的保养。探头与保护膜的尺寸要匹配，不宜过松过紧；探头加油要及时，并防止杂质和气泡影响探测灵敏度；装保护膜时压力要均匀。

（8）要重视手推车探头架的防护，定期对探头架的活动装置加注润滑剂，探头架不用时要用护套包装好。探头架的压力要调节得当，万向环探头螺丝要安装适当，使之转动灵活，而又不致脱落。遇有高低接头，大接缝时，要放慢速度。防止探头架撞歪或探头膜脱开。

（9）手推车的活动部件，如轮轴、探头架的升降位置、横向调节部分等，应适时添加润滑油，以保持工作良好。

（10）注意疏通水箱水路，机件清洗注油，检查接插件是否良好，对紧固件要防止松动丢失，对电缆要防止在根部扭曲。

项目二

焊缝探伤基础实操

📖 学习目标

1. 知识目标

（1）掌握 SDW-900 数字钢轨焊缝探伤仪组成、界面、按键功能。

（2）掌握 SDW-900 数字钢轨焊缝探伤仪各探头 A 显、B 显回波。

（3）掌握 SDW-900 数字钢轨焊缝探伤仪维护与注意事项。

2. 能力目标

（1）能够完成 SDW-900 数字钢轨焊缝探伤仪界面识别与基本操作。

（2）能够识别 SDW-900 数字钢轨焊缝探伤仪 A 显、B 显出波，并判断钢轨是否有伤损，找到钢轨伤损位置。

（3）能够利用 SDW-900 数字钢轨焊缝探伤仪对标准试块进行伤损识别与探头标定。

（4）能够对 SDW-900 数字钢轨焊缝探伤仪进行保养。

3. 素质目标

（1）培养学生的爱国主义情怀和民族自豪感。

（2）培养学生爱岗敬业、遵纪守法的职业精神、岗位精神。

（3）培养学生求真务实、踏实严谨、吃苦耐劳、精益求精的优秀品质。

📖 知识学习

1. SDW-900 数字钢轨焊缝探伤仪概述

（1）结构及接口。

仪器正面的外观如图 2-0-1 所示。

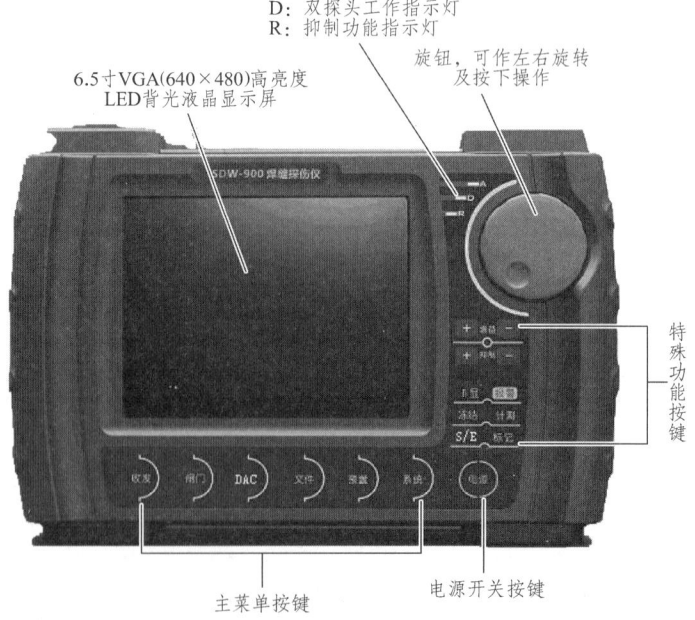

图 2-0-1 SDW-900 数字钢轨焊缝探伤仪正面外观

仪器侧面的外观与结构如图 2-0-2 所示。

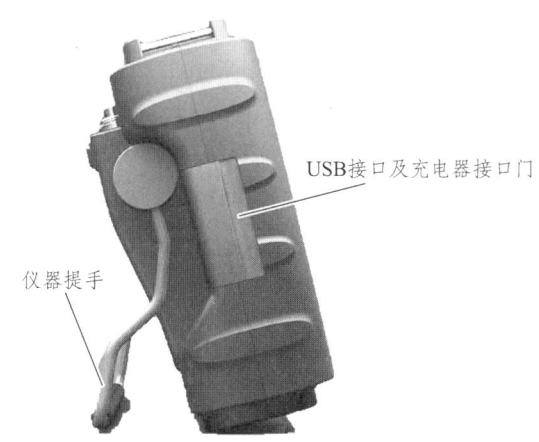

图 2-0-2　SDW-900 数字钢轨焊缝探伤仪侧面外观

SDW-900A 焊缝探伤仪背面的外观与结构如图 2-0-3 所示，背面有 8 个连接口，面向屏幕从左至右每 2 个 1 组即为焊缝探伤仪 4 个通道，每个通道分为主副增益，在接口上都有标识（"T"代表副增益接口表示既可以发出声波又可以接受声波、"R"代表主增益接口表示只能接受声波），连接探头时的接口选择与探伤时的通道、探伤模式有关系。

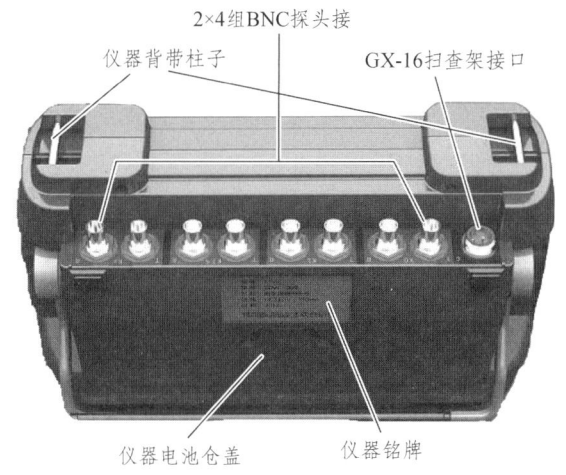

图 2-0-3　SDW-900 数字钢轨焊缝探伤仪背面外观

（2）仪器画面显示。

仪器画面显示含义如图 2-0-4 所示。

通道号：焊缝仪有 4 个通道，选择不同的通道可进行不同方法的探伤，1 通道一般做纵波单探头探伤时使用，2 通道一般做横波单探头探伤时使用，3 探头一般做双探头探伤时使用，4 通道一般做串列式扫查使用，在不同的条件下作业各个通道的选择有所不同，灵活使用仪器才能更好地完成任务。

①扫查部位：根据探伤时的部位进行更改，包含轨头、轨腰、轨底内侧、轨底外侧、其他。

②补偿：相当于灵敏度变更的一键操作，固定提高或减少相应的数值。

③探头类型：一般根据通道或实际操作选择相应的探头类型，包含3种类型：单探头、一发双收、一发一收。

④探伤方法：根据实际操作选择模拟、k型或串列式中的一种。

⑤副增益：使用双探头时可通过变更其数值来调节副增益灵敏度。

⑥声程：当前探伤过程中的最大声程，可视情况变更。

⑦零点：可理解为实际出波与理论出波位置的偏差，实际操作中往往需要配合使用试块对零点进行校正。

⑧S、L、H：表示回波的声程、水平、深度信息。

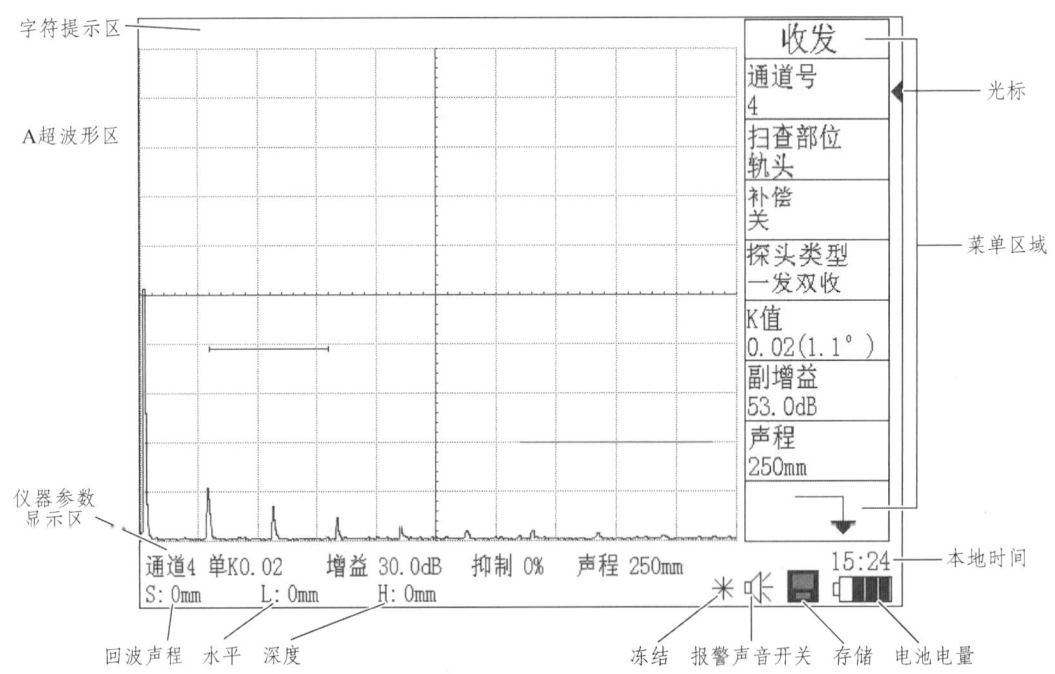

图 2-0-4　SDW-900 数字钢轨焊缝探伤仪显示画面

（3）仪器屏幕显示模式。

①通用的 A 型扫描模式，如 2-0-4 所示。

②A、B 超同时显示模式，通过按"B 显"键激活 A、B 同显探伤模式，如图 2-0-5 所示。

（4）工作电源。

仪器使用配备的 11.1 V、8 800 mA·h 锂电池供电。当仪器需要充电时必须关机充电，使用本仪器标配的 12.6 V/2 A 充电器充电，充电时仪器不能开机。充满电时，充电器的绿色指示灯会亮。充电时间不超过 12 h。

（5）开关机。

关机状态下按 🔘 键即可开机，开机后仪器直接进入收发菜单。开机状态下长按 🔘 键大约 2 s 关机。如果仪器在使用过程中出现死机，可以长按此键大约 4 s 关机，当仪器长时间（半小时）不用时，请关机以便节约电池能量。

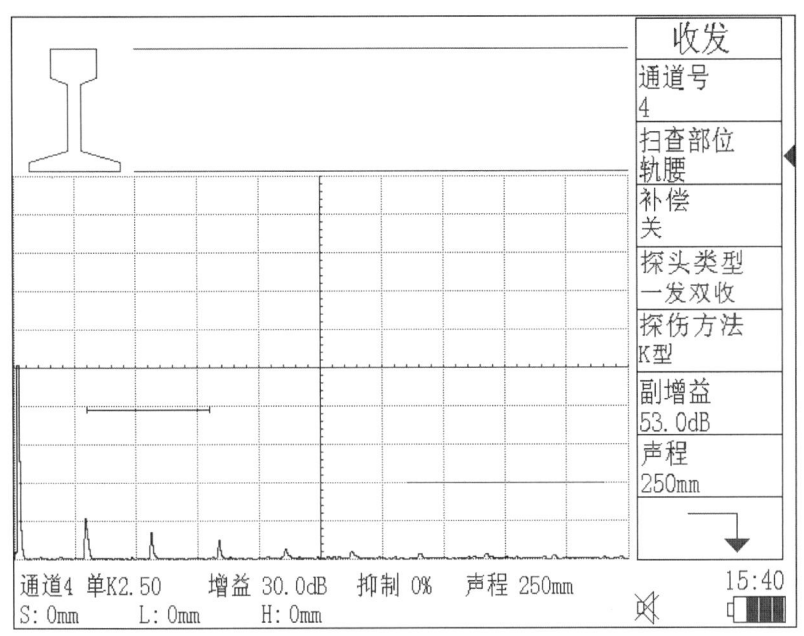

图 2-0-5　SDW-900 数字钢轨焊缝探伤仪显示画面

（6）主菜单按键。

SDW-900 的主菜单主要有 7 个大项，分别是仪器面板下方从左到右排列的 6 个主菜单按键（收发、闸门、DAC、文件、预置、系统），以及右下的标记按键，每个主菜单包括若干的子菜单项。按主菜单按键进入相应的主菜单。

收发：包括通道参数、探头参数、扫查参数的所有设置的项目。

闸门：A、B 闸门所有的设置。

DAC：DAC 曲线的制作和使用。

文件：用于浏览存储的文件，以及对文件的转存删除等操作。

预置：设置探伤的股别、里程、轨型、线编号、工号等信息。

系统：设置仪器的一些系统参数。例如：显示模式、屏幕亮度、报警音量、系统时间等。

标记：发现伤损后标记伤损的相关报警、伤损类型、伤损原因、钢轨编号。

（7）特殊功能键。

仪器面板右方有 10 个按键，除标记以外为特殊功能按键，一共 9 个特殊功能按键。

+ 增益 −：这 2 个按键控制主增益的增加和减少，每按一次步进 0.5 dB，长按不松开则主增益会快速连续的增加或减少，主增益的数值会显示在"参数显示区"的增益之后。

+ 抑制 −：这 2 个按键控制抑制的增加和减少，每按一次步进 0.5 dB，长按不松开则抑制会快速连续的增加或减少。

B 显：按下此键激活 A、B 超同时显示的模式，此时可以在屏幕的上方看到 B 超图像，再按此键，取消 B 超显示，回到只显示 A 超的模式。

报警：按下此键开启报警声音，屏幕右下方显示 ；再按此键关闭报警声音，屏幕右下方显示 。

冻结：按下此键冻结屏幕显示，此时屏幕右下方出现 ✳ 标志。

计测：按下此键计算回波的声程、水平、深度，详细说明请参照"计算回波声程、水平、深度"。

S/E：探伤作业全程记录的开始与结束，按下此键开始存储回波数据，再按此键结束存储。详细说明请参照"文件存储"。

（8）SDW-900A 焊缝探伤仪常用探头。

SDW-900A 焊缝探伤仪配套使用的探头种类比较多，但这些探头间的区别在于声波入射角度的不同，通过在探头中加入斜楔来改变声波的入射角度，以此来制造探伤中使用的直探头和斜探头达到用不同波型检测的目的。其主要使用的探头大致包括纵波直探头和横波斜探头 2 种。

在一般工作中对焊缝进行常规检查的情况下使用的探头及连接方式：

①一通道配合直探头进行扫查，探头通过连接线接主机"T"接口；

②二通道结合实际情况配合使用不同折射角度的单探头扫查，探头通过连接线接主机"T"接口；

③三通道可选择不同角度的双圆弧探头或 2 个一般斜探头进行扫查，使用时注意区分主增益和副增益，接线时主增益接"R"接口，副增益接"T"接口，探伤方式选择"一发双收"；

④四通道在工作中一般使用扫查架配合相应的斜探头进行串列式扫查，主机端接线方式同三通道类似，扫查架端需注意主增益接受探头靠近扫查架旋钮。

焊缝探伤的过程中之所以会有各种不同折射角度的探头，其中一个因素是为了便于在探伤过程中发现不同取向、类型、大小的缺陷，因此在进行焊缝探伤时，灵活地运用多角度的探头按照不同的扫查方式进行检测有利于发现缺陷。

2. SDW-900 焊缝探伤仪常用面板操作

（1）灵敏度调节：直接按"增益"键旁的加减号操作。

（2）闸门开关与调节：按"闸门"键进入闸门调节页面，闸门显示"正"即为出波报警，闸门显示"负"即为失波报警；通过转动拨盘点击"闸门起位"，再转动拨盘改变起位数值可改变闸门在屏幕上的位置；通过转动拨盘点击"闸门宽度"，再转动拨盘改变宽度数值即可改变闸门的宽度。在日常作业中各通道闸门的设置如下：

一通道：报警闸门 A 调节为"正"，A 闸门前沿调节到起始脉冲最后一个波谷后 0.2 大格余量处，后沿调节到轨底波波谷前沿留有 0.2 大格余量处，报警闸门高度调节为 60%；B 闸门调节为"负"，B 闸门前沿调节到 7.8 大格处，后沿调节到 10 大格处，报警闸门高度调节为 80%。

二通道：报警闸门 A 调节为"正"，A 闸门前沿调节到起始脉冲最后一个波谷后 0.2 大格余量处，后沿调节到 10 大格处，报警闸门高度调节为 60%，报警闸门 B 不需要打开。

三通道：报警闸门 A、B 均调节为"正"，闸门前沿调节到起始脉冲最后一个波谷后 0.2 大格余量处，后沿调节到 10 大格处，报警闸门高度调节为 60%。

四通道：闸门调节方式与三通道一致。

在进行焊缝探伤作业时，可通过灵活地移动闸门来查看对应出波的信息。

（3）手动计测对应波：按"计测"键，进入手动计测模式，此时光标调换至波形区域下方中间，转动拨盘光标将前后移动，此时屏幕最下方"测量参数区"的 S、L、H 将显示出光标位置所指示对应出波的声程、水平、深度。在使用计测功能时，按下旋钮，光标的移动在每次步进 1 大格和每次步进 1 个点之间切换，这样可以快速准确地使光标移动到需要计算的位置。当使用完计测功能后再按"计测"键回到菜单栏,退出手动计测模式。

(4)探伤数据文件查看与导出:按"文件"键,选择对应时间的文件,按动拨盘,即可查看对应时间的探伤文件,在此页面再次按"文件"键,即可使光标移动到菜单栏,随即可根据需求导出对应文件。

(5)主机系统更新:在主机关机状态下将存有新系统的优盘与主机 USB 接口连接好,再按"电源"键开机,在屏幕显示正在开机的时候,再长按"系统"键直至进入系统更新页面,等待更新完成即可。

3. SDW-900 数字钢轨焊缝探伤仪菜单目录

SDW-900 数字钢轨焊缝探伤仪菜单目录见表 2-0-1。

表 2-0-1 SDW-900 数字钢轨焊缝探伤仪菜单目录

主菜单	第 1 页	说 明
收发	通道号:1	1~4,4 个通道独立工作,切换通道号后,收发菜单的其他项目的参数也会切换回成上次使用该通道的参数
	扫查部位:其他	扫查部位可以在其他、轨头、轨腰、轨底内侧、轨底外侧等参数中选择,选择正确的扫查部位以便仪器可以准确画出 B 超
	K 值:0.00(0.0°)	通道 1~3:K 值可以选择 $K0\backslash K1\backslash K1.5\backslash K2.5$ 这几个值;通道 4:K 值为 0~6.00,精度为 0.01; K 值后面括号中的数值是对应的角度
	探头类型:单	探头可以选择单、一发一收、一发双收等类型。当选择一发双收时,波形区域将出现 2 条 A 超的回波,其中顶部的是副波,这时可以通过调节副增益来调节副波高度
	探伤方法:串列式	串列式/V 型开始/V 型结束/模拟开始/模拟结束。选择正确的探伤方法以便仪器绘出正确的 B 超
	副增益:--	0~110 dB,当探头类型为一发双收时,副增益才有效,才能调节副增益;副增益为发射探头接收回波的增益
	声程:250 mm	通道 1~3:可选择 100、150、200、250、300 mm; 通道 4:选择范围为 50~3 000 mm(横波),50~5 000 mm(钢纵波)
	补偿:--	关/开; 打开或关闭 TGC 补偿
	抑制:0%	0%~80%; 面板上的抑制指示灯亮表示正在使用抑制功能
	零点:0.0 μs	0.0~1 000 μs,步进为 0.1 μs
	探头前沿:0 mm	0~20 mm,当探头前沿不为 0 时,计算出回波位置的"L"分量会自动减去探头前沿的值
	发射强度:强	有"强"和"弱"2 档可调; 只有通道 4 的发射强度可调,其他通道发射强度固定; 当需要较高分辨率时选用"弱",应用于大工件检测或穿透式探伤时选用"强"
	阻尼:小	只有通道 4 的阻尼可调,"大"和"小"2 档可调
	自动:否	"是"/"否",当选择自动为"是"时,仪器可以识别到正在探伤的探头,并切换到该通道

续表

主菜单	第1页	说　明
闸门	A 闸门方式：正	有"关""正""副"三档可选： 关：关闭此闸门； 正：表示此闸门为出波报警闸门； 副：表示此闸门为失波报警闸门
	A 闸门起位： 50 mm	设置 A 闸门的起位： 范围：0～当前声程，步进 1 mm； A 闸门始终在 B 闸门左侧
	A 闸门宽度： 60 mm	设置 A 闸门的宽度： 范围：0～当前声程-A 闸门起位
	A 闸门电平： 40%	设置 A 闸门电平： 范围：10%～90%
	B 闸门方式：正	有"关""正""副"三档可选： 关：关闭此闸门； 正：表示此闸门为出波报警闸门； 副：表示此闸门为失波报警闸门
	B 闸门起位： 150 mm	设置 B 闸门的起位： 范围：0～声程，步进 1 mm； B 闸门始终在 A 闸门右侧
	B 闸门宽度： 80 mm	设置 B 闸门电平： 范围：10%～90%
	B 闸门电平：20%	设置 B 闸门的宽度： 范围：0～当前声程-B 闸门起位
DAC	DAC 曲线：关	关/开。 只有选择"开"才能使用 DAC 和制作 DAC。 注意：正在探伤作业的全程存储时，不能使用和制作 DAC 曲线。选择"关"，DAC 菜单栏的其他项目不能选中
	DAC 回波：0	0～10，当制作 DAC 时，每增加 1 个回波记录点 DAC 回波数加 1
	A 闸门起位： 40 mm	0～声程，当制作曲线时，移动 A 闸门位置，使 A 闸门罩住的回波作为回波记录点
	DAC 修正：---	修正回波记录点的幅度，第 1 个数值为回波记录点的标号，第 2 个数值为回波记录点幅度
	判废线：0.0 dB	以 0.5 dB 步进，在 DAC 基准线位置的-12～+12 范围内自由调节，但不能低于定量线和评定线。 注：DAC 曲线由上至下为判废线、定量线、评定线，三线位置在一定范围内可以调节，但不能改变三线的次序。DAC 基准线是指已记录的回波记录点的波峰连接起来的一条曲线

续表

主菜单	第 1 页	说　明
DAC	定量线：0.0 dB	以 0.5 dB 步进，在 DAC 基准线位置的-12～+12 范围内自由调节，但不能低于评定线或高于判废线
	评定线：0.0 dB	以 0.5 dB 步进，在 DAC 基准线位置的-12～0 范围内自由调节，但不能高于定量线和判废线
	曲线选择：判废线	可将评定线、判废线、定量线中任何一条曲线作为当前测量的曲线，配合 A 闸门罩住的区域，可以计算各测量值以及作为报警判断
	存储曲线：01	01～10，存储当前的曲线，可以存储 10 条曲线。当选择一个存储号后会显示这个存储号是"空"还是"满"，"空"表示当前存储号未使用，"满"表示已经有曲线存在此存储号，可以覆盖此存储号存储的曲线
	导出曲线：01	01～10，选择一个存储号导出该存储号的曲线。当选择一个存储号时，存储号后面会显示"空"还是"满"，只能导出"满"的曲线
文件	翻页：1/1	光标旋到此菜单项，按下旋钮，然后旋转旋钮即可翻页查看文件。1/2 表示：当前为第 1 页共 2 页
	全选	光标旋到此菜单项，按下旋钮即可选中当前目录的所有文件或文件夹，选中的文件或文件夹前将打上"√"
	全不选	光标旋到此菜单项，按下旋钮即可取消当前目录选中的文件或文件夹，相应的选中标志"√"将消失
	转存所选	仪器接上 U 盘，旋钮旋到此菜单项，按下旋钮将弹出对话框，选择"是"即可转存当前目录的选中的文件或文件夹，等待转存完毕，对话框消失。选择"否"退回到文件菜单
	删除所选	光标旋到此菜单项，按下旋钮将弹出对话框，选择"是"即可删除当前目录选中的文件或文件夹，等待删除完毕，对话框消失。选择"否"退回到文件菜单
	返回	光标旋到此菜单项，按下旋钮返回到上级目录
股别右股	股别：右股	有"左股""右股"可选
	里程：K0000+0000	设置里程，"K"后面是千米，"+"后面是米。例如：K0123+0890，表示里程标为 123 千米加 890 米
	钢轨编号：0000	设置钢轨编号，使用旋钮逐位设置
	轨型：60	有 38、43、50、60、75 共 5 种轨型可选
	线别：正线	可选正线或站线，当设置为正线时，下一栏项目为行别。设置为站线时下一栏项目为股号
	行别/股号：单线/01	该栏目由上一栏"线别"决定，当上一栏为"正线"时，该栏为"行别"，有"单线""上行""下行"可选。当上一栏为"站线"时，该栏为"股号"，用 2 位阿拉伯数字表示
	线编号：0001	用 4 位阿拉伯数字表示线编号，使用旋钮逐位设置
	工号：00	用 2 位阿拉伯数字表示工号，使用旋钮逐位设置
	班组：00	用 2 位阿拉伯数字表示班组，使用旋钮逐位设置
	单位编号：00001	用 5 位阿拉伯数字表示单位编号，使用旋钮逐位设置
	工区名：01	用 2 位阿拉伯数字表示工区名，使用旋钮逐位设置

续表

主菜单	第1页	说　明
系统	参数调出： 出厂设置	有出厂设置以及1~8共9套参数选择，其中出厂设置是系统默认设置的出厂时参数，1~8套参数是用户保存的参数
	参数保存：1	可以保存8套参数，用户设置好参数后可以保存到1~8套参数里，下次使用可以在"参数调出"栏直接调出这套参数
	屏幕亮度：4	有1~8共8档可选。注：亮度越高，耗电越大，电池连续工作的时间将越短
	报警音量：8	设置报警时喇叭的音量，有0~31共32档可选
	存储设置：25帧/s	设置存储时的帧率，即每秒钟存储多少帧图像，有25帧/s和12.5帧/s可选。 注：帧率越高存储的文件越大，推荐使用12.5帧/s
	日期：2011-02-25	设置系统的日期。 进入系统菜单后，光标旋至该项按下旋钮，"年"变成灰色，设置好年份，然后再按下旋钮"月"变成灰色，设置好月份，然后再按下旋钮"日"变成灰色，设置好日期，再按下旋钮退出日期设置
	时间：12：10：18	设置系统的时间，设置方法同系统日期
	显示模式：1	设置显示的背景以及字符颜色，可以选择1~12共12种模式，依次为"黑底白字""黑底绿字""黑底蓝字""黑底黄字""黑底粉字""黑底青字""白底黑字""白底绿字""白底蓝字""白底黄字""白底粉字""白底青字"
	波形颜色：3	设置波形区域的波形颜色。可以选择的颜色包括绿色、蓝色、黄色、紫色、浅蓝共5种颜色
	本机信息	光标旋到此项目，按下旋钮回波区域的波形将停止更新，此时弹出一个对话框，显示本机的软件版本机器编号等信息
回放 (通过文件菜单进入)	播放/暂停	光标旋到此项目，按下旋钮执行当前操作
	手动：←	光标旋到此项目，按下旋钮，然后再左右旋转旋钮即可向前或向后播放回波文件
	播放速度：1倍速	光标旋到此项目，按下旋钮，然后再左右旋转旋钮设置播放速度，设置完毕再按旋钮退出此项。播放速度有1倍速、2倍速、最高速可选，当文件的帧率为12.5帧/s时最高速为4倍速，当帧率为25帧/s时最高速为2倍速
	返回	光标旋到此菜单项，按下旋钮返回到上级目录
	报警：0 伤损：0 K0000+0000 轨号0000 右股单线 2011-02-24 15：15-15：25 15：28：30	

续表

主菜单	第1页	说　明
标记	相关报警：0	0：无报警； 1：A闸门出波报警； 2：A闸门失波报警； 3：B闸门出波报警； 4：B闸门失波报警
	伤损类型：0	光标旋到此菜单项，按下旋钮，再旋转旋钮设置伤损类型，此时屏幕的提示区域将显示对应伤损类型编号的伤损类型
	伤损原因：0	光标旋到此菜单项，按下旋钮，再旋转旋钮设置伤损原因，此时屏幕的提示区域将显示对应伤损原因编号的伤损原因
	钢轨编号：0000	设置钢轨编号，此栏的钢轨编号和预置菜单的钢轨编号是相同的

4. SDW-900数字钢轨焊缝探伤仪回放软件操作界面

回放软件的操作界面如图2-0-6所示，主要分为7个部分：
①菜单栏；②波形显示区；③回放状态显示区；④主要参数显示区；⑤回放控制区；⑥其他设置及报警、伤损统计显示区；⑦B超图形显示区。

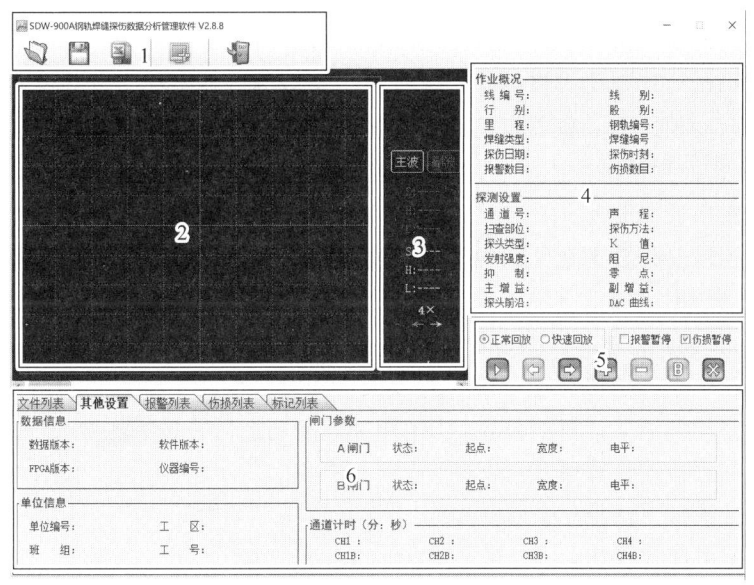

图2-0-6　回放软件操作界面

任务一 焊缝探伤仪基础操作

1. 试验目的

熟悉 SDW-900 数字式钢轨焊缝探伤仪回波声程、水平、深度计算，扫查架或模拟方法探伤等基本设置。

2. 试验内容

（1）探伤仪模式切换；
（2）探伤仪通道选择；
（3）上道设置；
（4）探测设置。

3. 试验设备

SDW-900 数字式钢轨焊缝探伤仪。

4. 操作方法

（1）回波声程、水平、深度计算。

仪器提供了快捷的回波的声程、水平、深度的计算方式，不需要人工做数学计算。仪器有 2 种计测模式：自动计测模式和手动计测模式。按 计测 键在手动与自动模式之间切换。

自动模式：自动模式时，仪器自动计算出波报警闸门内波幅超过此闸门的回波的声程、水平、深度。如果出波报警闸门内没有波幅超过此闸门的回波，仪器计算第一个波幅超过 20% 的回波的声程、水平、深度。

手动模式：当需要计算不在闸门内的回波的声程、水平、深度时，按下 计测 按键，光标将从菜单区移动到波形区域下方中间（见图 2-1-1），旋转旋钮光标将前后移动，此时屏幕最下方"测量参数区"的 S、L、H 将显示出光标位置所指示的声程、水平、深度。在使用计测功能时，按下旋钮，光标的移动在每次步进 1 大格和每次步进 1 个点之间切换，这样可以快速准确地使光标移动到需要计算的位置。当使用完计测功能后再按 计测 按键光标回到菜单栏，退出手动模式，回到自动计算模式。

（2）扫查架或模拟方法探伤。

①使用扫查架串列式探伤。

SDW-900 数字式钢轨焊缝探伤仪提供了钢轨某些部位的专用扫查架，使用专用扫查架能够大幅提高探伤效率，并且能够使仪器准确地绘制出 B 超。使用扫查架探伤的步骤如下：

● 将扫查架的探头接为串列式方式，拨动扫查架"前、中、后"开关，设置好两探头的距离（例 K1 探头探测 60 轨轨腰：距离为 2×176 mm）。固定在钢轨焊缝的一侧，接上探头，并将扫查架的电缆接到仪器的 GX-16 扫查架接口上（注意扫查架探头要接正确）。

● 设定好当前的通道、是否补偿、探头类型、声程、K 值、增益、零点等仪器探伤的相关参数。将扫查部位设定为需要扫查的部位（注意：不同的部位使用不同的扫查架），然后将探伤方法设定为串列式。

● 拨动扫查架开关到"前",使探头从扫查架两头向中间运动,当探头到达扫查架最中间时,拨动扫查架开关到"后"使探头从扫查架中间向两头运动,这样就完成了一次扫查(注意要严格按照此过程扫查)。这个过程中如果有声程"S"大于 25 mm 并且幅度高于 50% 的回波,仪器会绘制出 B 超。

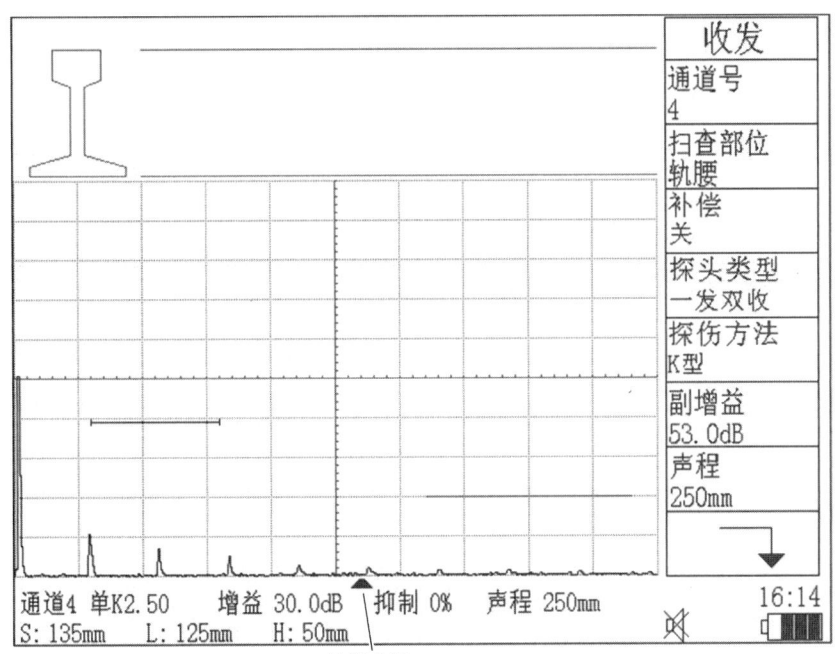

当按下计测按键后,光标从菜单区移动到波形区基准线下方,旋转旋钮可左右移动光标,此时 S、L、H 后面的数据即为为光标位置的声程、水平、深度。当计测功能使用完毕后,再按下计测按键,光标回到菜单栏,退出计测能,此时 S、L、H 后面的数据为自动计算的回波的声程、水平、深度。

图 2-1-1　计测手动模式

②使用 V 型探伤或模拟探伤。

SDW-900 数字式钢轨焊缝探伤仪还提供了模拟方法和 V 型探伤,以便于在手动使探头移动的时候仪器也能绘制出 B 超。V 型探伤需要使用"一发双收"的方式,利用发射探头接收到的回波才能绘制出 B 超(因为接收探头在无伤的情况下始终有回波)。V 型探伤方法和模拟探伤绘制 B 超的操作类似,以模拟探伤为例:

● 仪器接好探头。

● 设定好当前的通道、是否补偿、探头类型、声程、K 值、增益、零点等仪器探伤的相关参数。将扫查部位设定为需要扫查的部位。

● 探伤方法设定为"模拟开始"然后按下旋钮退出探伤方法设定,大约 3 s 后仪器屏幕上方会有一个进度条从左往右运动,此时手动移动探头从距离焊缝 200 mm 的位置往焊缝中心移动进行探伤,移动速度应与探头保持同步(速度大约为 1.6 cm/s),此时若有声程"S"大于 25 mm 并且幅度高于 50% 的回波,仪器会绘制出 B 超(B 超位置及图形的真实性取决于探伤时探头移动与进度条运动的同步程度,移动速度越接近进度条运动速度,B 超图形的大小及位置越接近于实际伤损的大小及位置）。当进度条移动到 B 超区域的中部时，等待大约 3 s，仪器自动清除 B 超图形，然后进度条再从右往左倒退运动，此时移动探头从焊缝中心往焊缝一侧与进度条同步移动，进行探伤。如此，来回探伤，这个部位的模拟探伤结束后，将探伤方法设置为"模拟结束"仪器自动清除 B 超和进度条，模拟探伤结束。

任务二 焊缝探伤仪基础操作

1. 试验目的

熟悉 SDW-900 数字式钢轨焊缝探伤仪 DAC 曲线的制作与应用。

2. 试验内容

（1）探伤仪模式切换；
（2）探伤仪通道选择；
（3）上道设置；
（4）探测设置。

3. 试验设备

SDW-900 数字式钢轨焊缝探伤仪。

4. 操作方法

请注意 DAC 曲线与全程存储不能同时使用，所以当存储的时候 DAC 菜单栏的操作是被关闭的，同样在进入 DAC 菜单栏后，`S/E` 按键无法开始或结束当前的存储，需要退出 DAC 菜单才能开始或结束全程存储。

（1）DAC 曲线的制作。

①DAC 曲线（DAC 主菜单）设为"开"。注：如果打开 DAC 前使用补偿功能，打开 DAC 后将自动关闭补偿功能；如果打开 DAC 前探头类型为一发双收，打开 DAC 后将自动变为单探头。

②将探头与参考试块耦合，使第 1 个参考回波达到最高点，并调节增益将幅度调到 80%（此时的增益作为基准增益）。

③调节 A 闸门，套住第 1 个参考回波。

④按下 `标记` 按键，屏幕上显示所画出来的曲线，"DAC 回波"的值自动置为"1"。注：第 1 个回波参考点的增益作为基准增益，当第 1 个回波参考点确定以后，增益的改变以"基准增益+/-××dB"表示。

⑤移动探头使下一个参考回波达到最高点，并调节增益将幅度调到 80%（此时增益为基准增益+/-××dB），重复上述记录过程记录下本次的回波参考点，并画出 DAC 曲线，每记录一个回波参考点 DAC 曲线重画一次，并且 DAC 回波值自动增加 1。图 2-2-1 为使用 BH-50 标准探头的多次回波制作的 DAC 曲线。

注：制作 1 条 DAC 曲线记录的回波参考点越多，DAC 曲线越精确，最多可以记录 10 个回波参考点。

（2）DAC 曲线的修正。

在制作 DAC 曲线的过程或者在应用 DAC 曲线的时候，可以修改 DAC 回波参考点的幅度。具体操作：

①在使用 DAC 曲线或者应用 DAC 曲线的时候，使光标指向 DAC 修正，并按下旋钮选择

DAC 修正，DAC 修正的第 1 个数值（回波参考点的序号）变为灰色，旋转旋钮选择所需修正的 DAC 回波参考点，如图 2-2-2 所示。

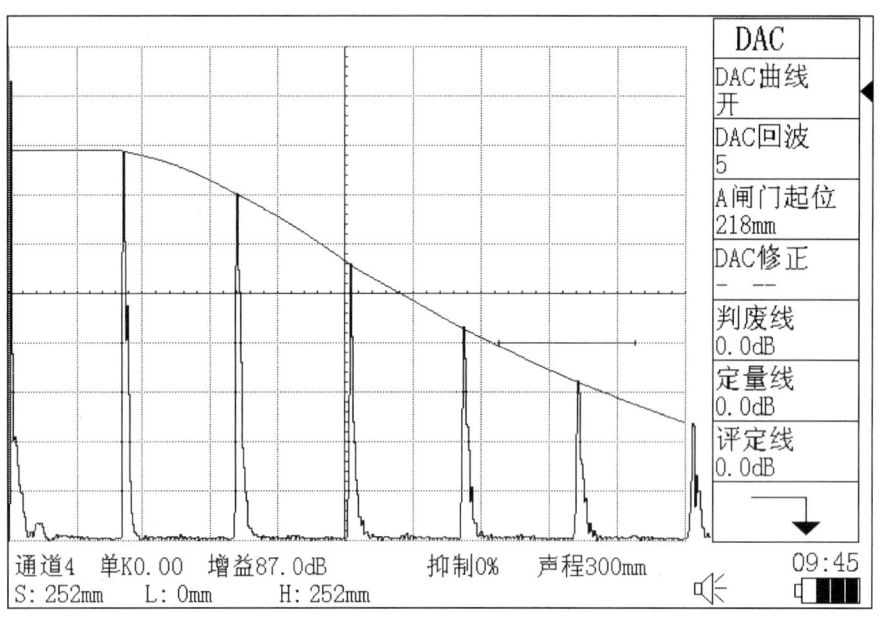

图 2-2-1　使用 BH-50 标准探头的多次回波制作的 DAC 曲线

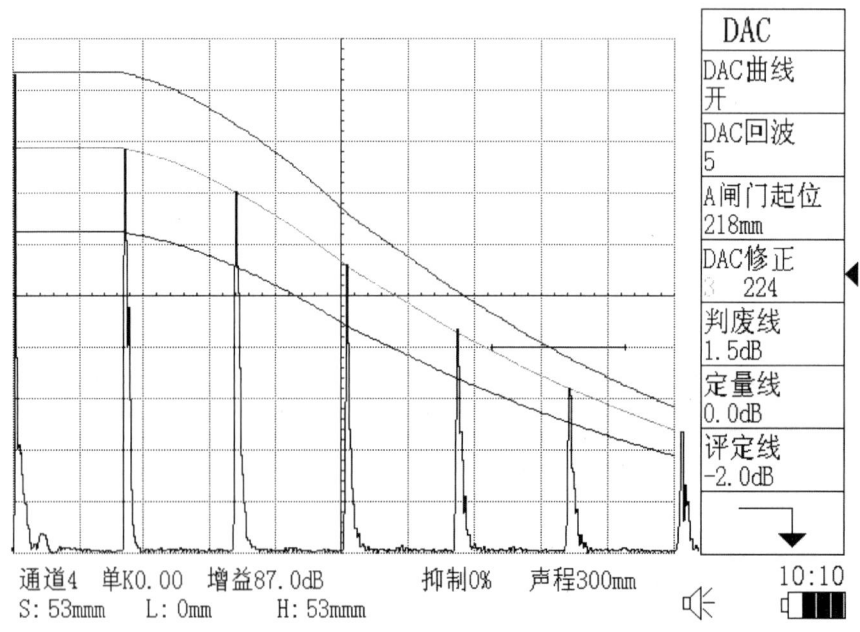

图 2-2-2　修正的 DAC 回波

②按下旋钮，DAC 修正的第 2 个值（回波参考点的幅度）变为灰色，旋转旋钮将回波参考点的幅度调节到适当的幅度，这时 DAC 曲线会随着幅度的调节而变化，如图 2-2-3 所示。

③按下旋钮，退出 DAC 修正。

注意：修正 DAC 曲线后需要存储曲线，否则下次导出此曲线的时候所修改的回波参考点将没有变化。

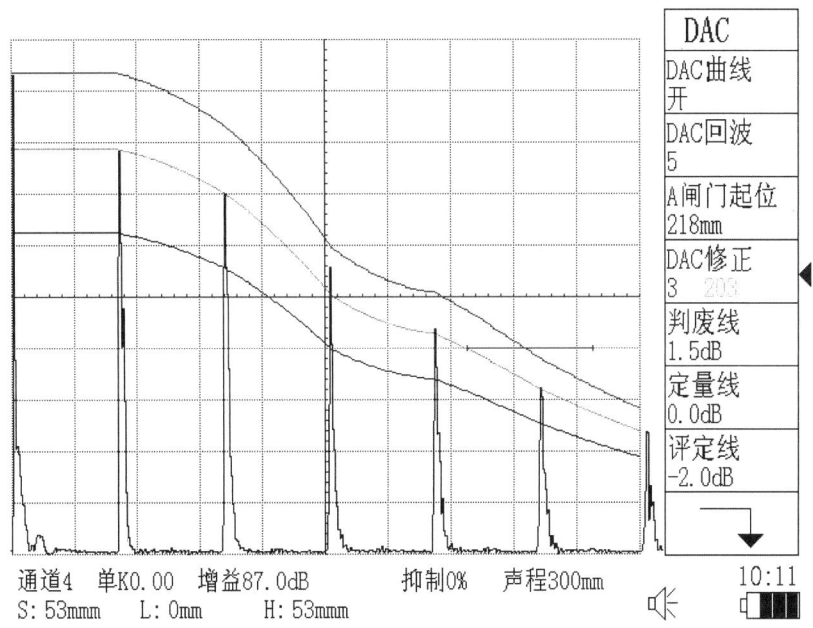

图 2-2-3　DAC 曲线调节示意

（3）DAC 曲线的应用。

应用 DAC 曲线对回波进行评价，必须首先满足以下条件：

①DAC 曲线（距离振幅曲线）必须已经做出来。

②一组 DAC 曲线仅适合用于制作该曲线时所使用的探头，即使相同型号的不同探头也不能共用同一组 DAC 曲线，特殊情况下使用，也应事先进行验证。

③仅适用于检测参考试块材质相同的材料。

④影响回波幅度的所有参数的设置必须与制作曲线时相同，尤其是以下参数：抑制、阻尼、发射强度。

⑤DAC 曲线作为回波评价的使用：

设置 DAC 主菜单中的判废线、定量线、评定线。

设置 DAC 主菜单的曲线选择，选择作为报警判别的基准。

将闸门主菜单的 A 闸门方式设置为正（出波报警），移动 A 闸门位置，使 A 闸门罩住回波，如果回波高度高于所选择的曲线，则报警，否则不报警。如图 2-2-4 所示。

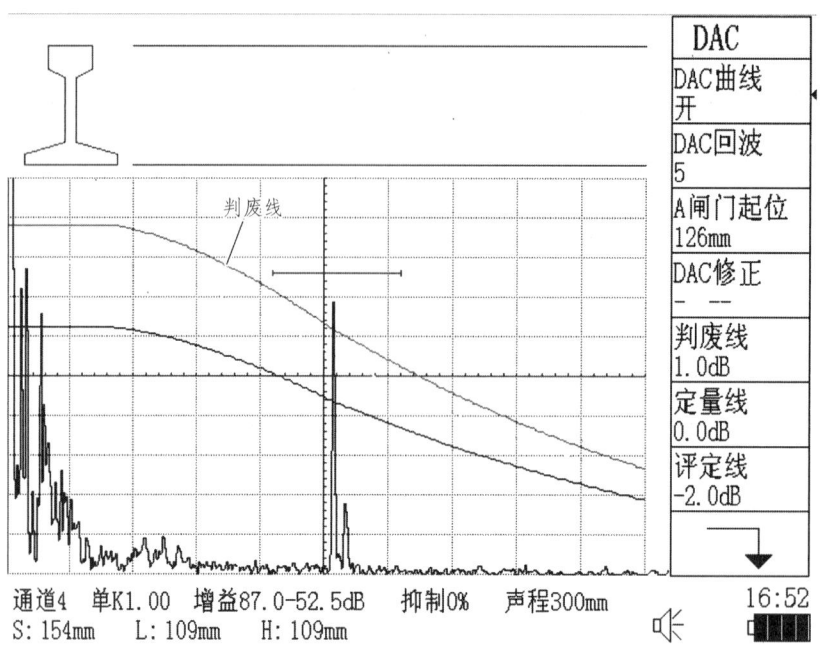

图 2-2-4　闸门报警

任务三　斜探头入射点和折射角的测试

1. 试验目的

熟悉 SDW-900 焊缝探伤仪的使用方法和斜探头性能测试指标的测试方法。

2. 试验内容

（1）测定斜探头的入射点；

（2）测定斜探头的折射角。

3. 试验设备

（1）仪器：SDW-900 焊缝探伤仪；

（2）探头：K1 探头、K2.5 探头各 1 只；

（3）试块：CSK-IA 试块。

K2.5 探头前沿与折射角测试

4. 操作方法

（1）仪器调节。

①按探伤工艺对探头组合要求组装和连接探头。

②打开仪器电源开关检查仪器显示是否正常。

（2）斜探头入射点测试（见图 2-3-1）。

①将探头置于 CSK-IA 试块（见图 2-3-2）$R100$ 和 $R50$ 圆弧，保证耦合良好，探头和试块侧边平行。

②前后移动探头，调节仪器增益使圆弧最高回波达到 80%。

③量取试块前端至探头前沿距离 M，并重复该步骤 3 次，取 3 次测量平均值。

前沿长度 L 计算：$L = 100 - M$

（3）斜探头折射角（K 值）测试（见图 2-3-3）。

①将探头置于 CSK-IA 试块上测试：K1 探头置于 A 位置；K2 探头置于 B 位置。

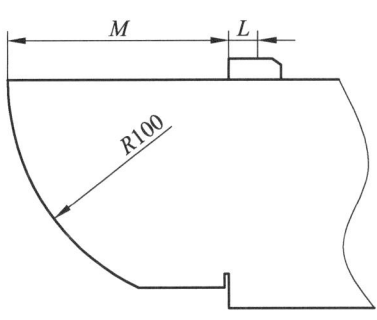

图 2-3-1　斜探头入射点测试示意

②前后移动探头，调节仪器增益使横通孔最高回波达 80%。

③测量试块端面至探头前沿距离 X，并重复该步骤 3 次，取 3 次测量的平均值。

④K1 探头测量值 X_2 带入下式计算得折射角 β。

$$\beta = \arctan \frac{X_2 + L - 35}{70}$$

K2.5 探头测量值 X_1 带入下式计算得折射角 β。

$$\beta = \arctan \frac{X_1 + L - 35}{30}$$

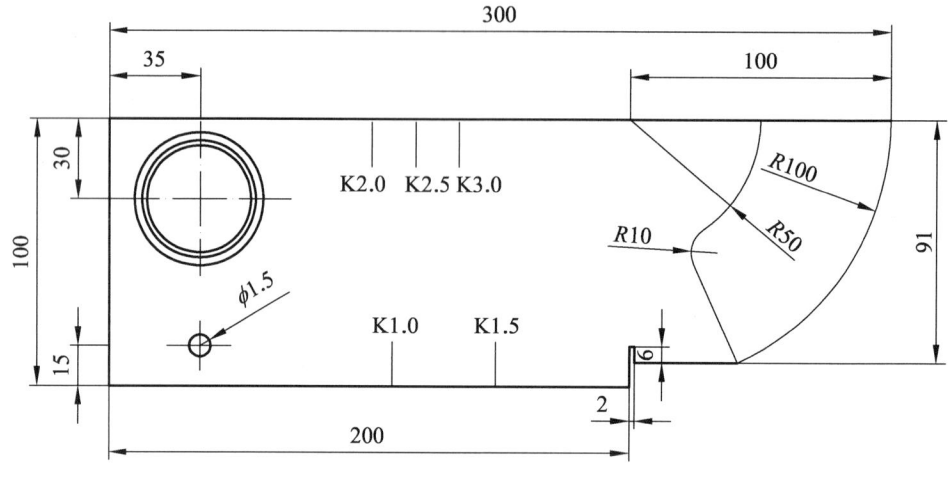

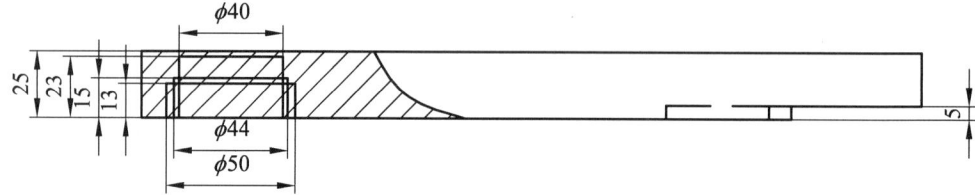

图 2-3-2 CSK-IA 试块

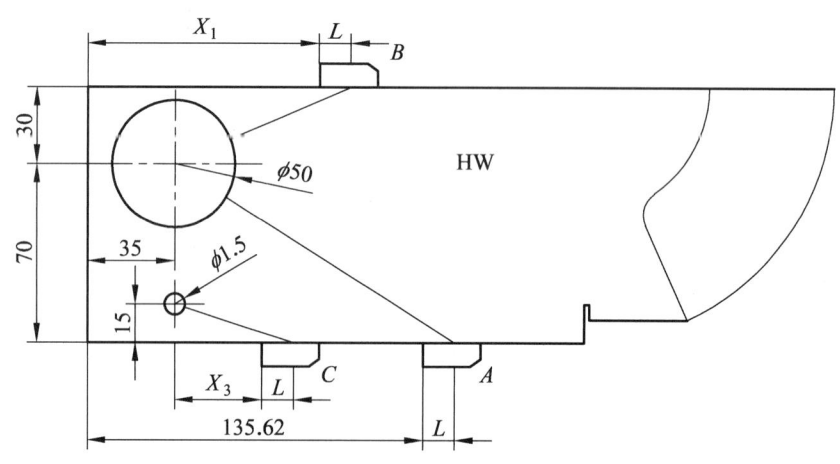

图 2-3-3 斜探头折射角（K 值）测试示意

（4）注意事项。

①K1 探头折射角为 45°，K2.5 探头折射角为 68.2°。

②$K=\tan\beta$。

③测试折射角结果误差：≤±2°。

任务四 焊缝探伤仪水平线性与保护膜衰减值测试

1. 试验目的

熟悉 SDW-900 焊缝探伤仪的水平线性与保护膜衰减值测试。

2. 试验内容

（1）测试探伤仪的水平线性；

（2）测试探头保护膜衰减值。

3. 试验设备

（1）仪器：SDW-900 焊缝探伤仪；

（2）探头：0°探头；

（3）试块：CSK-IA 试块。

0°探头水平线性与垂直线性测试

4. 操作方法

（1）测试探伤仪的水平线性。

①仪器按要求接入电源，探伤仪的 0°探头与仪器连接。

②开启电源开关。

③0°探头探测 CSK-1A 试块厚度 25 mm 底面，如图 2-4-1 所示。

④探头置于试块上，保证探头耦合良好。调节衰减器得 10 次底面回波，并分别读出 B_2、B_4、B_6、B_8、B_{10} 波高为 50%时，波前沿所对应的荧光屏刻度读数 L_2、L_4、L_6、L_8、L_{10}。

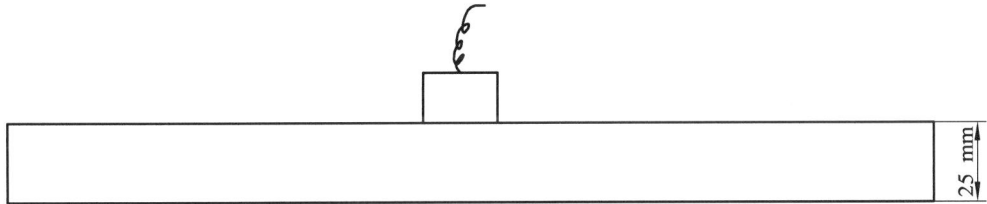

图 2-4-1 CSK-1A 试块厚度 25 mm 底面

⑤将 L_2、L_4、L_6、L_8、L_{10} 带入公式进行水平线性误差计算：

$$B = L_{10} - L_2$$

$$d_4 = L_2 + \frac{B}{4} - L_4$$

$$d_6 = L_2 + 2 \times \frac{B}{4} - L_6$$

$$d_4 = L_2 + 3 \times \frac{B}{4} - L_8$$

$$\Delta L = \frac{|d_{\max}|}{B} \times 100\%$$

测试结果误差：≤±1%。

注意仪器声程，声程 250 mm 时才会有 10 次回波。

（2）测试探头保护膜衰减值。

①仪器接入电源，探头与仪器的测量通道连接。

②开启仪器开关。

③探头带保护膜探测 CSK-1A 试块 R100 圆弧。

④探头置于试块上，保证耦合良好，前后移动探头，调节仪器衰减器，使最高波反射为 80% 时记下读数 W_1。

⑤去掉保护膜，保持探测条件不变，重复步骤④得出 W_2。

⑥衰减值 $W' = W_1 - W_2$。

任务五　焊缝探伤仪探头标定——GHT-1 试块

1. 试验目的

熟悉 SDW-900 焊缝探伤仪的使用方法和 60 kg/m 轨焊缝探伤灵敏度的校准。

2. 试验内容

（1）测试双圆弧主增益（K2.5）探头探伤灵敏度。

（2）测定扫查架主增益单斜探头（K1）探伤灵敏度。

3. 试验设备

（1）仪器：SDW-900 焊缝探伤仪。

（2）探头：K1 探头 1 只，双圆弧 K2.5 探头 2 只。

（3）扫查架 1 套。

（4）试块：GHT-1 试块。

扫查架扫查灵敏度校准

4. 操作方法

GHT-1 试块如图 2-5-1 所示。

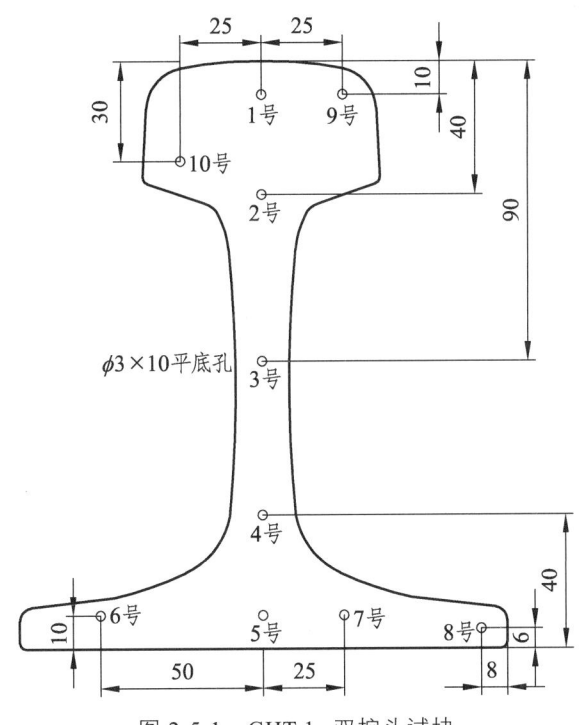

图 2-5-1　GHT-1a 双控头试块

（1）仪器调节。

①闸门调节；

②前沿及零点设置。

（2）双圆弧主增益探头探伤灵敏度。

将双 K2.5 圆弧探头置于 GHT-1 试块 a 区轨底三角区圆弧区找到 5 号平底孔反射波调节衰减器使其波高 80%为基准，然后根据探测面情况进行适当表面耦合补偿，一般为 2~6 dB，作为双 K2.5 圆弧探头主增益探伤灵敏度。

（3）扫查架主增益单斜探头（K1）探伤灵敏度。

将带定位扫查架的双斜探头置于 GHT-1 试块轨头，探测试块 GHT-1 区轨腰 4#孔位的 $\phi 3$ 平底孔，波高 80%为基准。

（4）注意事项。

①注意仪器设置，探头前沿和通道变换更改。

②在测试中需注意仪器出波位置与试块所探测位置是否一致，出波后用直尺量一下是否一致。

③探测中均需找到最高波。

④探测扫查架主增益灵敏度时需将扫查架位置摆放水平，连接线连接正确，认清刻度尺读数。

任务六　焊缝探伤仪探头标定——GHT-5试块

1. 试验目的

熟悉 SDW-900 焊缝探伤仪的使用方法和 60kg/m 轨焊缝探伤灵敏度的校准。

2. 试验内容

（1）测定 0°探头探伤灵敏度；

（2）测定单斜探头（K2.5）探伤灵敏度；

（3）测定双圆弧探头（副增益）灵敏度；

（4）测定扫查架副增益单斜探头（K1）探伤灵敏度。

3. 试验设备

（1）仪器：SDW-900 焊缝探伤仪；

（2）探头：K1 探头、K2.5 探头、双圆弧探头各一只；

（3）试块：GHT-5 试块。

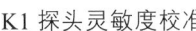

K1 探头灵敏度校准

4. 操作方法

GHT-5 试块及其分区如图 2-6-1 所示。

（1）仪器调节。

①闸门调节；

②前沿及零点设置。

（2）0°探头探伤灵敏度调试。

将 0°探头置于 GHT-5 试块 A 区 7 号横孔，将反射波最高调整到满幅度的 80%，然后根据探测面情况进行适当表面耦合补偿，一般为 2~6 dB，作为 0°探头的探伤灵敏度。

（3）K2.5 探头探伤灵敏度调试。

①轨头：将探头置于 GHT-5 试块探测 B 区 5 号横孔，前后移动探头使 5 号横孔反射波最高达满幅度的 80%，然后进行适当表面耦合补偿，一般为 2~6 dB，作为 K2.5 探头探测轨头部位的探伤灵敏度。

②轨底：将探头置于 GHT-5 试块探测 C 区 2 号竖孔，找到二次反射波最高调整到满幅度的 80%，然后根据探测面情况进行适当表面耦合补偿，一般为 2~6 dB，作为轨底单探头探伤灵敏度。

（4）测定双圆弧探头（副增益）灵敏度。

将双圆弧探头置于 GHT-5 试块探测试块 C 区 2 号竖孔，找到二次反射波最高调整到满幅度的 80%，然后根据探测面情况进行适当表面耦合补偿，一般为 2~6 dB，作为双圆弧副增益探头探伤灵敏度。

（5）测定扫查架副增益单斜探头（K1）探伤灵敏度。

将探头置于 GHT-5 试块 B 区 8 号横孔，将反射波高调整到满幅度的 80%，然后根据探测面情况进行适当表面耦合补偿（一般为 2~6 dB），作为 K0.8~K1 探头探测轨头和轨腰部位的探伤灵敏度。

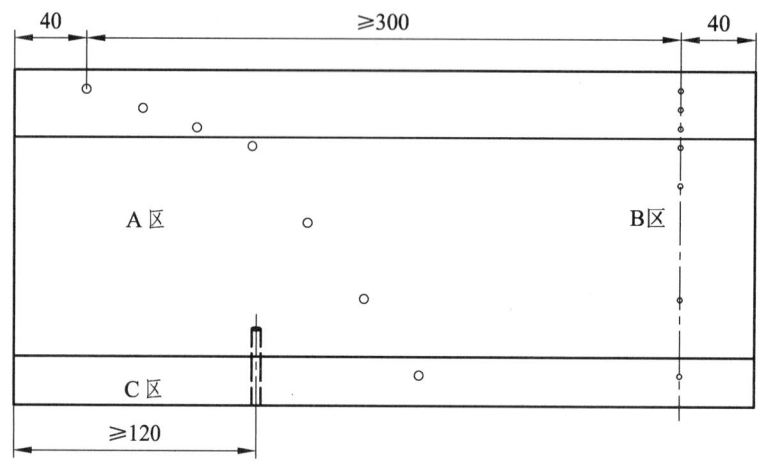

（a）GHT-5 试块分区示意图

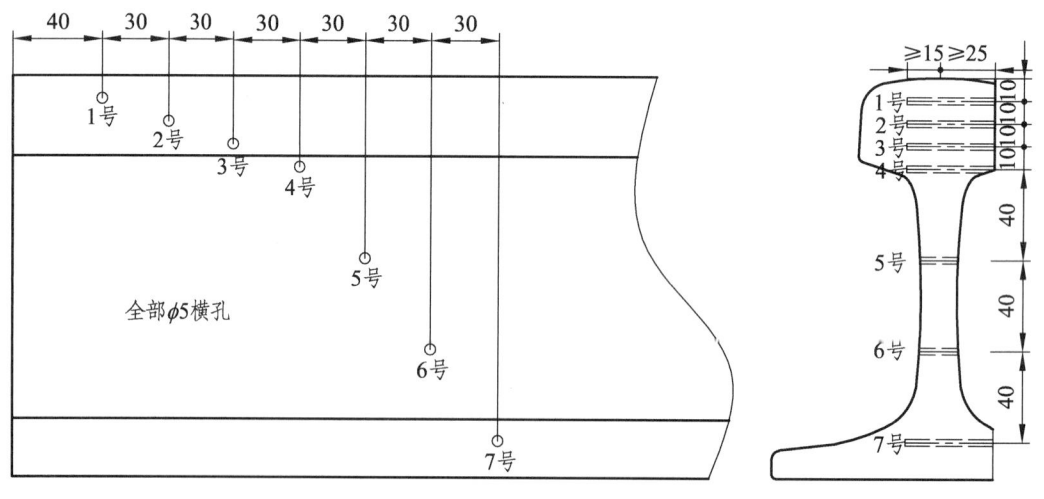

（b）GHT-5 试块 0°探头区（A 区）

图 2-6-1　GHT-5 试块及其分区

（6）注意事项。

①注意仪器设置，探头前沿和通道变换更改。

②在测试中需注意仪器出波位置与试块所探测位置是否一致，出波后用直尺量一下是否一致。

③探测中均需找到最高波。

任务七 焊缝探伤仪现场灵敏度调试

1. 试验目的

熟悉 SDW-900 焊缝探伤仪的使用方法和 60 kg/m 轨焊缝探伤灵敏度的校准。

2. 试验内容

（1）0°探头现场灵敏度调试；

（2）单 K2.5 探头现场灵敏度调试方法；

（3）单 K1 探头现场灵敏度调试方法；

（4）弧形斜探头现场灵敏度调试方法；

（5）双 K2.5 探头探轨头现场灵敏度调试方法；

（6）双弧形 K2.5 探头探轨底三角区现场灵敏度调试方法；

（7）串列式探伤现场灵敏度调试方法。

3. 试验设备

（1）仪器：SDW-900 焊缝探伤仪；

（2）探头：K1 探头 1 只，双圆弧 K2.5 探头 2 只；

（3）扫查架 1 套；

（4）试块：GHT-1 试块。

4. 操作方法

（1）一通道单 0°探头焊缝探伤。

①要求。

一通道连接单 0°探头进行焊缝两侧各 200 mm 范围内，轨头至轨底投影面的检查（扫查时间不小于 20 s）。

②原理。

反射式探伤：仪器调节到一通道，仪器固定 200 mm 声程，将 0°探头置于钢轨母材轨面中心，调节"零点"使一次底面回波波谷前沿至 8.8 格，并将一次底面最高回波波高调至 80%，增益 16 dB 后作为 0°探头的反射式探伤灵敏度。

穿透式探伤：仪器调节到一通道，仪器固定 200 mm 声程，将 0°探头置于钢轨母材轨面中心，调节"零点"使一次底面回波波谷前沿至 8.8 格，并将一次底面最高回波波高调至 80%（在焊缝两侧衰减差别较大时，取衰减大者的底波），增益 16 dB 后检测软化区的透声率，如一次底面回波下降至 80%以下时，说明软化区的透声不良。

③步骤。

第一步：开启储存和报警，检查探伤灵敏度、前沿、零点、K值、抑制、声程范围。

第二步：报警闸门 A 调节为正，A 闸门前沿调节到起始脉冲展宽波谷后沿留有 0.2 大格余量处，后沿调节到轨底波波谷前沿留有 0.2 大格余量处，报警闸门高度调节为 60%；闸门 B 调节为负，B 闸门前沿调节到 7.8 大格处，后沿调节到 10 大格处，报警闸门高度调节为 80%。

第三步：开启 B 型显示，调节检测部位为轨腰。

第四步：按下"模拟开始"，跟随模拟进度条检测，当有疑似缺陷波时，按一下"模拟开始"，使进度条停止，同时判定波形，进行检测时再按一下"模拟开始"，跟随模拟进度条检测，0°探头检测结束后按"模拟结束"，完成0°探头对轨头至轨底投影部位检测。

零度探头探轨腰扫查方式：第一次扫查把零度探头置于轨头中轴线上，使探头从焊缝中心呈螺旋状匀速后退扫查，扫查范围大于等于200 mm；第二次扫查从第一次扫查结束位置向焊缝中心呈螺旋状匀速前进扫查至焊缝中心。由一端向另一端重复上述步骤，直至完成轨腰全面探伤。注意整个过程尽量不要使探头偏离轨头中轴线过多，不然容易造成轨底波失波报警。

（2）二通道单K2.5探头焊缝探伤。

①要求。

焊缝两侧各200 mm范围内，轨头区域和轨底板内外两侧区域进行检查（包括轨头一边4次平行扫查和中心轴线上内外偏角扫查，扫查时间不小于2 min；轨底内外一边4次平行扫查和轨底边角偏角扫查，扫查时间不小于4 min）。

②原理。

单K2.5探头现场灵敏度调试方法（探测轨头、轨脚范围内$\phi 3$横孔当量缺陷）：将探头横向置于轨脚上［见图2-7-1（b）］，找出对边轨脚边最高回波波高调至80%，增益20 dB；或将探头横向置于轨头轨面，探测轨头棱角［见图2-7-1（a）］，棱角最高回波波高调至80%，增益18 dB后作为K2.5探测轨头/轨底的探伤灵敏度。

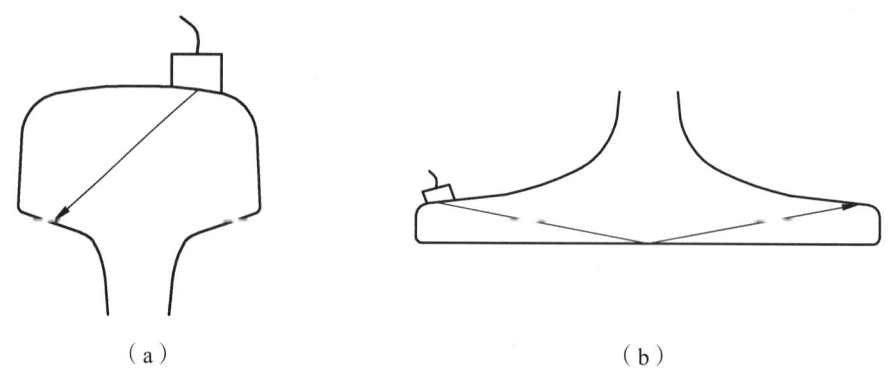

（a） （b）

图2-7-1 K2.5探头焊缝探伤

③扫查区域。

轨头扫查方式：通常我们把轨头分为4个区，采用锯齿形扫查手法俗称"退二进一"扫查6次，第1次扫查区域为轨头1区，从焊缝中心后退呈锯齿状纵向平行扫查，扫查距离大于等于200 mm；第2次扫查区域为轨头2区，轨头1区扫查完毕后平移探头至轨头2区，从远端向焊缝中心前进呈纵向平行扫查至焊缝中心；第3次扫查区域为轨头3区，轨头2区扫查完毕后平移探头至轨头3区，从焊缝中心后退呈锯齿状纵向平行扫查，扫查距离大于等于200 mm；第4次扫查区域为轨头4区，轨头3区扫查完毕后平移探头至轨头4区，从远端向焊缝中心前进呈纵向平行扫查至焊缝中心；第5次扫查在钢轨轨头中轴线上，以轨头中轴线为零刻度线探头内偏20°，从焊缝中心向远端呈锯齿状后退扫查，扫查距离大于等于200 mm，注意扫查时探头不要偏离轨头中轴线；第6次扫查同样在钢轨中轴线上，以轨头中轴线为零刻度线探头外偏20°，从距离焊缝中心200 mm处呈锯齿状前进扫查至焊缝中心。上述过程结束后,由一端向另一端重复上述步骤直至完成轨头全面探伤。图 2-7-2 所示为两种纵向移动扫查方式。

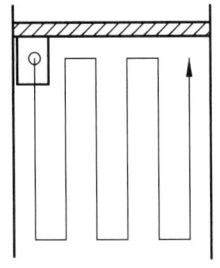 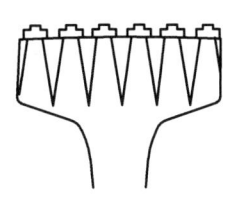

(a)无偏角纵向移动扫查

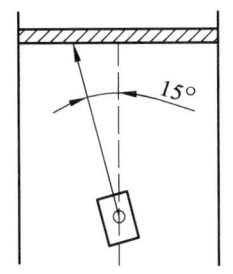 

(b)偏角纵向移动扫查

图 2-7-2 纵向移动扫查方式

轨底扫查方式:通常我们把轨底分为 4 个区域(从轨底角向轨底中心每隔 13 mm 为 1 个区,从轨底角向轨底中心依次为 1、2、3、4 区),见图 2-7-3(b);部分教材把轨底分为 6 个区域,见图 2-7-3(a),共扫查 5 次,第 1 次扫查区域为轨底 1 区,从焊缝轨底 1 区,向轨角偏 10°呈锯齿状纵向后退扫查,扫查范围大于等于 200 mm;第 2 次扫查区域同样在轨底 1 区,完成第 1 次扫查后回正探头,从远端向焊缝中心呈锯齿状纵向平行前进扫查;第 3 次扫查区域为轨底 2 区,完成轨底 1 区扫查后平移探头至轨底 2 区,从焊缝中心后退呈锯齿状纵向平行扫查,扫查距离大于等于 200 mm;第 4 次扫查区域为轨底 3 区,完成轨底 2 区扫查后将探头平移至轨底 3 区,从远端向焊缝中心呈锯齿状纵向平行前进扫查;第 5 次扫查为轨底 4 区,完成轨底 3 区扫查后平移探头至轨底 4 区,从焊缝中心后退呈锯齿状纵向平行扫查,扫查距离大于等于 200 mm。上述过程结束后,由一端向另一端重复上述步骤,直至扫查完内外两侧完成轨底全面探伤。

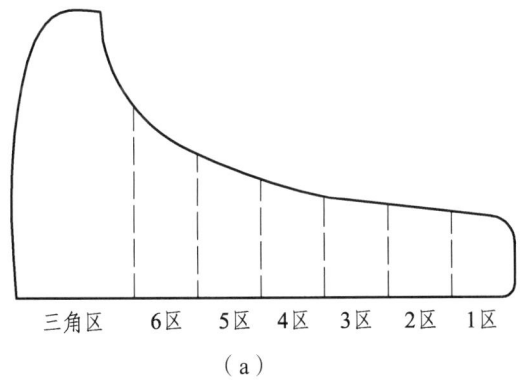 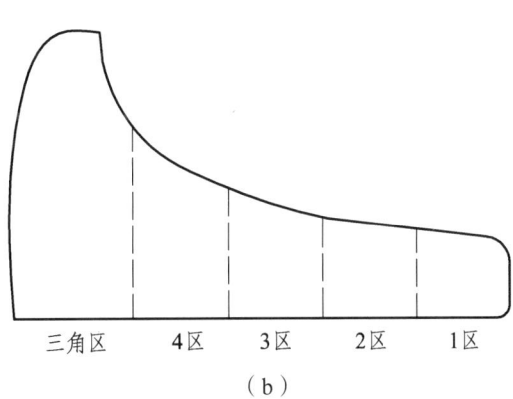

(a)　　　　　　　　　　　　　　(b)

图 2-7-3 轨底扫查区划分和声束方向示意

④步骤。

第一步:开启储存和报警,检查探伤灵敏度、前沿、零点、K 值、抑制。

第二步:报警闸门 A 调节为正,A 闸门前沿调节到起始脉冲展宽波谷后沿留有 0.2 大格余量处,后沿调节到满格度数 10 处,报警闸门高度调节为 60%。

第三步:开启 B 型显示,调节检测部位为相应的轨头、轨底内侧、轨底外侧。

第四步：按下"模拟开始"，跟随模拟进度条检测，当有疑似缺陷波时，按一下"模拟开始"，使进度条停止，同时判定波形，进行检测时再按一下"模拟开始"，跟随模拟进度条检测，单 K2.5 探头每一部分检测结束后按"模拟结束"。

第五步：单 K2.5 探头检测下一部分时，再以第三、四步进行检测，完成单 K2.5 探头对轨头、轨底内外侧检测。

（3）三通道 K2.5 圆弧探头焊缝探伤。

①要求。

焊缝两侧各 200 mm 范围内，内侧轨底圆弧部位到外侧轨底板边缘和外侧轨底圆弧部位到内侧轨底板边缘的检查（包括 30°、45°、60°扫查时间不小于 2 min）。双弧形 K2.5 探头探轨底三角区现场灵敏度调试方法将探头分别置于轨头内外侧面（见图 2-7-4），成一发双收，回波波高调至 80%，提高 18 dB，为探测轨底三角区的探伤灵敏度。

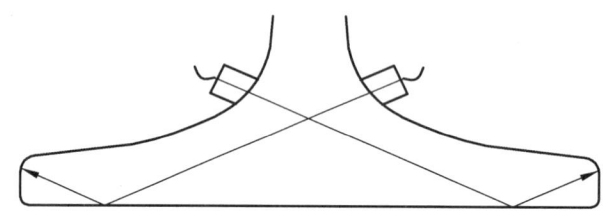

图 2-7-4　双圆弧探头轨底三角区扫查示意图

②原理。

为保证对轨底三角区全面扫查，应将探头置于轨底面圆弧区域，顶住焊筋与轨底板呈 45°和 60°夹角，探头后移的距离应大于 200 mm。

轨底三角区扫查方式：轨底三角区探伤一般采用双探头分 3 次扫查，第 1 次扫查从轨底圆弧区域焊缝中心，两探头与轨底板呈 60°夹角同时呈锯齿状匀速后退扫查，扫查距离大于等于 200 mm；第 2 次扫查同样在轨底圆弧区域，内侧探头抵住焊缝中心不动，外侧探头呈锯齿状匀速后退扫查，扫查范围大于等于 200 mm；第 3 次扫查还是在轨底圆弧区域，外侧探头抵住焊缝中心不动，内侧探头呈锯齿状匀速后退扫查，扫查范围大于等于 200 mm。上述过程结束后，由一端向另一端重复上述步骤，直至完成轨底圆弧区域全面探伤，如图 2-7-5 所示。

③步骤。

第一步：开启储存和报警，检查单探头和双探头探伤灵敏度、前沿、零点、K 值、抑制、声程范围 100。

第二步：报警闸门 A 调节为正，负责主基线报警，A 闸门前沿调节到 7.4 大格处，后沿调节到满格度数 10 处，报警闸门高度调节为 60%；报警闸门 B 调节为正，负责副基线报警，B 闸门前沿调节到副基线起始脉冲展宽波谷后沿留有 0.2 大格余量处，后沿调节到满格度数 10 处，报警闸门高度调节为 60%。

第三步：开启 B 型显示，调节检测部位为轨底内外侧。

第四步：按下"模拟开始"，跟随模拟进度条，探头放在轨底两边圆弧部位呈 45°和 60°两种角度检测，当有疑似缺陷波时，按一下"模拟开始"，使进度条停止，同时判定波形。进行检测时再按一下"模拟开始"，跟随模拟进度条检测。

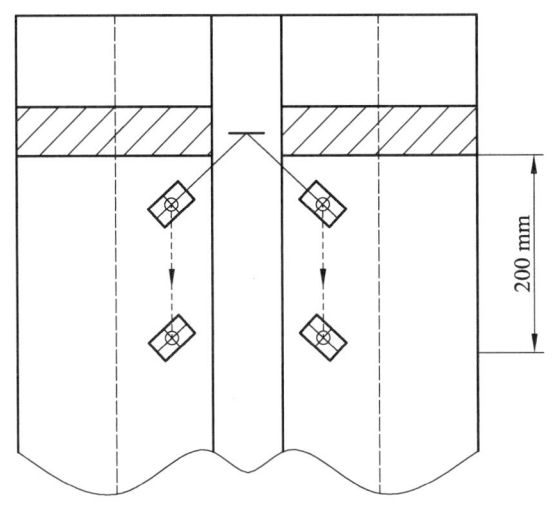

图 2-7-5 双圆弧探头轨底三角区扫查示意图（俯视图）

第五步：双圆弧探头检测必须做内外侧调相，再以第三、四步进行检测。完成双圆弧探头对轨底中心部位和上圆弧的检测。注：双探头呈 45°和 60°探伤，检测范围焊缝两边各 200 mm。

（4）四通道扫查架 K1 探头焊缝探伤。

①要求。

轨头须使用 K0.8-K1 双斜探头作 K 型探伤（见图 2-7-6），防止大平面缺陷漏检；轨头、轨脚用 K2.5 单斜探头采用锯齿形扫查方式，根据缺陷存在的部位、钢轨受力状态和始波占宽影响必须运用 14°偏角的二次波探测轨头两侧上方缺陷；用偏角扫查方式加强对轨脚边沿和变坡点下方缺陷的探测。为防轨头近表面缺陷漏检，在焊后质量检验中，应增加轨头两侧向轨头上方的扫查。

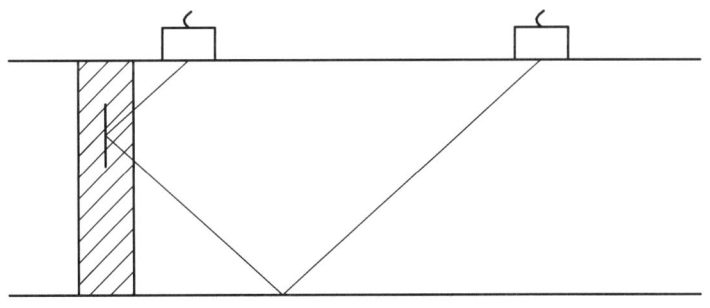

图 2-7-6 双斜探头 K 型探伤

用 K1 斜探头在钢轨顶面对轨腰投影范围内探伤时，探测范围不小于 200 mm。用直探头在焊缝钢轨顶面处作纵向、横向移动扫查。用带定位扫查装置的 K0.8-K1 双探头在钢轨顶面进行串列式扫查。

②原理。

使用一发双收 K1 扫查架，进行轨头至轨底投影面的单发单收及一发一收功能的检查（焊缝两侧各一次完整扫查）。

③步骤。

第一步：开启储存和报警，检查单探头和双探头探伤灵敏度、前沿、零点、K值、抑制。

第二步：报警闸门 A 调节为正，负责主基线报警，A 闸门前沿调节到 7.4 大格处，后沿调节到满格度数 10 处，报警闸门高度调节为 60%；报警闸门 B 调节为正，负责副基线报警，B 闸门前沿调节到副基线起始脉冲展宽波谷后沿留有 0.2 大格余量处，后沿调节到满格度数 10 处，报警闸门高度调节为 60%。

第三步：开启 B 型显示，调节检测部位为轨腰。

第四步：开启串列式，打开扫查架电源开关（转动手动转盘）进行扫查，当有疑似缺陷波时，拨动扫查架前后电源开关（用手动转盘来回转动），使扫查架前后移动，查看回波移动范围，同时判定波形，检测时再开启扫查架电源。

第五步：单 K1（或 K0.8）扫查架检测反面时，再以第三、四步进行检测，完成 K1（或 K0.8）扫查架对轨头至轨底投影面检测。

扫查架探轨腰：把扫查架置于轨面上，使扫查架零刻线对准焊缝中心，转动手动转盘使探头匀速移动观察仪器出波情况；上述过程结束后，由一端向另一端重复上述步骤，直至完成轨腰全面探伤。

任务八 焊缝探伤仪数据存储、导出与删除

1. 试验目的

熟悉 SDW-900 焊缝探伤仪的数据存储、导出与删除。

2. 试验内容

（1）掌握文件目录结构及文件命名规则；
（2）探伤全程存储；
（3）存储时的伤损标记；
（4）文件的导出与删除。

3. 试验设备

（1）SDW-900 焊缝探伤仪；
（2）U 盘。

4. 操作方法

（1）文件目录结构及文件命名规则。

为了便于文件管理和数据查询，文件按一定的路径规则存储（NAND FALSH SD 卡存储的目录规则相同）。文件存储按根目录、第二级目录两级结构。

根目录（存储设备列表）如图 2-8-1 所示。

图 2-8-1 根目录

二级目录（文件夹列表）如图 2-8-2 所示。

图 2-8-2 二级目录

三级目录（波形数据文件与伤损数据文件）如图 2-8-3 所示。

举例说明文件存储的全路径：

SD 卡\012342011\030301K0000+0002R01.dat，其中：StorageCard 为 SD 卡根目录，

012342011 为第二级目录，030301K0000+0002R01.dat 为文件名，".dat"是后缀。同样，NANDFLASH 的存储路径为：NANDFLASH\012342011\030301K0000+0002R01.dat。

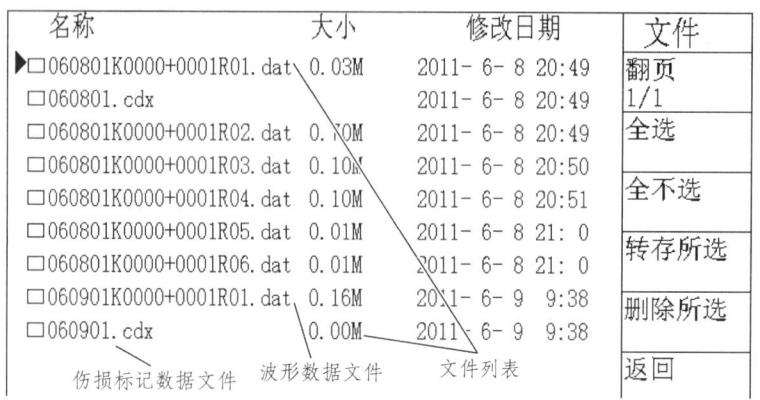

图 2-8-3　三级目录

第二级目录格式：线编号+年（LLLLYYYY）。

第二级目录的定义为"线编号+年"共 8 位阿拉伯数字，其中前 4 位线编号是预置菜单里的线编号，后 4 位为年。例如：00182011 表示保存时线路编号是 0018，时间是 2011 年。

第三级目录下即为回波文件和伤损信息文件，回波文件是以.dat 为后缀的数据文件，伤损信息文件以.cdx 为后缀。

回波文件名命名规则：

日期（月日）+班组（01～99）+里程（K8888+0000）+股别（L：左，R：右）+序号.dat

例如：030301K0000+0002R01.dat，这个文件名表示探伤日期是 3 月 3 日，探伤工的班组是 01，探伤的里程是 K0000+0002，探的是右股的钢轨，01 表示该里程中的第一个数据文件，文件名的后缀是.dat。

伤损信息文命名规则：

日期（月日）+班组（01～99）.cdx

例如：030301.cdx 表示 3 月 3 日班组 01 所有标记的伤损信息。

（2）探伤全程存储。

探伤过程中，按下 S/E 键，仪器开始存储，此时仪器屏幕右下方的存储符号■将会闪烁，探伤结束后再按 S/E 结束存储，此时■符号消失。（每个焊缝存储一个文件。）

注意：在存储前请设置正确的系统时间、预置菜单里的所有参数，以便于存储的文件用作事后分析管理。

（3）存储时的伤损标记。

仪器提供伤损标记功能。在探伤的储存过程中，如果出现了报警，探伤作业人员如果判断此报警为伤损，可按 标记 键，进入伤损标记菜单，设置好相关报警、伤损类型、伤损原因、钢轨编号，然后再按 标记 键，完成伤损标记，退出标记菜单，回到收发菜单。操作步骤如图 2-8-4 所示。

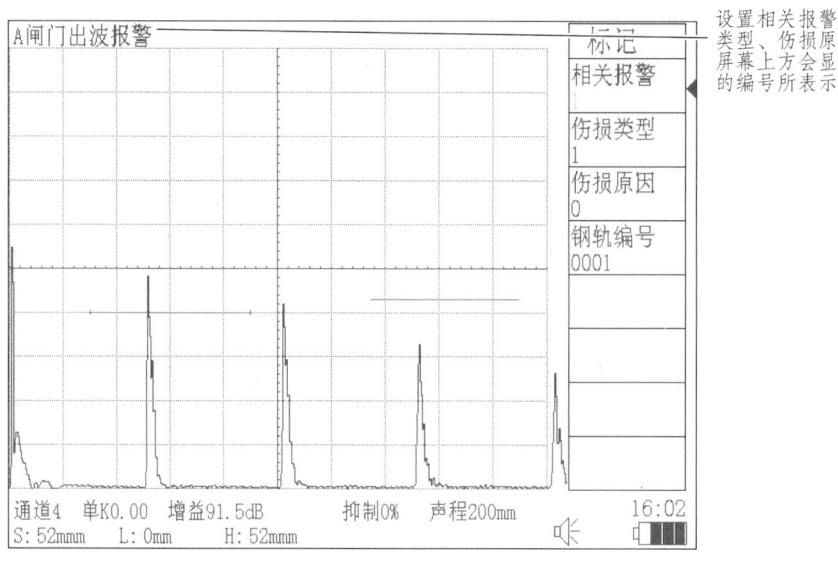

图 2-8-4 伤损标记

注意：只有在文件存储的时候才能标记伤损。

（4）文件的导出与删除。

在介绍文件的删除和导出前介绍光标在列表和菜单键之间切换、进入文件夹、选中文件夹或文件 3 个操作。

①光标在列表和菜单键之间切换：当列表进入根目录下后，按 [文件] 键光标即可在菜单和列表之间切换，如图 2-8-5 所示。

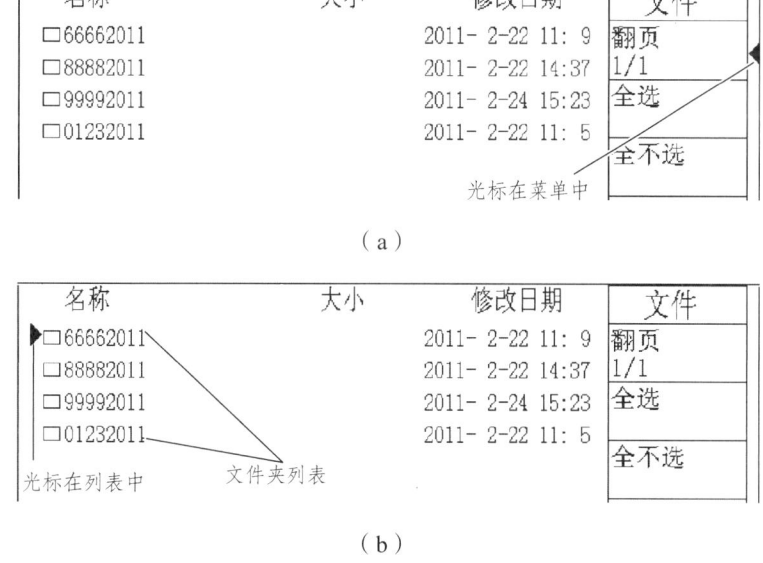

图 2-8-5 光标在列表和菜单键之间切换

②进入文件夹：旋转旋钮使光标指向您要进入的文件夹，按下旋钮即可进入此文件夹。

109

③选中文件夹或文件：旋转旋钮使光标指向您将要选中的文件夹或文件，按下"标记"键，此时该文件夹或文件前会标记"√"，再按下"标记"则撤销选中，此时"√"消失，如图2-8-6所示。

名称	大小	修改日期	文件
▶ ☐ 030301K0000+0005R.dat	0.348M	2011- 3- 1 17:32	翻页
☑ 030301K0000+0008R.dat	0.082M	2011- 2-28 11:46	1/1
☑ 030301K0000+0007R.dat	11.765M	2011- 2-28 11:21	全选

选中了文件

图 2-8-6　选中文件夹或文件

在文件选中或撤销时，用按下旋钮的动作取代按下"标记"键的动作也可以达到同样的效果。

④导出文件或文件夹。

仪器可以将 SD 卡或 NANDFLASH 中所有文件夹一起导出，也可以将某些选中的文件导出。以导出根目录下所有的文件夹为例，先将 U 盘插入仪器的 USB 接口，然后按下"文件"，进入根目录列表，再进入文件夹列表。

进入文件夹列表后，列表显示当前根目录下所有的文件夹，使光标指向菜单列表的"全选"，按下旋钮选中所有的文件夹，此时所有的文件夹名前会打"√"，如图 2-8-7 所示。

名称	大小	修改日期	文件
☑ 66662011		2011- 2-22 11: 9	翻页
☑ 88882011		2011- 2-22 14:37	1/1
☑ 99992011		2011- 2-24 15:23	全选
☑ 01232011		2011- 2-22 11: 5	
进入根目录后，列表显示根目录下所有的文件夹，使光标指向菜单列表的"全选"，按下旋钮选中所有的文件夹			全不选
			转存所选
			删除所选
			返回

图 2-8-7　选中所有文件夹

再移动光标指向"转存所选"，然后按下旋钮，将会弹出一个对话框询问您是否要转存所选文件，旋转旋钮选中"是"，如图 2-8-8 所示。

然后按下旋钮，开始将文件转存到 U 盘，这时将出现"正在转存所选文件，请等待！"的提示框，转存完毕后提示框会自动消失，如图 2-8-9 所示。

⑤删除文件或文件夹。

删除文件或文件夹的操作同导出文件或文件夹类似。

⑥文件的回放。

按下文件菜单，逐级进入到存储的第三级目录，旋转旋钮使旋钮指向需要回放的文件，然后按下 S/E 键进入回放菜单，并开始回放该文件，如图 2-8-10 所示。

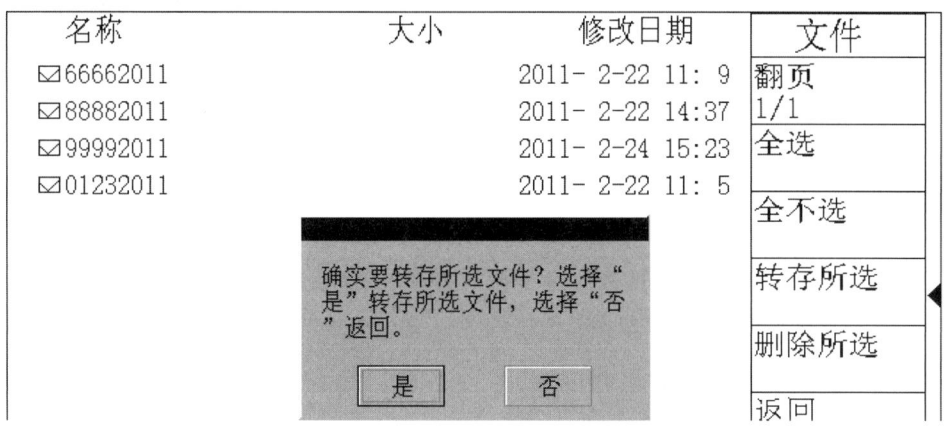

图 2-8-8　转存文件对话框

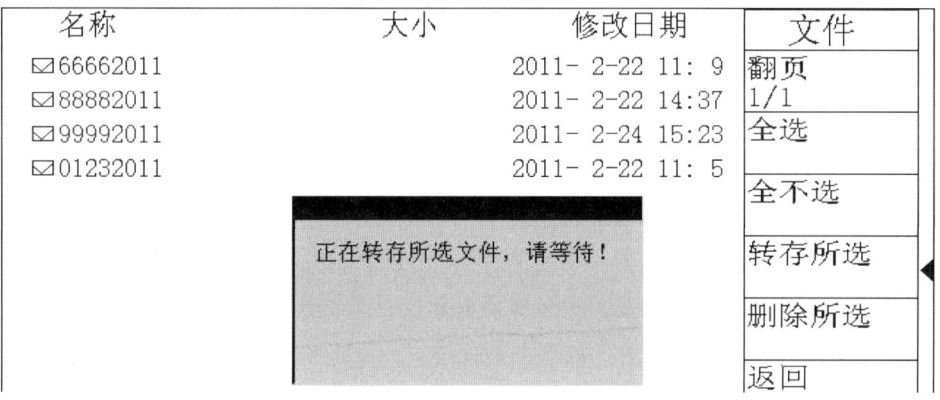

图 2-8-9　转存文件

图 2-8-10　选择需要回放的文件

按下 S/E 后开始播放此文件，如图 2-8-11 所示。

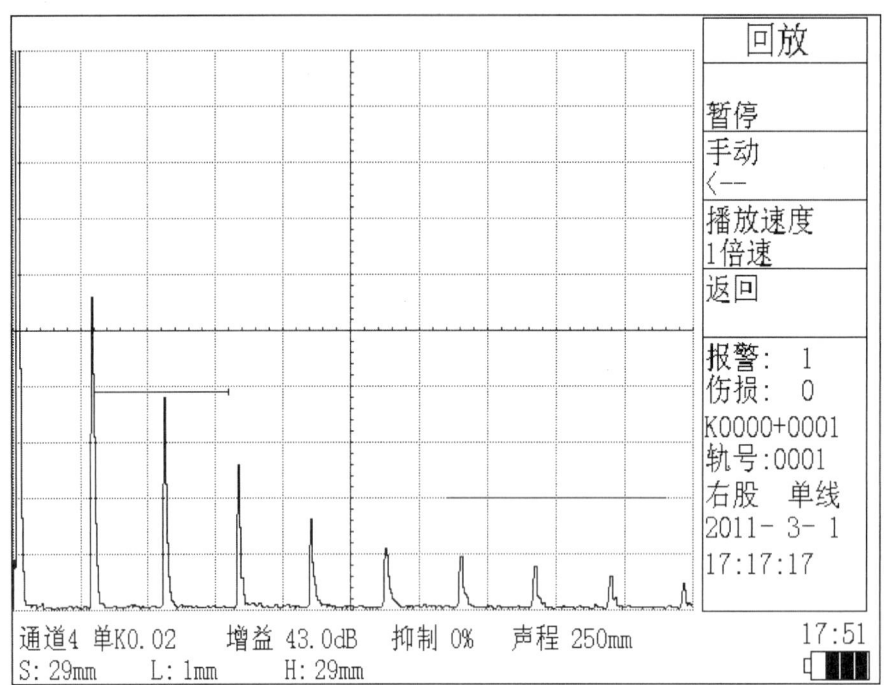

图 2-8-11　回放文件

播放完毕后,如果要回到文件列表查看文件,这时可以使光标指向回放菜单的"返回"项,按下旋钮即可返回到文件列表,此时屏幕显示文件列表。

任务九 焊缝探伤仪数据回放

1. 试验目的

熟悉 SDW-900 焊缝探伤仪的数据回放功能。

2. 试验内容

SDW-900 焊缝探伤仪的数据回放。

3. 试验设备

已安装 SDW-900 焊缝探伤仪回放软件的计算机。

4. 操作方法

（1）数据回放。

①选择"文件"→"打开"，载入需要回放的探伤数据，如图 2-9-1 所示。

注：回放时，请确保所要回放的数据文件（.dat）与它的伤损列表文件（.cdx）在同一文件夹。

②载入数据后，可使用"开始"，也可通过拖动进度滑块，或者点击进度条两端的箭头来进行回放。

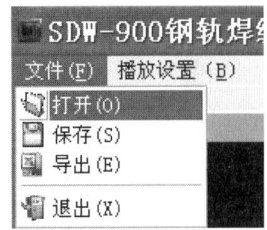

图 2-9-1 载入需要回放的数据

③回放过程中，可通过点击"向前"、"向后"来控制回放方向，通过"加速"、"减速"来控制 1、2、4、8 倍速度的变换。

④点击"B 超"，可控制 B 超显示区的显示和隐藏。

⑤勾选"报警暂停"和"伤损暂停"，可分别在遇到报警和伤损时暂停。

⑥在回放过程中，点击"伤损标记"，会弹出伤损标记对话框，可添加，删除和修改伤损，如图 2-9-2 所示。

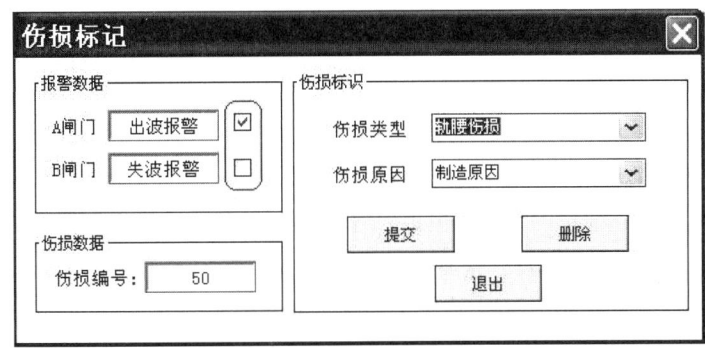

图 2-9-2 伤损标记对话框

注：标记伤损时，如果有对应的闸门报警，应将相应的闸门报警后的小方框打上钩。

（2）报警、伤损信息。

通过点击页面切换标签 [其他设置 报警列表 伤损列表]，可以切换报警列表和伤损列表的显示。

①报警列表。

如图2-9-3所示，报警列表中主要有5项：报警时间、扫查部位、A闸门报警、B闸门报警、对应伤损序号。其中，当此报警被标记为伤损的时候，"对应伤损序号"中才有显示。

当双击报警表格时，A超和B超将跳转到对应的图像显示，这样方便对报警进行分析。

序号	报警时间	扫查部位	A闸门报警	B闸门报警	对应伤损序号
11	2011-4-14 10:56:3	轨头	出波报警	失波报警	4
12	2011-4-14 10:56:24	轨头	出波报警	失波报警	
13	2011-4-14 10:56:28	轨头	出波报警	失波报警	
14	2011-4-14 10:56:32	轨头	出波报警	失波报警	

图2-9-3 报警列表

②伤损列表。

如图2-9-4所示，伤损列表中主要有15项：单位编号、线路编号、行别、线别、是否道岔、左右股、里程、股道、发现时间、发现人、伤损编号、伤损类型、伤损原因、对应报警、钢轨编号。

当双击伤损表格时，A超和B超将跳转到对应的图像显示，此时，可用伤损标记按钮来对此伤损进行修改或者删除。

当标记、删除或修改伤损标记时，伤损列表的信息也会相应改变。

序号	单位编号	线路编号	行别	线别	是否道岔	左右股	里程	股道	发现时间	发现人	伤损编号	伤损类型	伤损原因	对应报警	钢轨编号
1	00001	0001	单	站线	否	右股	K0+1	0股	2011-6-20 11:24	08	55	轨腰伤损	撞击原因	B失波报警	0001
2	00001	0001	单	站线	否	右股	K0+1	0股	2011-4-14 10:55	08	30	轨头纵向水平和...	制造原因	无相关报警	0001
3	00001	0001	单	站线	否	右股	K0+1	0股	2011-4-14 10:55	08	30	轨头纵向水平和...	制造原因	B失波报警	0001
4	00001	0001	单	站线	否	右股	K0+1	0股	2011-4-14 10:56	08	50	轨腰伤损	制造原因	A出波报警	0001
5	00001	0001	单	站线	否	右股	K0+1	0股	2011-4-14 10:56	08	50	轨腰伤损	制造原因	B失波报警	0001
6	00001	0001	单	站线	否	右股	K0+1	0股	2011-4-14 20:17	08	10	轨头表面金属碎...	制造原因	无相关报警	0001

图2-9-4 伤损列表

（3）参数显示。

参数显示主要有三个区域，如"操作界面"（见图2-9-5）中的③④⑥。

"操作界面"③是回放状态的显示，包括：当前是否有报警或伤损 [报警 伤损]，当前回放速度 [1X]，当前回放方向 [← →]，回波声程、水平、深度的显示 [S=0 H=0 L=0]，回放的时间进度 [0:55/2:3]。

"操作界面"④是主要设置参数，如图2-9-6所示。

"操作界面"⑥是其他参数，包括数据信息、操作员信息、闸门信息，如图2-9-7所示。

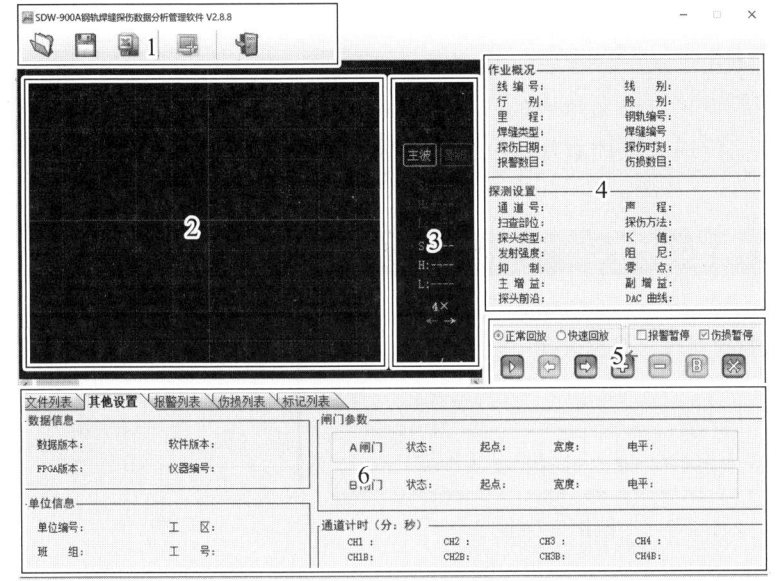

图 2-9-5 操作界面

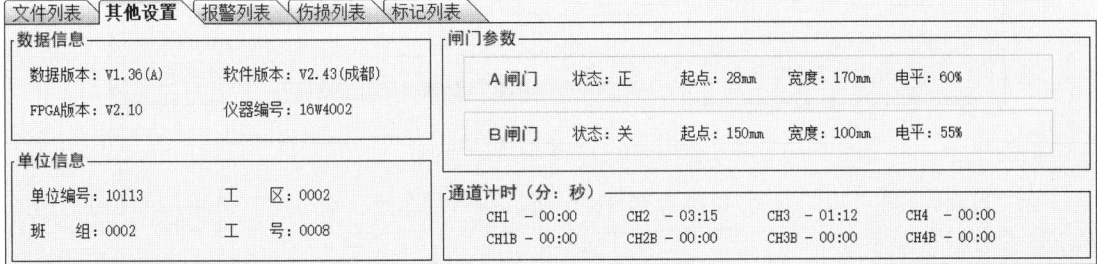

图 2-9-6 操作界面④

图 2-9-7 操作界面⑥

（4）数据保存与输出。

①数据的保存。

当对伤损数据进行修改之后，可点击菜单栏的"文件"→"保存"进行保存。如果在修改后没保存的情况下打开其他文件或者关闭程序时，系统会自动弹出提示对话框（如图）选择是否保存，如图 2-9-8 所示。

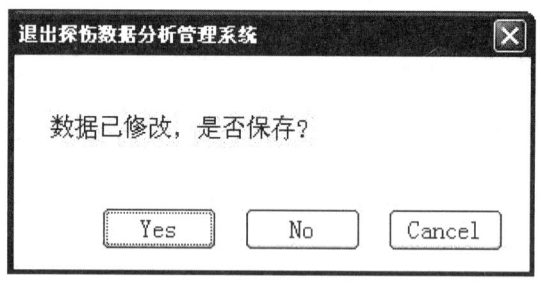

图 2-9-8　数据保存提示对话框

保存后的文件为伤损列表文件（.cdx）的备份，后缀为.xdt，备份文件自动放置在数据文件所在目录下的"备份文件"文件夹内。

②数据的输出。

伤损数据可输出两种格式的文件，即.txt 和.xls，点击菜单栏的"文件"→"导出"，在打开的对话框中选择需要输出的格式保存，如图 2-9-9 所示。

图 2-9-9　伤损数据的输出

导出的.txt 文件可以直接导入到 PWMIS 探伤数据管理系统，而.xls 文件可用 Excel 打开，方便日常数据查看及打印。

导出文件自动放置在数据文件所在目录下的"导出文件"文件夹内。

(5)颜色设置及退出。

点击菜单栏的"播放设置",可将主、副波分别设置为绿、蓝、黄 3 种颜色,如图 2-9-10 所示。

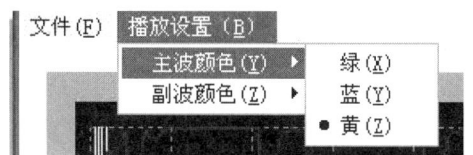

图 2-9-10 颜色设置

点击菜单栏的文件"文件"→"退出",或者点右上角的 ⊠,会弹出退出系统对话框,选"是",则可退出系统。

(6)伤损信息导入 PWMIS 的方法。

①伤损数据 txt 文件的导出。

启动 SDW-900 钢轨焊缝探伤数据分析管理系统,载入探伤数据后,选择菜单"打开"→"导出"后出现"文件导出"界面(见图 2-9-11)。文件名可采用默认,也可自己命名,保存类型选择".txt"文件,然后点击"保存"按钮即可。

图 2-9-11 文件导出界面

导出的 txt 文件默认存储位置为当前打开数据的文件夹下的"导出数据"文件夹,如图 2-9-12 所示。

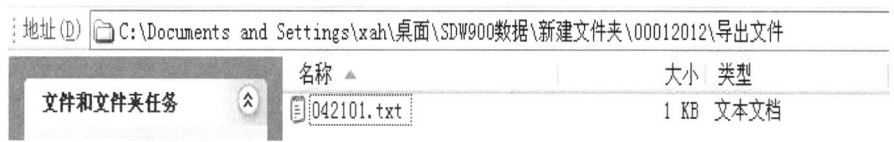

图 2-9-12 导出的 txt 文件默认存储位置

文件打开之后格式如图 2-9-13 所示,一般不需要再做修改。

,00001,,0001,单,,,正线,否,,,,右股,0,1,,,2012-4-26,08,44,车轮原因,,,,11W4047,
,00001,,0001,单,,,正线,否,,,,右股,0,1,,,2012-4-26,08,10,制造原因,,,,11W4047,

图 2-9-13 txt 文件格式

②伤损数据导入 PWMIS。

启动 PWMIS 系统，选择"钢轨伤损"，进入"钢轨伤损管理系统"，如图 2-9-14 所示。

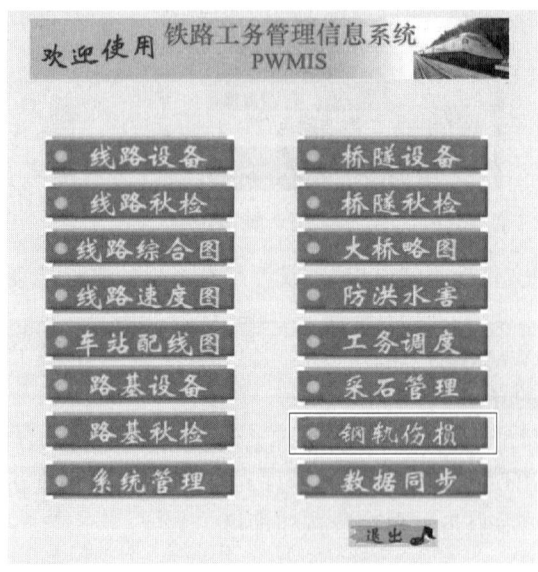

图 2-9-14 PWMIS 系统界面

选择菜单中的"数据维护"→"车载数据导入"，如图 2-9-15 所示。

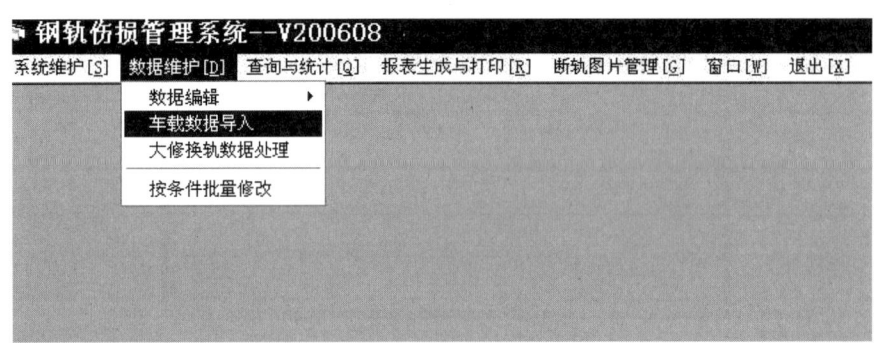

图 2-9-15 选择"车载数据导入"

在弹出的"探伤车数据导入"界面中，使用导入数据文件栏目的"浏览"键选择前面所生成的伤损数据文件导入伤损数据，如图 2-9-16 所示。

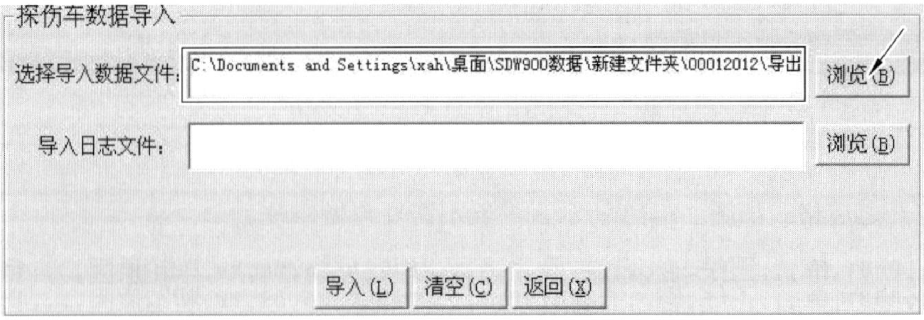

图 2-9-16 导入伤损数据

如有日志文件，用导入日志文件栏的"浏览"选择日志文件；如没有日志文件，在导入日志文件栏目内输入一个文件名，如图 2-9-17 所示。

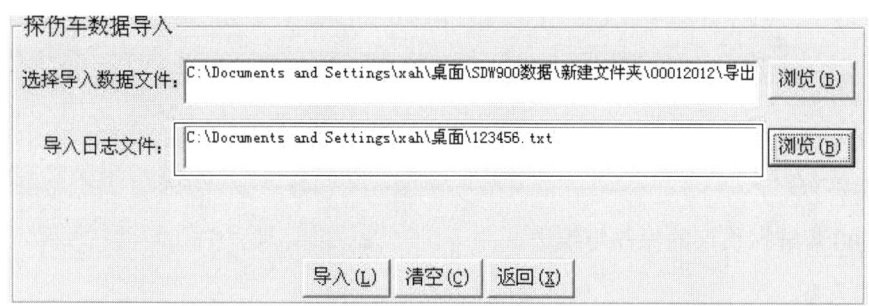

图 2-9-17　导入日志文件

点击"导入"按钮，将选定文件的伤损数据导入到 PWMIS 系统，完成后会显示导入日志，可查看导入情况，如图 2-9-18 所示。

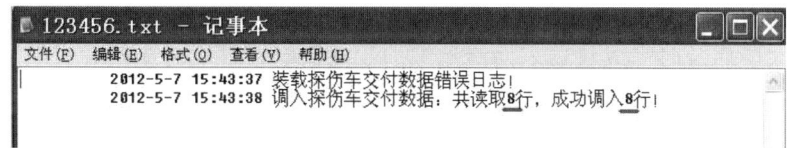

图 2-9-18　查看导入日志

至此，伤损数据成功导入到 PWMIS 系统中。

任务十　焊缝探伤仪维护

1. 试验目的

熟悉 SDW-900 焊缝探伤仪的保养与维护。

2. 试验内容

SDW-900 焊缝探伤仪的保养与维护。

3. 试验设备

SDW-900 焊缝探伤仪。

4. 操作方法

（1）定期展开探伤仪性能测试，包括：探测范围校正、灵敏度余量测试、水平线性测试、垂直线性测试、动态范围测试以及综合分辨率测试。

（2）作业完成后及时完成仪器表面清洁维护，仪器电量过低时应及时充电，并定期清除仪器储存文件。

（3）定期将仪器送往相关计量检测中心检定，确保仪器在检测周期内投入使用，对于检定不合格的仪器不得投入生产作业使用。

（4）操作仪器的按键开关和旋钮，不宜动作过猛。

（5）在日常检查中要重视扫查架和探头的防护，定期对扫查架的活动装置加注润滑剂，扫查架不用时要用护套包装好。

（6）注意不要混用扫查架充电器与仪器主机充电器。仪器的电池组要防止跌落损坏、过充电和过放电。不用的电池应放置在干燥阴凉的环境中，不要将电池与金属物体混放或使电池的两端短路，不要将电池浸在水中或扔在火中。确保废旧电池使用适当的设施处理。

（7）仪器不用时应存放在干燥阴凉的环境中，不可与坚硬或有油污的物质堆放在一起。仪器长时间不使用时，应将电池从仪器的电池舱取出，并分别存放好。

（8）当屏幕有污渍时，用干净的软布擦拭，要小心不可用力过大。注意不可使用酒精、稀释剂或其他挥发性的化学物质清洗仪器主机。

项目三

手工检查基础实操

任务一 手工操作基本操作

1. 试验目的

熟悉手工操作基本操作——看、敲、照、卸。

2. 试验内容

（1）手工检查——看；

（2）手工检查——敲；

（3）手工检查——照；

（4）手工检查——卸。

3. 试验设备

（1）检查小锤 2 个；

（2）反光放大镜 2 个；

（3）钢卷尺 1 把；

（4）扳手 1 把；

（5）手工检查记录本 1 本；

（6）手电筒、撬棍、白油漆。

4. 操作方法

（1）手工检查——看。

全面观察钢轨表面状态，注意发现伤损钢轨所具有的特征，根据这些特征，综合判断钢轨有无伤损。

手工检测作业

①观看钢轨顶面光带，背向阳光，跨着钢轨或站在钢轨两侧向前看 10~30 m 范围内钢轨轨面（根据个人视力可远可近），看光带有无扩大，光带中有无暗光或黑线，轨头是否肥大，轨面有无塌陷等。

②观看轨头有否扩大或下垂，下颚有否铁渣剥落和锈痕，轨底有否向上翘起。如有轨头扩大或下垂表明有纵向裂纹存在，有铁渣剥落、锈痕或轨底上翘，应仔细看有无裂纹产生。

③轨头肥大。轨头部如发生裂纹，则该处轨头必然比良好的轨头肥大。轨头肥大几毫米，它的裂纹也宽几毫米。如发现有轨头肥大，而该处轨面又有扩大现象或颚下有锈时可判为伤轨。

④利用自然条件检查钢轨伤损。例如：霜雪天气，裂纹处沾着的霜雪往往较其他部分少，而且融化较慢，并有残留霜雪痕迹；雨后裂纹处留有明显的水痕和流锈现象，干后尚有红锈痕迹存在。

⑤全面观察钢轨表面外观有无缺陷。新线钢轨在铺设前应对轨底外观进行全面观察。

（2）手工检查——敲。

用手工检查锤敲击检查所发现的可疑处所或不良接头等部位。

①敲击时蹲在钢轨外侧（在桥上蹲在内侧），手握锤柄，轻松自如，使锤头高出轨面 30~50 mm，让小锤自由落下，平敲轨面，做到眼看跳动，耳听声音，手感震动，如钢轨良好，小锤将连续跳动 3~5 次，声音清脆。如钢轨有伤，小锤落下后，跳动次数明显减少，跳动的

高度也很小，甚至不起跳，发出的声音破浊不清，锤把震动无力。

②要领：眼看、耳听、手触法。敲击时要精神集中，注意眼看小锤跳动，耳听小锤声音，体会手中锤柄感觉来判断钢轨好坏。小锤落下能连跳起 4~6 次，第一次跳起 20~25 mm 发音清脆，无浊音最后一下的回音也较长，握锤的手感觉震动有力是良好的钢轨。如小锤落下只能跳 2~3 次，跳起高度不过 2~3 mm 甚至不跳动，手中锤把也很稳，没有向外晃动的倾向，就好像被钢轨吸住似的，同时发音破浊不清，回音不长或突然中止，手中锤柄震动无力是有伤钢轨，可根据小锤跳动情况、声音变化及手内感觉判断伤损长度范围。

③砂粒实验法。如果在检查中遇到不易判断的伤损可用干燥粗砂粒、玻璃碎片、金属硬币等放在踏面上，如果是好钢轨，用锤敲击时能跳动 4~6 次，而砂粒、碎玻璃、硬币等黏着不动，如果是伤轨则砂粒跳起、硬币翻转掉落。

④手指感觉法。当发现可疑钢轨用小锤敲打难以判断时，可用一只手的中指和食指轻轻触摸钢轨踏面，另一只手持锤平敲手指附近踏面，如感觉到有像人脉搏跳动一样的震动且手指感觉发麻时是有伤钢轨。

（3）手工检查——照。

①用小镜子照轨头侧面下颚、轨腹及焊缝，从镜内查看有无裂纹锈线或其他伤损特征。

②将小镜伸入轨底，从轨缝处向上反光；或从上面反射光线射入轨缝内；在阴天或隧道内则以手电灯光照镜面反射入轨缝内照轨缝内的轨端有无裂纹。

③卸下一个螺栓，用双面螺栓小镜插入螺栓孔内转动，照螺栓孔周围有无裂纹。

④当发现有极细小裂纹或锈线，用眼光不能判断真假时，可用放大镜放大细看；如有锈时可涂以煤油去垢去锈，待煤油干后以小锤敲击几下后再放大鉴别。

⑤对于不能鉴别伤损而有可疑者，应以白铅油打上符号，通知线路工区加以监控，观察其变化状态。

（4）手工检查——卸。

用看、敲、照等方法检查后，仍不能判断接头处钢轨确属良好时，应卸下螺栓，甚至卸下鱼尾板进行检查（卸夹板必须申请临时天窗或共用其他天窗）。对于不能鉴别伤损而有可疑者，应以白铅油打上符号，通知线路工区加以监控，观察其变化状态。

（5）注意事项。

①应将夹板范围内全部敲到，顺序从轨缝一侧轨端向夹板端部敲，然后折回至另一端，按序敲回至轨缝。

②遇夹板、铁垫板与钢轨不密贴，螺栓松动，轨头肥边，枕木吊板以及雨后敲击时，小锤跳动与发音都有变化应注意鉴别。

③小锤敲击有疑问，可用钢丝钩（或钢片）伸入钢轨接缝内，沿钢轨断面或钢轨腰部缓慢滑动，是否有挂钩的感觉。

任务二　道岔手工检查

1. 试验目的

道岔手工检查。

2. 试验内容

（1）新道岔上道前检查；

（2）道岔基本轨探伤；

（3）尖轨探伤；

（4）翼轨焊缝及变形部位探伤；

（5）长心轨、短心轨探伤；

（6）高锰钢整铸辙叉探伤；

（7）钢轨组合辙叉探伤。

3. 试验设备

（1）检查小锤2个；

（2）反光放大镜2个；

（3）钢卷尺1把；

（4）扳手1把；

（5）手工检查记录本1本；

（6）手电筒、撬棍、白油漆。

4. 操作方法

（1）所有新购置尖轨、合金钢辙叉心轨按照"先探伤后上道"的原则先进行全断面探伤检查和外观检查，做好标记、记录，检查合格或生产厂提供了探伤检测合格证明的方允许上道使用。

（2）道岔基本轨探伤：必要时应使用钢轨探伤仪进行正反向探测，慢走细看，并注意与尖轨密贴处轨头核伤的检查，随时注意探头位置和耦合情况。特别要加强对道岔钢轨螺栓孔的检查，注意排除螺孔内钢套开口等的反射回波，必要时抽去螺栓进行拆检确认。

（3）尖轨探伤：尖轨部位的探伤检查要与手工检查相结合，轨头宽度大于50 mm要用钢轨探伤仪检查，特别要注意检查距轨端700～1 600 mm处的轨头核伤；轨头宽度不大于50 mm的部分采用仪器和手工相结合的方法检查。

（4）翼轨焊缝及变形部位探伤：应采用通用探伤仪和手工相结合的方法检查。

（5）长心轨、短心轨探伤：采用仪器和手工相结合方法检查。特别要注意检查长心轨尖端500～550 mm轨头至轨底部位。

（6）高锰钢整铸辙叉采用手工检查。

（7）钢轨组合辙叉（含合金钢组合辙叉）采用仪器和手工相结合的方法检查。合金钢辙叉心轨的钢轨探伤仪可检查范围之外的部分，每年不少于一次使用通用仪器进行检查。

项目四

钢轨探伤上道作业标准

1. 作业标准

钢轨探伤一日作业标准程序及要求见表 4-0-1。

表 4-0-1　钢轨探伤一日作业标准程序

时段	作业程序及要求	执行人
探伤前	（1）作业负责人应督促检查仪器状态，机具备品和台账记录簿。对照作业卡片布置当天作业安排、作业要求，提出安全预警、薄弱地段预报，并将有关安排和要求填入《探伤工作日志》	施工负责人
探伤前	（2）检查仪器各部是否正常，调节仪器灵敏度。灵敏度调节后须报请施工负责人确认	执机人、作业负责人
探伤前	（3）安全值日应检查必备的防护用品，补充安全注意事项，瞭望条件差的地段另设专人防护，防护信号确认后，方能上道作业	安全员
探伤前	（4）检查作业人员是否穿戴好劳动保护用品	施工负责人
探伤中	（1）每公里探伤时间：无缝线路不少于 20 min，普通线路不少于 30 min	执机人
探伤中	（2）每探伤 2 h 左右应轮换执机人员，双机作业两机间隔不得大于 50 m。复线区段应迎着来车方向探伤	施工负责人
探伤中	（3）执机人员应严格执行"接头（焊缝）站、小腰慢、大腰均匀探"的作业要领	执机人
探伤中	（4）探伤仪保持水量充足、水路畅通。随时注意探头与轨面的耦合和灵敏度修正，发现电压不足时，应停止作业	执机人
探伤中	（5）曲线、隧道、道口、桥梁和道岔等重点处所，应放慢仪器推进速度，加大水量，调整增益和探头位置，加强探伤。遇轨面不洁影响探伤地段，必须清除轨面污物，严格实行"一扫、二除、三检查"探伤要领进行探伤检查作业	施工负责人及执机人
探伤中	（6）对异型、高低、打塌、擦伤、掉块、焊补、道岔探伤仪不能正常探伤等薄弱地段，必须采用仪器和手工结合检查	执机人及手工检查人员
探伤中	（7）钢轨小腰、曲线、坡道、道岔曲基本轨和机车制动地段应重视对轨头核伤的探测	施工负责人
探伤中	（8）复线地段后发 70°探头偏斜角必须向内偏斜	施工负责人
探伤中	（9）对可疑波形和报警，认真分析，校对确认。发现伤损，做好记录，打上标记及时填写《伤损钢轨通知书》。对危及行车安全的重伤轨应做出妥善处理	执机人、辅机人及施工负责人
探伤中	（10）现存伤损钢轨，应复核记录，刷新标记，根据伤损发展情况填发《伤损钢轨通知书》	执机人、辅机人
探伤中	（11）辅机人员必须紧随仪器，细听报警，注意瞭望	辅机人
探伤中	（12）本线及邻线来车应停止作业，及时下道避车	执机人
探伤后	（1）关闭电源，放掉余水，保养仪器，及时充电	执机人、辅机人及施工负责人
探伤后	（2）当天工作小结，次日工作预报。及时向探伤车间（工区）或工务调度汇报安全、任务及伤损情况	施工负责人
探伤后	（3）转移或返回，仪器应推稳、放平、锁定，以防受损	执机人、辅机人
探伤后	（4）使用数字探伤仪时，在当日工作结束后，将检查数据上报探伤车间，用于次日回放。发现问题及时通知复查	施工负责人、数据分析人员

2. 探伤作业物品

探伤作业物品见表 4-0-2。

表 4-0-2 探伤作业物品

名称	单位	数量	用途	附注
无线对讲机	台	4	防护联络	
活口扳手	个	1	拆装夹板螺栓	375 mm,施必牢螺栓除外
手工检查锤	个	2	手工检查敲击	弹簧小锤
钢卷尺	个	1	测量伤损位置	30 m
钢直尺	把	把	缺陷定位	300 mm
白铅油	罐	1	标注伤损符号	容量视需要而定
小油刷	把	1	标注伤损符号	
防冻液			防冻用耦合剂	冬季节用
探头	套	1	校定及备用	
照明器具		2	夜间及隧道内检查用	尽量配置灯光照明器材
防护信号设备	套	1	作业时防护	按《铁路工务安全规则》办理
电缆线	套	1	备用	
其他			视检查需要而备	如钢丝刷、棉纱、砂布、工作日志、检查记录、重伤钢轨通知书、耦合剂、保护膜

3. 钢轨判伤标准

（1）钢轨头部磨耗轻伤标准（见表 4-0-3）。

表 4-0-3 钢轨头部磨耗轻伤标准

钢轨/(kg/m)	总磨耗/mm				垂直磨耗/mm				侧面磨耗/mm			
	$v_{max}>$160 km/h 正线	160 km/h $\geq v_{max}>$120 km/h 正线	$v_{max}\leq$120 km/h 正线及到发线	其他站线	$v_{max}>$160 km/h 正线	160 km/h $\geq v_{max}>$120 km/h 正线	$v_{max}\leq$120 km/h 正线及到发线	其他站线	$v_{max}>$160 km/h 正线	160 km/h $\geq v_{max}>$120 km/h 正线	$v_{max}\leq$120 km/h 正线及到发线	其他站线
75	9	12	16	18	8	9	10	11	10	17	16	18
75以下~60	9	12	14	16	8	9	9	10	10	12	14	16
60以下~50			12	14			8	9			12	14
50以下~43			10	12			7	8			10	12
43以下			9	10			7	7			9	11

注：①总磨耗=垂直磨耗+1/2 侧面磨耗。
②垂直磨耗在钢轨顶面宽 1/3 处（距标准工作边）测量。
③侧面磨耗在钢轨踏面（按标准断面）下 16 mm 处测量。

（2）钢轨头部磨耗重伤标准（见表4-0-4）。

表4-0-4 钢轨头部磨耗重伤标准

钢轨/ (kg/m)	垂直磨耗/mm			侧面磨耗/mm		
	v_{max}>160 km/h 正线	160 km/h≥ v_{max}>120 km/h 正线	v_{max}≤120 km/h 正线及到发线 及其他站线	v_{max}>160 km/h 正线	160 km/h≥ v_{max}>120 km/h 正线	v_{max}≤120 km/h 正线及到发线 及其他站线
75	10	11	12	12	16	21
75以 下~60	10	11	11	12	16	19
60以 下~50			10			17
50以 下~43			9			15
43以下			8			13

（3）钢轨轻伤和重伤标准（见表4-0-5）。

表4-0-5 钢轨轻伤和重伤标准

伤损 项目	伤损程度						备注
	轻伤			重伤			
	v_{max}> 160 km/h	160 km/h≥ v_{max}>120 km/h	v_{max}≤ 120 km/h	v_{max}> 160 km/h	160 km/h≥ v_{max}>120 km/h	v_{max}≤ 120 km/h	
钢轨 头部 磨耗	磨耗量超过钢轨头部 限度之一者			磨耗量超过钢轨头部 限度之一者			
轨端 或轨 顶面 剥落 掉块	长度超过 15 mm且 深度超过 3 mm	长度超过 15 mm且 深度超过 3 mm	长度超过 15 mm且 深度超过 4 mm	长度超过 25 mm且 深度超过 3 mm	长度超过 25 mm且 深度超过 3 mm	长度超过 30 mm且 深度超过 8 mm	
钢轨 顶面 擦伤	深度超过 0.5 mm	深度超过 0.5 mm	深度超过 1 mm	深度超过 1 mm	深度超过 1 mm	深度超过 2 mm	
钢轨 低头	超过1 mm	超过1.5 mm	超过3 mm	超过1.5 mm	超过2.5 mm	超过 3.5 mm	用1 m直尺测量最低处矢度,包括轨端轨顶面压伤和磨耗在内
波浪 形磨 耗	谷深超过 0.3 mm	谷深超过 0.3 mm	谷深超过 0.5 mm				

续表

伤损项目	伤损程度						备注
	轻伤			重伤			
	$v_{max}>$ 160 km/h	160 km/h≥ $v_{max}>$120 km/h	$v_{max}≤$ 120 km/h	$v_{max}>$ 160 km/h	160 km/h≥ $v_{max}>$120 km/h	$v_{max}≤$ 120 km/h	
钢轨表面裂纹				有	有	有	包括螺孔裂纹、轨头下颚水平裂纹（透锈）、轨腰水平裂纹、轨头纵向裂纹、轨底裂纹等（不含轮轨接触疲劳引起轨顶面表面或近表面的鱼鳞裂纹）
钢轨内部裂纹				有	有	有	包括核伤（黑核、白核）、钢轨纵向裂纹等
钢轨变形				有	有	有	轨头扩大、轨腰扭曲或鼓包等，经判断确认内部有暗裂
钢轨锈蚀					经除锈后，轨底厚度不足 8 mm 或轨腰厚度不足 14 mm	经除锈后，轨底厚度不足 5 mm 或轨腰厚度不足 8 mm	

4. 道岔伤损标准

（1）尖轨、可动心轨有下列伤损或病害，应及时修理或更换：

① 尖轨尖端与基本轨或可动心轨尖端与翼轨不靠贴大于 1 mm。

② 尖轨、可动心轨侧弯造成轨距不符合规定。

③ 尖轨、可动心轨顶面宽 50 mm 及以上断面处，尖轨顶面低于基本轨顶面、可动心轨顶面低于翼轨顶面 2 mm 及以上。

④ 尖轨、可动心轨顶面宽 50 mm 及以下断面处，尖轨顶面高于基本轨顶面、可动心轨顶面高于翼轨顶面 2 mm 及以上。

⑤ 尖轨、可动心轨工作面伤损，继续发展，轮缘有爬上尖轨、可动心轨的可能。

⑥ 内锁闭道岔两尖轨相互脱离时，分动外锁闭道岔两尖轨与连接装置相互分离或外锁闭装置失效时。

⑦ 其他伤损达到钢轨轻伤标准时。

（2）基本轨有下列伤损或病害，应及时修理或更换：

① 曲股基本轨的弯折点位置或弯折尺寸不符合要求，造成轨距不符合规定。

② 基本轨垂直磨耗，50 kg/m 及以下钢轨，在正线上超过 6 mm，到发线上超过 8 mm，其他站线上超过 10 mm；60 kg/m 及以上钢轨，在允许速度大于 120 km/h 的正线上超过 6 mm，

其他正线上超过 8 mm，到发线上超过 10 mm，其他站线上超过 11 mm（33 kg/m 及其以下钢轨由铁路局规定）。

（3）其他伤损达到钢轨轻伤标准时。

道岔护轨螺栓、可动心轨咽喉和叉后间隔铁螺栓、长心轨与短心轨联结螺栓、钢枕立柱螺栓、可动心轨凸缘与接头铁联结螺栓必须齐全，作用良好，折断时必须立即更换。同一部位同时有两条螺栓或可动心轨凸缘与接头铁螺栓有一条缺少或折损时，道岔应停止使用。

（4）辙叉伤损分轻伤和重伤两类。

① 高锰钢整铸辙叉轻伤标准（含可动心轨辙叉中高锰钢整铸翼轨、叉跟座）。

● 辙叉心宽 40 mm 断面处，辙叉心垂直磨耗（不含翼轨加高部分），50 kg/m 及以下钢轨，在正线上超过 4 mm，到发线上超过 6 mm，其他站线上超过 8 mm；60 kg/m 及以上钢轨，在允许速度大于 120 km/h 的正线上超过 4 mm，其他正线上超过 6 mm，到发线上超过 8 mm，其他站线上超过 10 mm；可动心轨宽 40 mm 断面及可动心轨宽 20 mm 断面对应的翼轨垂直磨耗（不含翼轨加高部分）超过 4 mm。

● 辙叉顶面和侧面的任何部位有裂纹。

● 辙叉心、辙叉翼轨面剥落掉块，在允许速度大于 120 km/h 的线路上长度超过 15 mm，且深度超过 1.5 mm；在其他线路上长度超过 15 mm，且深度超过 3 mm。

● 钢轨探伤人员或线路（检查）工长认为有伤损的辙叉。

② 高锰钢整铸辙叉重伤标准（含可动心轨辙叉中高锰钢整铸翼轨、叉跟座）。

● 辙叉心宽 40 mm 断面处，辙叉心垂直磨耗（不含翼轨加高部分），50 kg/m 及以下钢轨，在正线上超过 6 mm，到发线上超过 8 mm，其他站线上超过 10 mm；60 kg/m 及以上钢轨，在允许速度大于 120 km/h 的正线上超过 6 mm，其他正线上超过 8 mm，到发线上超过 10 mm，其他站线上超过 11 mm；可动心轨宽 40 mm 断面及可动心轨宽 20 mm 断面对应的翼轨垂直磨耗（不含翼轨加高部分）超过 6 mm（33 kg/m 及其以下钢轨由铁路局规定）。

● 垂直裂纹长度（含轨面部分裂纹长度）超过表 4-0-6 所列限度者。

表 4-0-6 垂直裂纹最大长度

项目	辙叉心/mm		辙叉翼/mm
	宽 0~50	宽 50 以后	
一条裂纹长度	50	50	40
两条裂纹相加	60	80	60

● 纵向水平裂纹长度超过表 4-0-7 所列限度者。

表 4-0-7 纵向水平裂纹最大长度

项目	辙叉心/mm	辙叉翼/mm	轮缘槽/mm
一侧裂纹长度	100	80	200
一侧裂纹发展至轨面（含轨面部分裂纹长度）	60	60	
两侧裂纹贯通（指贯通长度）	50		
两侧裂纹相对部分长度			100

- 叉趾、叉跟轨头及下颚部位裂纹超过 30 mm。
- 叉趾、叉跟浇注断面变化部位斜向或水平裂纹长度超过 120 mm，或虽未超过 120 mm，但裂纹垂直高度超过 40 mm。
- 底板裂纹向内裂至轨腰，并超过轨腰与圆弧的连接点。
- 螺栓孔裂纹延伸至轨端、轨头下颚或轨底，两相邻螺栓孔裂通。
- 辙叉心、辙叉翼轨面剥落掉块长度超过 30 mm，且深度超过 6 mm。
- 钢轨探伤人员或线路（检查）工长认为有影响行车安全的其他缺陷。

③ 钢轨组合辙叉的垂直磨耗参照高锰钢整铸辙叉办理，其他伤损参照钢轨轻重伤标准办理。辙叉有轻伤时，应注意检查观测，达到重伤标准时应及时更换。

④ 薄弱地段注意事项。

- 曲线钢轨探伤：仪器进入曲线应及时清除轨面和探头保护膜的油污，尤其注意擦除前 37°探头保护膜上的油污，及时调整探头的横向位置，保证探头和探测面耦合良好。曲线地段探伤必须降低检测速度。
- 隧道内钢轨探伤：隧道内钢轨应结合手工检查，注意 0°探头底波的变化及 37°探头对轨底横向裂纹的探测。
- 在对接头、曲线、隧道、道口、桥梁等重点处所进行钢轨（焊缝）探伤时，要慢速推行，并注意观察波形显示，必要时要结合手工检查。

⑤ 站线、专用线钢轨探伤。

- 驼峰地段应重视坡峰、坡谷地段钢轨的探测。
- 轨面锈蚀严重时，应采用手工检查；若遇机车、车辆压道无法探伤，做好记录，报技术（线路）科备案。

⑥ 成段更换钢轨探伤。

- 再用轨应先探伤、后上道。成段更换钢轨或再用轨，在线路验交时，必须进行探伤，并在 3 个月内加强检查和监视。
- 新钢轨上道后应及时进行探伤，发现伤损时，应及时上报技术（线路）科，并采取措施、加强防范、逐级上报。

⑦ 焊补探伤：抓好焊补前、焊补后的探伤和监控；焊补前应通过打磨彻底清除裂纹，并经探伤确认无缺陷后再进行焊补；焊补后应进行探伤；为确保焊补质量，可采用多种探伤方法；焊补后初期要加强手工检查。

⑧ 再用轨探伤。

- 再用轨（含成段更换的再用轨条和用于备用的再用轨）的使用必须遵循"先探伤后上道"的原则。成段直接再用轨条的既有焊缝由原设备管理单位提供焊缝探伤记录；用于备用的再用轨上既有焊缝由设备管理单位安排全断面焊缝探伤检查；经工厂加工焊接的长轨条上的既有焊缝由焊接单位进行全断面探伤检测并随新焊焊缝探伤报告一起提供给长轨使用单位。
- 成段再用的轨条由接收单位向原设备管理单位索取伤损台账和探伤记录。再用轨条出现未经标记的伤损再次上道时需同时追究原设备管理单位的漏探责任，未索取有关资料时由使用单位自行承担。
- 再用轨上道初期须加强巡查、监控和手工检查。

● 掌握好首次钢轨探伤仪检查的时机，首次探伤要安排在轨面光带满足探头耦合条件之后，确因调边等原因导致光带宽度长期不够时，要纳入仪器不能正常探伤地段管理，线路工区加强手工检查和巡查。

⑨ 建立钢轨探伤仪不能正常检测地段台账，加强监控。对轨面不满足耦合条件、站场股道压车、曲磨、锈蚀、鱼鳞伤、剥离掉块、焊补层等探伤仪器不能正常检测地段，工务段、车间（探伤、线路）、工区（探伤、线路）须建立台账，纳入线路工区手工检查及日常巡查重点监控范围。工务段每月随探伤月报上报钢轨探伤仪不能正常检测地段统计表。

项目五

钢轨探伤技能鉴定

任务一 钢轨探伤工初级操作技能考核

钢轨探伤工初级操作技能考核准备通知单（1）

试题名称：更换探头保护膜并添加耦合剂

考核时间：30 分钟。

一、鉴定站准备

1. 材料准备

（1）耦合剂：水 10 L、凡士林或黄油 1 盒。

（2）棉纱若干。

（3）书写板：每人 1 块。

（4）探头保护膜 10 个。

（5）保护膜紧固螺丝 20 个。

2. 设备准备

（1）钢轨探伤仪 1 台。

（2）GTS-60C 试块 1 块。

3. 工、量、刃、卡具准备

（1）专用工具包 1 个。

（2）150 mm 活扳手 1 把。

（3）300 mm 钢板尺 1 把。

4. 考场准备

（1）光照：自然光或 100 W 白炽灯。

（2）考位安静与外界隔离。

（3）面积不小于 20 m^2。

（4）室温保持常温。

二、考生准备

（1）劳动保护用品及记录笔等。

（2）准考证、身份证。

钢轨探伤工初级工操作技能考核试卷（1）

试题名称：更换探头保护膜并添加耦合剂

一、技术要求

1. 对钢轨探伤仪各探头保护膜进行更换并添加耦合剂。
2. 每个探头与保护膜间添加的耦合剂要适中。

二、考核要求

1. 遵守考场纪律和考核时间。
2. 更换 1 台钢轨探伤仪保护膜并添加耦合剂。
3. 考试场地整洁，设备、工具及备品摆放整齐。

三、考核时限

1. 准备时间：5 分钟。
2. 正式操作时间：30 分钟。
3. 计时从_____开始，到_____结束。
4. 规定时间内全部完成不加分，也不扣分。每超时 1 分钟，从总分中扣 1 分，总超时 5 分钟停止作业。

四、考核评分

1. 考评人数：3 人或以上。
2. 评分要点：保护膜更换方法正确、耦合剂添加适中。
3. 评分程序：检查操作方法，分析操作结果。
4. 评分规则：各项配分扣完为止，不出现负分；考评员按考核评分记录表各自打分，取平均分数为总分，按技能考核评分记录表计算总分。

五、否定项

若考生发生下列情况之一，则应及时终止其考试，考生该试题成绩记为零分。
1. 未按规定时间到达考场或擅自离开考场。
2. 无准考证或其身份与准考证不符。
3. 违反考场纪律，不听考评员指挥、利用通信设备相互传送探伤结果及故意损坏机具等。

钢轨探伤工初级工操作技能考核评分记录表（1）

准考证号：_____ 姓名：_____ 单位：_____

试题名称：更换探头保护膜并添加耦合剂

考核时间：30分钟。

操作开始时间：　　　时　　　分　　　　　　操作结束时间：　　　时　　　分

序号	考核内容	考核要点	配分	评分标准	扣分	得分
1	时间	遵守考核时间	5	每超时1分钟，从总分中扣2分，总超时5分钟停止作业		
2	设备调整与检修	1. 正确更换探头保护膜。 2. 耦合剂添加适中	80	1. 配分：更换探头保护膜占50分，添加耦合剂占30分。 2. 更换保护膜：更换 n 个探头保护膜，每个更换正确得 $50/n$ 分，不正确不得分。 3. 添加耦合剂：添加 n 个探头保护膜耦合剂，每个正确得 $30/n$ 分，不正确不得分。		
3	设备工具使用	正确使用设备、工具及备品，并摆放整齐	5	1. 仪器调整不当、使用方法不正确扣5分。 2. 考试场地不整洁，仪器、试块、工具及备品摆放不整齐扣1~2分		
4	安全及其他	穿戴劳保服装、备齐考核用品	10	劳动保护服装未穿戴或不全扣1~2分		
	合计		100			

否定项：若考生发生下列情况之一，则应及时终止其考试，考生该试题成绩记为零分。

（1）未按规定时间到达考场或擅自离开考场。

（2）无准考证或其身份与准考证不符。

（3）违反考场纪律、不听考评员指挥、利用通信设备相互传送探伤结果及故意损坏机具等。

考评员：　　　　　　　　　总分人：　　　　　　　　　　　　　年　　月　　日

钢轨探伤工初级工操作技能考核准备通知单（2）

试题名称：调整钢轨探伤仪小方门和探伤灵敏度
考核时间：30 分钟。

一、鉴定站准备

1. 材料准备

（1）耦合剂：水（10 L）。
（2）棉纱若干。
（3）书写板。

2. 设备准备

（1）钢轨探伤仪 1 台。
（2）GTS-60C 试块 1 块。
（3）60 kg/m 钢轨：长 1.5 m，2 根。
（4）钢轨探伤探头 1 套。

3. 工、量、刃、卡具准备

（1）专用工具包 1 个。
（2）150 mm 活扳手 1 把。
（3）300 mm 钢板尺 1 把。

4. 考场准备

（1）光照：自然光或 100 W 白炽灯。
（2）考位安静与外界隔离。
（3）面积不小于 20 m^2。
（4）室温保持常温。

二、考生准备

（1）劳动保护用品及记录笔等。
（2）准考证、身份证。

钢轨探伤工初级工操作技能考核试卷（2）

试题名称：调整钢轨探伤仪小方门和探伤灵敏度

一、技术要求

1. 小方门的位置和宽度调节应能与 43~75 kg/m 钢轨各探测方式相适应。
2. 探伤灵敏度应符合《钢轨探伤管理规则》中的有关规定。

二、考核要求

1. 遵守考场纪律和考核时间。
2. 探伤灵敏度调整要在 GTS-60C 试块试上进行。
3. 考试场地整洁，设备、工具及备品摆放整齐。

三、考核时限

1. 准备时间：5 分钟。
2. 正式操作时间：30 分钟。
3. 计时从_____开始，到_____结束。
4. 规定时间内全部完成不加分，也不扣分。每超时 1 分钟，从总分中扣 1 分，总超时 5 分钟停止作业。

四、考核评分

1. 考评人数：3 人或以上。
2. 评分要点：小方门和探伤灵敏度调整方法正确。
3. 评分程序：检查调整方法，分析操作结果。
4. 评分规则：各项配分扣完为止，不出现负分；考评员按考核评分记录表各自打分，取平均分数为总分，按技能考核评分记录表计算总分。

五、否定项

若考生发生下列情况之一，则应及时终止其考试，考生该试题成绩记为零分。
1. 未按规定时间到达考场或擅自离开考场。
2. 无准考证或其身份与准考证不符。
3. 违反考场纪律，不听考评员指挥、利用通信设备相互传送探伤结果及故意损坏机具等。

钢轨探伤工初级工操作技能考核评分记录表（2）

准考证号：_____ 姓名：_____ 单位：_____

试题名称：调整钢轨探伤仪小方门和探伤灵敏度

考核时间：30分钟。

操作开始时间：　　时　　分　　　　　　操作结束时间：　　时　　分

序号	考核内容	考核要点	配分	评分标准	扣分	得分
1	时间	遵守考核时间	5	每超时1分钟，从总分中扣2分，总超时5分钟停止作业		
2	设备调整与检修	1. 正确调整仪器小方门位置和宽度。2. 正确调整各通道探伤灵敏度	80	1. 配分：小方门调整占20分，灵敏度调整占60分。2. 每台仪器调整n个小方门，每个方门位置和宽度调整正确得$20/n$分，不正确不得分。3. 每台仪器有n个探头通道，每个通道探伤灵敏度调整正确得$60/n$分，不正确不得分		
3	设备工具使用	正确使用设备、工具及备品，并摆放整齐	5	1. 仪器调整不当、使用方法不正确扣5分。2. 考试场地不整洁，仪器、试块、工具及备品摆放不整齐扣1~2分		
4	安全及其他	1. 穿戴劳动保护服装、备齐考核用品。2. 防止设备损坏，碰手、砸伤人员	10	1. 发生仪器损坏扣10分。2. 考核用品准备不全扣1~2分。3. 劳动保护服装未穿戴或不全扣1~2分		
	合计		100			

否定项：若考生发生下列情况之一，则应及时终止其考试，考生该试题成绩记为零分。
（1）未按规定时间到达考场或擅自离开考场。
（2）无准考证或其身份与准考证不符。
（3）违反考场纪律，不听考评员指挥、利用通信设备相互传送探伤结果及故意损坏机具等

考评员：　　　　　　　总分人：　　　　　　　　　　　　年　　月　　日

钢轨探伤工初级工操作技能考核准备通知单（3）

试题名称：测定钢轨探伤仪缺陷检出能力

考核时间：40分钟。

一、鉴定站准备

1. 材料准备

（1）耦合剂：黄油（或凡士林、润滑脂）1盒、水10 L。

（2）棉纱若干。

（3）砂纸若干。

（4）钢丝刷1把。

（5）书写板（每人1个）。

2. 设备准备

（1）多通道钢轨探伤仪1台（状态良好，水箱注满水）。

（2）GTS-60C试块1块。

（3）60 kg/m钢轨：长1.5 m，2根。

（4）钢轨探伤仪备用探头1套。

3. 工、量、刃、卡具准备

（1）专用工具包1个。

（2）150 mm活动扳手1把。

（3）150 mm钢板尺1个。

（4）2 m钢卷尺1个。

4. 考场准备

（1）光照：自然光或100 W白炽灯。

（2）考位安静与外界隔离。

（3）面积不小于20 m^2。

（4）室温保持常温。

二、考生准备

（1）劳动保护用品、函数计算器及记录笔等。

（2）准考证、身份证。

钢轨探伤工初级工操作技能考核试卷（3）

试题名称：测定钢轨探伤仪缺陷检出能力

一、技术要求

1. 钢轨探伤仪各项技术指标应符合行业标准 TB/T 2340—2012 中的有关规定。
2. 钢轨探伤仪探头各项技术指标应符合行业标准 TB/T 2340—2012 中的有关规定。

二、考核要求

1. 遵守考场纪律和考核时间。
2. 测定钢轨探伤仪各通道缺陷检出能力，并写出测试结果。
3. 正确执行安全技术操作规程。
4. 考试场地整洁，设备、工具及备品摆放整齐，工作服装穿戴齐全。

三、考核时限

1. 准备时间：5 分钟。
2. 正式操作时间：40 分钟。
3. 计时从＿＿＿＿开始，到＿＿＿＿结束。
4. 规定时间内全部完成不加分，也不扣分。每超时 1 分钟，从总分中扣 1 分，总超时 5 分钟停止作业。

四、考核评分

1. 考评人数：3 人或以上。
2. 评分要点：测定方法正确，数据记录清楚、准确。
3. 评分程序：检查测定方法，分析测定结果。
4. 评分规则：各项配分扣完为止，不出现负分；考评员按考核评分记录表各自打分，取平均分数为总分，按技能考核评分记录表计算总分。

五、否定项

若考生发生下列情况之一，则应及时终止其考试，考生该试题成绩记为零分。
1. 未按规定时间到达考场或擅自离开考场。
2. 无准考证或其身份与准考证不符。
3. 违反考场纪律，不听考评员指挥、利用通信设备相互传送探伤结果及故意损坏机具等。

钢轨探伤工初级工操作技能考核评分记录表（3）

准考证号：_____ 姓名：_____ 单位：_____

试题名称：测定钢轨探伤仪缺陷检出能力

考核时间：40 分钟。

操作开始时间： 时 分 操作结束时间： 时 分

序号	考核内容	考核要点	配分	评分标准	扣分	得分
1	时间	遵守考核时间。	5	每超时 1 分钟，从总分中扣 2 分，总超时 5 分钟停止作业		
2	设备检修	1. 正确测定各通道缺陷检出能力。 2. 写出各通道测试结果	80	1. 各通道缺陷检出能力以考评人员测得的数值为准。 2. 配分：每台仪器有 n 个探头通道，每个通道占 $60/n$ 分，各通道书面测试结果占 $20/n$ 分。 3. 每通道测试结果：误差 2 dB 得 $60/n$ 分，误差 4 dB 得 $60/n×0.8$ 分，误差 6 dB 得 $60/n×0.6$ 分，误差 8 dB 得 $60/n×0.4$ 分，误差 9 dB 及以上不得分，每漏测 1 个通道扣 $60/n$ 分。 4. 写出各通道书面测试结果得 $20/n$ 分，每漏写 1 个通道扣 $20/n$ 分		
3	设备工具使用	正确使用设备、工具及备品，并摆放整齐	5	1. 仪器调整、使用方法不正确扣 1~3 分。 2. 考试场地不整洁，仪器、试块、工具及备品摆放不整齐扣 1~2 分		
4	安全及其他	1. 仪器推行时，防止滑落摔倒，损坏设备、砸伤人员。 2. 穿戴劳保服装、备齐考核用品	10	1. 未正确执行安全技术操作规程扣 5 分。 2. 考核用品准备不全（如函数计算器、记录笔等）扣 1~2 分。 3. 劳动保护服装未穿戴或不全扣 1~2 分		
	合计		100			

否定项：若考生发生下列情况之一，则应及时终止其考试，考生该试题成绩记为零分。

（1）未按规定时间到达考场或擅自离开考场。

（2）无准考证或其身份与准考证不符。

（3）违反考场纪律，不听考评员指挥、利用通信设备相互传送探伤结果及故意损坏机具等

考评员： 总分人： 年 月 日

钢轨探伤工初级工操作技能考核准备通知单（4）

试题名称：试验钢轨探伤仪 37°和 70°探头通道灵敏度余量

考核时间：40 分钟。

一、鉴定站准备

1. 材料准备

（1）耦合剂：黄油（或凡士林、润滑脂）1 盒、机油 500 g。

（2）棉纱若干。

（3）书写板（每人 1 个）。

（4）毛刷 1 把。

2. 设备准备

（1）多通道钢轨探伤仪 1 台（状态良好）。

（2）WGT-3 试块 1 块。

（3）钢轨探伤仪备用探头 1 套。

3. 工、量、刃、卡具准备

（1）专用工具包 1 个。

（2）150 mm 活动扳手 1 把。

（3）150 mm 钢板尺 1 个。

（4）2m 钢卷尺 1 个。

4. 考场准备

（1）光照：自然光或 100 W 白炽灯。

（2）考位安静与外界隔离。

（3）面积不小于 20 m²。

（4）室温保持常温。

二、考生准备

（1）劳动保护用品、函数计算器及记录笔等。

（2）准考证、身份证。

钢轨探伤工初级工操作技能考核试卷（4）

试题名称：试验钢轨探伤仪 37°和 70°探头通道灵敏度余量

一、技术要求

1. 钢轨探伤仪试验方法按行业标准 TB/T 2340—2012 中的有关规定执行。
2. 使用的探头各项技术指标应符合行业标准 TB/T 2340—2012 中的有关规定。

二、考核要求

1. 遵守考场纪律和考核时间。
2. 试验探头通道数：37°探头通道 2 个、70°探头通道 2 个。
3. 应在 WGT-3 试块上进行试验，试验结束后，钢轨探伤仪应恢复到组装状态，并写出书面试验结果。
4. 正确执行安全技术操作规程。
5. 考试场地整洁，设备、工具及备品摆放整齐，工作服装穿戴齐全。

三、考核时限

1. 准备时间：5 分钟。
2. 正式操作时间：40 分钟。
3. 计时从_____开始，到_____结束。
4. 规定时间内全部完成不加分，也不扣分。每超时 1 分钟，从总分中扣 1 分，总超时 5 分钟停止作业。

四、考核评分

1. 考评人数：3 人或以上。
2. 评分要点：各通道灵敏度余量测定方法正确，数据记录清楚准确。
3. 评分程序：检查各考核项目操作方法及顺序，评价各项考核结果。
4. 评分规则：各项配分扣完为止，不出现负分；考评员按考核评分记录表各自打分，取平均分数为总分，按技能考核评分记录表计算总分。

五、否定项

若考生发生下列情况之一，则应及时终止其考试，考生该试题成绩记为零分。
1. 未按规定时间到达考场或擅自离开考场。
2. 无准考证或其身份与准考证不符。
3. 违反考场纪律，不听考评员指挥、利用通信设备相互传送探伤结果及故意损坏机具等。

钢轨探伤工初级工操作技能考核评分记录表（4）

准考证号：_____ 姓名：_____ 单位：_____

试题名称：试验钢轨探伤仪 37°和 70°探头通道灵敏度余量

考核时间：40 分钟。

操作开始时间：　　　时　　　分　　　　　操作结束时间：　　　时　　　分

序号	考核内容	考核要点	配分	评分标准	扣分	得分
1	时间	遵守考核时间	5	每超时 1 分钟，从总分中扣 2 分，总超时 5 分钟停止作业		
2	设备调整	1. 试验 2 个 37°探头通道灵敏度余量。 2. 试验 2 个 70°探头通道灵敏度余量。 3. 正确写出每个通道书面试验结果	80	1. 配分：各通道灵敏度余量试验占 60 分，每个通道占 15 分；书面试验结果占 10 分；将仪器恢复到组装状态占 10 分。 2. 每个通道试验结果误差（dB）/得分：2 dB/15 分，4 dB/10 分，6 dB/5 分，7 dB 及以上得 2 分。 3. 写出每个通道书面试验结果得 2.5 分，未写出不得分。 4. 将仪器恢复到组装状态得 10 分，未恢复不得分		
3	设备工具使用	正确使用设备、工具及备品，并摆放整齐	5	1. 仪器调整、使用方法不正确扣 1~3 分。 2. 考试场地不整洁，仪器、试块、工具及备品摆放不整齐扣 1~2 分		
4	安全及其他	1. 仪器操作时防止滑落摔倒，损坏设备、砸伤人员。 2. 穿戴劳保服装、备齐考核用品	10	1. 未正确执行安全技术操作规程扣 5 分。 2. 考核用品准备不全（如函数计算器、记录笔等）扣 1~2 分。 3. 劳动保护服装未穿戴或不全扣 1~2 分		
	合计		100			

否定项：若考生发生下列情况之一，则应及时终止其考试，考生该试题成绩记为零分。
（1）未按规定时间到达考场或擅自离开考场。
（2）无准考证或其身份与准考证不符。
（3）违反考场纪律，不听考评员指挥、利用通信设备相互传送探伤结果及故意损坏机具等

考评员：　　　　　　　　总分人：　　　　　　　　　　　　　　　年　　月　　日

钢轨探伤工初级工操作技能考核准备通知单（5）

试题名称：试验钢轨探伤仪 0°和 70°探头通道灵敏度余量

考核时间：40 分钟。

一、鉴定站准备

1. 材料准备

（1）耦合剂：黄油（或凡士林、润滑脂）1 盒、机油 500 g。

（2）棉纱若干。

（3）书写板（每人 1 个）。

（4）毛刷 1 把。

2. 设备准备

（1）多通道钢轨探伤仪 1 台。

（2）WGT-3 试块 1 块。

（3）钢轨探伤仪备用探头 1 套。

3. 工、量、刃、卡具准备

（1）专用工具包 1 个。

（2）150 mm 活动扳手 1 把。

（3）150 mm 钢板尺 1 个。

（4）2 m 钢卷尺 1 个。

4. 考场准备

（1）光照：自然光或 100 W 白炽灯。

（2）考位安静与外界隔离。

（3）面积不小于 20 m^2。

（4）室温保持常温。

二、考生准备

（1）劳动保护用品、函数计算器及记录笔等。

（2）准考证、身份证。

钢轨探伤工初级工操作技能考核试卷（5）

试题名称：试验钢轨探伤仪 0°和 70°探头通道灵敏度余量

一、技术要求

1. 钢轨探伤仪试验方法按行业标准 TB/T 2340—2000 中的有关规定执行。
2. 使用的探头各项技术指标应符合行业标准 TB/T 2340—2012 中的有关规定。

二、考核要求

1. 遵守考场纪律和考核时间。
2. 试验探头通道数：0°探头通道 1 个、70°探头通道 2 个。
3. 应在 WGT-3 试块上进行试验，试验结束后，钢轨探伤仪应恢复到组装状态，并写出书面试验结果。
4. 正确执行安全技术操作规程。
5. 考试场地整洁，设备、工具及备品摆放整齐，工作服装穿戴齐全。

三、考核时限

1. 准备时间：5 分钟。
2. 正式操作时间：40 分钟。
3. 计时从_____开始，到_____结束。
4. 规定时间内全部完成不加分，也不扣分。每超时 1 分钟，从总分中扣 1 分，总超时 5 分钟停止作业。

四、考核评分

1. 考评人数：3 人或以上。
2. 评分要点：各通道灵敏度余量测定方法正确，数据记录清楚准确。
3. 评分程序：检查各考核项目操作方法及顺序，评价各项考核结果。
4. 评分规则：各项配分扣完为止，不出现负分；考评员按考核评分记录表各自打分，取平均分数为总分，按技能考核评分记录表计算总分。

五、否定项

若考生发生下列情况之一，则应及时终止其考试，考生该试题成绩记为零分。
1. 未按规定时间到达考场或擅自离开考场。
2. 无准考证或其身份与准考证不符。
3. 违反考场纪律，不听考评员指挥、利用通信设备相互传送探伤结果及故意损坏机具等。

钢轨探伤工初级工操作技能考核评分记录表（5）

准考证号：＿＿＿＿＿＿　　姓名：＿＿＿＿＿＿　　单位：＿＿＿＿＿＿＿

试题名称：试验钢轨探伤仪 0°和 70°探头通道灵敏度余量

考核时间：40 分钟。

操作开始时间：　　　时　　　分　　　　　操作结束时间：　　　时　　　分

序号	考核内容	考核要点	配分	评分标准	扣分	得分
1	时间	遵守考核时间	5	每超时 1 分钟，从总分中扣 2 分，总超时 5 分钟停止作业		
2	设备调整	1. 试验 1 个 0°+37°探头 0°通道灵敏度余量。 2. 试验 2 个 70°探头通道灵敏度余量。 3. 正确写出每个通道书面试验结果	80	1. 配分：各通道灵敏度余量试验占 60 分，每个通道占 20 分；书面试验结果占 10 分；将仪器恢复到组装状态占 10 分。 2. 每个通道试验结果误差（dB）/得分：2 dB/20 分，4 dB/16 分，6 dB/5 分，7 dB 及以上得 2 分。 3. 写出每个通道书面试验结果得 2.5 分，未写出不得分。 4. 将仪器恢复到组装状态得 10 分，未恢复不得分		
3	设备工具使用	正确使用设备、工具及备品，并摆放整齐	5	1. 仪器调整、使用方法不正确扣 1~3 分。 2. 考试场地不整洁，仪器、试块、工具及备品摆放不整齐扣 1~2 分		
4	安全及其他	1. 仪器操作时防止滑落摔倒，损坏设备、砸伤人员。 2. 穿戴劳保服装、备齐考核用品	10	1. 未正确执行安全技术操作规程扣 5 分。 2. 考核用品准备不全（如函数计算器、记录笔等）扣 1~2 分。 3. 劳动保护服装未穿戴或不全扣 1~2 分		
	合计		100			

否定项：若考生发生下列情况之一，则应及时终止其考试，考生该试题成绩记为零分。
（1）未按规定时间到达考场或擅自离开考场。
（2）无准考证或其身份与准考证不符。
（3）违反考场纪律，不听考评员指挥、利用通信设备相互传送探伤结果及故意损坏机具等

考评员：　　　　　　　总分人：　　　　　　　　　　　　　年　　月　　日

钢轨探伤工初级工操作技能考核准备通知单（6）

试题名称：测试钢轨探伤仪斜探头入射点、前沿长度
考核时间：30 分钟。

一、鉴定站准备

1. 材料准备
（1）耦合剂：黄油（或凡士林、润滑脂）1 盒、机油 500 g。
（2）棉纱若干。
（3）砂纸若干。
（4）钢丝刷 1 把。
（5）书写板（每人 1 个）。

2. 设备准备
（1）钢轨探伤仪 1 台。
（2）CSK-1A 试块 1 块。
（3）钢轨探伤仪探头：37°和 70°各 1 只。

3. 工、量、刃、卡具准备
（1）适用于钢轨探伤仪工具包 1 个。
（2）150 mm 活动扳手 1 把。
（3）150 mm 钢板尺 1 个。
（4）2 m 钢卷尺 1 个。

4. 考场准备
（1）光照：自然光或 100 W 白炽灯。
（2）考位安静与外界隔离。
（3）面积不小于 20 m^2。
（4）室温保持常温。

二、考生准备

（1）劳动保护用品、函数计算器及记录笔等。
（2）准考证、身份证。

钢轨探伤工初级工操作技能考核试卷（6）

试题名称：测试钢轨探伤仪斜探头入射点、前沿长度

一、技术要求

1. 超声波探伤仪各项技术指标应符合行业标准 TB/T 2634—2012 中的有关规定。
2. 探头测试方法应符合行业标准 TB/T 2634—2012 中的有关规定。
3. 仪器调整状态应符合《钢轨探伤管理规则》中的有关规定。

二、考核要求

1. 遵守考场纪律和考核时间。
2. 测定前沿长度，37°和70°探头各1只，在 CSK-1A 试块上进行测试，并写出试验结果；考试前考评员负责测定各探头的入射点、前沿长度。
3. 正确执行安全技术操作规程。
4. 考试场地整洁，设备、工具及备品摆放整齐，工作服装穿戴齐全。

三、考核时限

1. 准备时间：5 分钟。
2. 正式操作时间：30 分钟。
3. 计时从_____开始，到_____结束。
4. 规定时间内全部完成不加分，也不扣分。每超时 1 分钟，从总分中扣 1 分，总超时 5 分钟停止作业。

四、考核评分

1. 考评人数：3 人或以上。
2. 评分要点：探头入射点、前沿长度的测定方法正确，数据记录清楚准确。
3. 评分程序：检查测定方法，分析测定结果。
4. 评分规则：各项配分扣完为止，不出现负分；考评员按考核评分记录表各自打分，取平均分数为总分，按技能考核评分记录表计算总分。

五、否定项

若考生发生下列情况之一，则应及时终止其考试，考生该试题成绩记为零分。

1. 未按规定时间到达考场或擅自离开考场。
2. 无准考证或其身份与准考证不符。
3. 违反考场纪律，不听考评员指挥、利用通信设备相互传送探伤结果及故意损坏机具等。

钢轨探伤工初级工操作技能考核评分记录表（6）

准考证号：_____ 姓名：_____ 单位：_____

试题名称：测试钢轨探伤仪斜探头入射点、前沿长度

考核时间：30分钟。

操作开始时间：　　时　　分　　　　　　　操作结束时间：　　时　　分

序号	考核内容	考核要点	配分	评分标准	扣分	得分
1	时间	遵守考核时间	5	每超时1分钟，从总分中扣2分，总超时5分钟停止作业		
2	设备检测	测定钢轨探伤仪37°和70°探头入射点、前沿长度	80	1. 配分：探头测试占60分，每个探头占30分；测试方法步骤占20分，每个探头占10分；无书面测试结果不得分。 2. 以考评员测定的各探头入射点、前沿长度为标准。 3. 每只探头测试结果误差（dB）/得分：1mm/15分，2mm/10分，3mm及以上得5分。 4. 测试方法步骤正确得20分，每只探头每项不正确扣2分。 5. 每只探头未写出书面测试结果扣20分		
3	设备工具使用	正确使用设备、工具及备品，并摆放整齐	5	1. 仪器调整、使用方法不正确扣1~3分。 2. 考试场地不整洁，仪器、试块、工具及备品摆放不整齐扣1~2分		
4	安全及其他	1. 仪器操作时防止滑落摔倒，损坏设备、砸伤人员。 2. 穿戴劳保服装、备齐考核用品	10	1. 未正确执行安全技术操作规程扣5分。 2. 考核用品准备不全（如函数计算器、记录笔等）扣1~2分。 3. 劳动保护服装未穿戴或不全扣1~2分		
合计			100			

否定项：若考生发生下列情况之一，则应及时终止其考试，考生该试题成绩记为零分。

（1）未按规定时间到达考场或擅自离开考场。

（2）无准考证或其身份与准考证不符。

（3）违反考场纪律，不听考评员指挥、利用通信设备相互传送探伤结果及故意损坏机具等

考评员：　　　　　　　总分人：　　　　　　　　　　　　　年　　月　　日

钢轨探伤工初级工操作技能考核准备通知单（7）

试题名称：用钢轨探伤仪探测钢轨螺孔斜裂纹、水平裂纹
考核时间：40分钟。

一、鉴定站准备

1. 材料准备

（1）耦合剂：黄油（或凡士林、润滑脂）1盒、水10 L、机油500 g。
（2）棉纱若干。
（3）砂纸若干。
（4）钢丝刷1把。
（5）书写板（每人1个）。

2. 设备准备

（1）钢轨探伤仪1台（状态良好，水箱注满水）。
（2）GTS-60C试块1块。
（3）钢轨探伤仪备用探头1套。
（4）探伤用60 kg/m钢轨5根，每根长度为2 m，两端按标准轨尺寸钻孔，用夹板连接，其中有钢轨螺孔斜裂纹2处、水平裂纹1处；引轨2根，每根长度为1~1.5 m，一端按标准轨尺寸钻孔并用夹板与探伤用轨连接。

3. 工、量、刃、卡具准备

（1）专用工具包1个。
（2）150 mm活动扳手1把。
（3）150 mm钢板尺1个。
（4）2 m钢卷尺1个。

4. 考场准备

（1）光照：自然光或100 W白炽灯。
（2）考位安静与外界隔离。
（3）面积不小于20 m^2。
（4）室温保持常温。

二、考生准备

（1）劳动保护用品、函数计算器及记录笔等。
（2）准考证、身份证。

钢轨探伤工初级工操作技能考核试卷（7）

试题名称：用钢轨探伤仪探测钢轨螺孔斜裂纹、水平裂纹

一、技术要求

钢轨探伤仪、探头各项技术指标应符合行业标准 TB/T 2340—2012 中的有关规定，仪器调整状态应符合《钢轨探伤管理规则》中的有关规定。

二、考核要求

1. 遵守考场纪律和考核时间。
2. 仪器灵敏度调整要在 GTS-60C 试块上进行。
3. 正确执行安全技术操作规程。
4. 考试场地整洁，设备、工具及备品摆放整齐，工作服装穿戴齐全。

三、考核时限

1. 准备时间：5 分钟。
2. 正式操作时间：40 分钟。
3. 计时从_____开始，到_____结束。
4. 规定时间内全部完成不加分，也不扣分。每超时 1 分钟，从总分中扣 1 分，总超时 5 分钟停止作业。

四、考核评分

1. 考评人数：3 人或以上。
2. 评分要点：探伤方法正确，数据记录清楚，伤损判定准确。
3. 评分程序：检查探伤方法，分析伤损判定结果。
4. 评分规则：各项配分扣完为止，不出现负分；考评员按考核评分记录表各自打分，取平均分数为总分，按技能考核评分记录表计算总分。

五、否定项

若考生发生下列情况之一，则应及时终止其考试，考生该试题成绩记为零分。
1. 未按规定时间到达考场或擅自离开考场。
2. 无准考证或其身份与准考证不符。
3. 违反考场纪律，不听考评员指挥、利用通信设备相互传送探伤结果及故意损坏机具等。

钢轨探伤工初级工操作技能考核评分记录表（7）

准考证号：_____ 姓名：_____ 单位：_____

试题名称：用钢轨探伤仪探测钢轨螺孔斜裂纹、水平裂纹

考核时间：40分钟。

操作开始时间：　　时　　分　　　　　操作结束时间：　　时　　分

序号	考核内容	考核要点	配分	评分标准	扣分	得分
1	时间	遵守考核时间	5	每超时1分钟，从总分中扣2分，总超时5分钟停止作业		
2	探伤操作	1. 正确调整探伤灵敏度。2. 正确检出钢轨螺孔斜裂纹、水平裂纹	80	1. 配分：探伤灵敏度调整占20分；伤损检出占60分，每个占30分。2. 探伤灵敏度调整得分：调整正确得20分，每个通道不正确扣4分。3. 伤损检出得分：每个螺孔斜裂纹、水平裂纹所在孔位正确，按检出计，得40分，孔位不正确按该伤损未检出计，不得分		
3	设备工具使用	正确使用设备、工具及备品，并摆放整齐	5	1. 仪器调整、使用方法不正确扣1~3分。2. 考试场地不整洁，仪器、试块、工具及备品摆放不整齐扣1~2分		
4	安全及其他	1. 仪器推行要稳，防止滑落摔倒，损坏设备、砸伤人员。2. 穿戴劳保服装、备齐考核用品	10	1. 未正确执行安全技术操作规程扣5分。2. 考核用品准备不全（如函数计算器、记录笔等）扣1~2分。3. 劳动保护服装未穿戴或不全扣1~2分		
	合计		100			

否定项：若考生发生下列情况之一，则应及时终止其考试，考生该试题成绩记为零分。
（1）未按规定时间到达考场或擅自离开考场。
（2）无准考证或其身份与准考证不符。
（3）违反考场纪律，不听考评员指挥、利用通信设备相互传送探伤结果及故意损坏机具等

考评员：_____　　总分人：_____　　　　　　年　　月　　日

钢轨探伤工初级工操作技能考核准备通知单（8）

试题名称：测定钢轨探伤仪探测范围

考核时间：40 分钟。

一、鉴定站准备

1. 材料准备

（1）耦合剂：黄油（或凡士林、润滑脂）1 盒、水 10 L、机油 500 g。

（2）棉纱若干。

（3）砂纸若干。

（4）钢丝刷 1 把。

（5）书写板（每人 1 个）。

2. 设备准备

（1）钢轨探伤仪 1 台（状态良好，水箱注满水）。

（2）CSK-1A 试块 1 块。

（3）钢轨探伤仪备用探头 1 套。

3. 工、量、刃、卡具准备

（1）专用工具包 1 个。

（2）150 mm 活动扳手 1 把。

（3）150 mm 钢板尺 1 个。

（4）2 m 钢卷尺 1 个。

4. 考场准备

（1）光照：自然光或 100 W 白炽灯。

（2）考位安静与外界隔离。

（3）面积不小于 20 m^2。

（4）室温保持常温。

二、考生准备

（1）劳动保护用品、函数计算器及记录笔等。

（2）准考证、身份证。

钢轨探伤工初级工操作技能考核试卷（8）

试题名称：测定钢轨探伤仪探测范围

一、技术要求

钢轨探伤仪、探头各项性能技术指标应符合行业标准 TB/T 2340—2012 中的有关规定，仪器调整状态应符合《钢轨探伤管理规则》中的有关规定。

二、考核要求

1. 遵守考场纪律和考核时间。
2. 探伤范围测试在 CSK-1A 试块上进行。
3. 正确执行安全技术操作规程。
4. 考试场地整洁，设备、工具及备品摆放整齐，工作服装穿戴齐全。

三、考核时限

1. 准备时间：5 分钟。
2. 正式操作时间：40 分钟。
3. 计时从_____开始，到_____结束。
4. 规定时间内全部完成不加分，也不扣分。每超时 1 分钟，从总分中扣 1 分，总超时 5 分钟停止作业。

四、考核评分

1. 考评人数：3 人或以上。
2. 评分要点：探伤方法正确，数据记录清楚，伤损判定准确。
3. 评分程序：检查测试方法，分析测试结果。
4. 评分规则：各项配分扣完为止，不出现负分；考评员按考核评分记录表各自打分，取平均分数为总分，按技能考核评分记录表计算总分。

五、否定项

若考生发生下列情况之一，则应及时终止其考试，考生该试题成绩记为零分。

1. 未按规定时间到达考场或擅自离开考场。
2. 无准考证或其身份与准考证不符。
3. 违反考场纪律，不听考评员指挥、利用通信设备相互传送探伤结果及故意损坏机具等。

钢轨探伤工初级工技能考核评分记录表（8）

准考证号：_____ 姓名：_____ 单位：_____

试题名称：测定钢轨探伤仪探测范围

考核时间：40分钟。

操作开始时间：　　时　　分　　　　　　操作结束时间：　　时　　分

序号	考核内容	考核要点	配分	评分标准	扣分	得分
1	时间	遵守考核时间	5	每超时1分钟，从总分中扣2分，总超时5分钟停止作业		
2	探伤操作	1. 正确测试钢轨探伤仪的探测范围。2. 正确调整钢轨探伤仪的探测范围	80	1. 配分：探测范围测试占60分（每个通道10分）；探测范围调整20分。2. 每个通道探测范围测试得分：正确得10分，每个通道不正确扣5分。测试误差≤5 mm。3. 探测范围调整得分：每个通道探测范围调整正确得3分，不正确按该伤损未检出计，不得分		
3	设备工具使用	正确使用设备、工具及备品，并摆放整齐	5	1. 仪器调整、使用方法不正确扣1~3分。2. 考试场地不整洁，仪器、试块、工具及备品摆放不整齐扣1~2分		
4	安全及其他	1. 防止滑落摔倒，损坏设备、砸伤人员。2. 穿戴劳保服装、备齐考核用品	10	1. 未正确执行安全技术操作规程扣5分。2. 考核用品准备不全（如函数计算器、记录笔等）扣1~2分。3. 劳动保护服装未穿戴或不全扣1~2分		
	合计		100			

否定项：若考生发生下列情况之一，则应及时终止其考试，考生该试题成绩记为零分。
（1）未按规定时间到达考场或擅自离开考场。
（2）无准考证或其身份与准考证不符。
（3）违反考场纪律，不听考评员指挥、利用通信设备相互传送探伤结果及故意损坏机具等。

考评员：　　　　　　总分人：　　　　　　　　　　　　　年　　月　　日

任务二　钢轨探伤工中级操作技能考核

钢轨探伤工中级工操作技能考核准备通知单（1）

试题名称：调整钢轨探伤仪判伤灵敏度，并对螺孔斜裂纹进行判定

考核时间：30 分钟。

一、鉴定站准备

1. 材料准备

（1）耦合剂：黄油（或凡士林、润滑脂）1 盒、机油 500 g。

（2）棉纱若干。

（3）砂纸若干。

（4）钢丝刷 1 把。

（5）书写板（每人 1 个）。

2. 设备准备

（1）多通道钢轨探伤仪 1 台（状态良好）。

（2）GTS-60C 试块 1 块。

（3）钢轨探伤仪探头：0°、37°和 70°各 1 只。

（4）探伤用 60 kg/m 钢轨 5 根，每根长度约为 2 m，两端按标准轨尺寸钻孔，用夹板连接，其中螺孔Ⅰ或Ⅱ象限有上斜裂纹 1 处；引轨 2 根，每根长度为 1~1.5 m，一端按标准轨尺寸钻孔并用夹板与探伤用轨连接。

3. 工、量、刃、卡具准备

（1）适用于钢轨探伤仪工具包 1 个。

（2）150 mm 活动扳手 1 把。

（3）150 mm 钢板尺 1 个。

（4）2 m 钢卷尺 1 个。

4. 考场准备

（1）光照：自然光或 100 W 白炽灯。

（2）考位安静与外界隔离。

（3）面积不小于 20 m²。

（4）室温保持常温。

二、考生准备

（1）劳动保护用品、函数计算器及记录笔等。

（2）准考证、身份证。

钢轨探伤工中级工操作技能考核试卷（1）

试题名称：调整钢轨探伤仪判伤灵敏度，并对螺孔斜裂纹进行判定

一、技术要求

1. 钢轨探伤仪各项技术指标应符合行业标准 TB/T 2340—2012 中的有关规定，仪器调整状态应符合《钢轨探伤管理规则》中的有关规定。
2. 钢轨探伤仪探头各项技术指标应符合行业标准 TB/T 2340—2012 中的有关规定。

二、考核要求

1. 遵守考场纪律和考核时间。
2. 利用 GTS-60C 钢轨探伤试块，在钢轨探伤仪 0°、37°和 70°探头通道上分别调整伤损判定灵敏度，并对螺孔斜裂纹进行判定。
3. 写出调整伤损判定灵敏度和螺孔斜裂纹判定结果。
4. 正确执行安全技术操作规程。
5. 考试场地整洁，设备、工具及备品摆放整齐，工作服装穿戴齐全。

三、考核时限

1. 准备时间：5 分钟。
2. 正式操作时间：30 分钟。
3. 计时从_____开始，到_____结束。
4. 在规定时间内全部完成不加分，也不扣分。每超时 1 分钟，从总分中扣 1 分，总超时 10 分钟停止作业。

四、考核评分

1. 考评人数：3 人或以上。
2. 评分要点：判伤灵敏度调整和探伤方法正确，数据记录清楚准确。
3. 评分程序：检查判伤灵敏度调整方法，分析对伤损的判定结果。
4. 评分规则：各项配分扣完为止，不出现负分；考评员按考核评分记录表各自打分，取平均分数为总分，按技能考核评分记录表计算总分。

五、否定项

若考生发生下列情况之一，则应及时终止其考试，考生该试题成绩记为零分。
1. 未按规定时间到达考场或擅自离开考场。
2. 无准考证或其身份与准考证不符。
3. 违反考场纪律，不听考评员指挥、利用通信设备相互传送探伤结果及故意损坏机具等。

钢轨探伤工中级工能考核评分记录表（1）

准考证号：_____ 姓名：_____ 单位：_____

试题名称：调整钢轨探伤仪判伤灵敏度，并对螺孔斜裂纹进行判定

考核时间：30分钟。

操作开始时间：　　时　　分　　　　操作结束时间：　　时　　分

序号	考核内容	考核要点	配分	评分标准	扣分	得分
1	时间	遵守考核时间	5	每超时1分钟，从总分中扣2分，总超时5分钟停止作业		
2	设备调整	1. 正确调整钢轨探伤仪伤损判定灵敏度。2. 对螺孔斜裂纹进行判定	80	1. 配分：3个通道调整占60分，螺孔裂纹判定占20分；未写出调整和判定结果不得分。2. 以考评员测定的伤损判定灵敏度为标准。3. 每个通道测定结果误差（dB/得分）：2 dB/20分，4 dB/15分，6 dB/10分，7 dB及以上不得分。4. 螺孔裂纹判定误差（mm/得分）：2 mm/20分，4 mm/15分，6 mm/10分，7 mm及以上得5分		
3	设备工具使用	正确使用设备、工具及备品，并摆放整齐	5	1. 仪器调整、使用方法不正确扣1~3分。2. 考试场地不整洁，仪器、试块、工具及备品摆放不整齐扣1~2分		
4	安全及其他	1. 仪器操作时防止滑落摔倒，损坏设备、砸伤人员。2. 穿戴劳保服装、备齐考核用品	10	1. 未正确执行安全技术操作规程扣5分。2. 考核用品准备不全（如函数计算器、记录笔等）扣1~2分。3. 劳动保护服装未穿戴或不全扣1~2分		
	合计		100			

否定项：若考生发生下列情况之一，则应及时终止其考试，考生该试题成绩记为零分。

（1）未按规定时间到达考场或擅自离开考场。

（2）无准考证或其身份与准考证不符。

（3）违反考场纪律，不听考评员指挥、利用通信设备相互传送探伤结果及故意损坏机具等

考评员：　　　　　　　　总分人：　　　　　　　　　　　　　年　　月　　日

钢轨探伤工中级工操作技能考核准备通知单（2）

试题名称：测定钢轨探伤仪 37°和 70°探头的分辨力

考核时间：30 分钟。

一、鉴定站准备

1. 材料准备

（1）耦合剂：黄油（或凡士林、润滑脂）1 盒、机油 500 g。

（2）棉纱若干。

（3）砂纸若干。

（4）书写板（每人 1 个）。

（5）多功能电源插座 1 个。

2. 设备准备

（1）通用超声波探伤仪 1 台。

（2）CSK-1A 试块 1 块。

（3）钢轨探伤仪探头：37°和 70°各 2 只。

3. 工、量、刃、卡具准备

（1）专用工具包 1 个。

（2）150 mm 活动扳手 1 把。

（3）150 mm 钢板尺 1 个。

（4）2 m 钢卷尺 1 个。

4. 考场准备

（1）光照：自然光或 100 W 白炽灯。

（2）考位安静与外界隔离。

（3）面积不小于 20 m^2。

（4）室温保持常温。

二、考生准备

（1）劳动保护用品、函数计算器及记录笔等。

（2）准考证、身份证。

钢轨探伤工中级工操作技能考核试卷（2）

试题名称：测定钢轨探伤仪 37°和 70°探头的分辨力

一、技术要求

1. 超声波探伤仪各项技术指标应符合行业标准 TB/T 2340—2012 中的有关规定。
2. 探头测试方法应符合行业标准 TB/T 2340—2012 中的有关规定。

二、考核要求

1. 遵守考场纪律和考核时间。
2. 测定 37°和 70°探头（各 2 只）的分辨力，在 CSK-1A 试块上进行测试，并写出试验结果；考试前考评员负责测定各探头的分辨力。
3. 正确执行安全技术操作规程。
4. 考试场地整洁，设备、工具及备品摆放整齐，工作服装穿戴齐全。

三、考核时限

1. 准备时间：5 分钟。
2. 正式操作时间：30 分钟。
3. 计时从_____开始，到_____结束。
4. 规定时间内全部完成不加分，也不扣分。每超时 1 分钟，从总分中扣 1 分，总超时 5 分钟停止作业。

四、考核评分

1. 考评人数：3 人或以上。
2. 评分要点：探头分辨力的测定方法正确，数据记录清楚准确。
3. 评分程序：检查测定方法，分析测定结果。
4. 评分规则：各项配分扣完为止，不出现负分；考评员按考核评分记录表各自打分，取平均分数为总分，按技能考核评分记录表计算总分。

五、否定项

若考生发生下列情况之一，则应及时终止其考试，考生该试题成绩记为零分。

1. 未按规定时间到达考场或擅自离开考场。
2. 无准考证或其身份与准考证不符。
3. 违反考场纪律，不听考评员指挥、利用通信设备相互传送探伤结果及故意损坏机具等。

钢轨探伤工中级工操作技能考核评分记录表（2）

准考证号：_____　姓名：_____　单位：_____

试题名称：测定钢轨探伤仪 37°和 70°探头的分辨力

考核时间：30 分钟。

操作开始时间：　　　时　　　分　　　　　操作结束时间：　　　时　　　分

序号	考核内容	考核要点	配分	评分标准	扣分	得分
1	时间	遵守考核时间	5	每超时 1 分钟，从总分中扣 2 分，总超时 5 分钟停止作业		
2	设备检测	测定钢轨探伤仪 37°和 70°探头分辨力	80	1. 配分：探头测试占 60 分，每个探头占 15 分；测试方法步骤占 20 分，每个探头占 5 分；无书面测试结果不得分。 2. 以考评员测定的各探头分辨力为标准。 3. 每只探头测试结果误差（dB）/得分：2 dB /15 分，4 dB /10 分，6 dB 及以上得 5 分。 4. 测试方法步骤正确得 20 分，每只探头每项不正确扣 2 分。 5. 每只探头未写出书面测试结果扣 20 分		
3	设备工具使用	正确使用设备、工具及备品，并摆放整齐	5	1. 仪器调整、使用方法不正确扣 1～3 分。 2. 考试场地不整洁，仪器、试块、工具及备品摆放不整齐扣 1～2 分		
4	安全及其他	1. 仪器操作时防止滑落摔倒，损坏设备、砸伤人员。 2. 穿戴劳保服装、备齐考核用品	10	1. 未正确执行安全技术操作规程扣 5 分。 2. 考核用品准备不全（如函数计算器、记录笔等）扣 1～2 分。 3. 劳动保护服装未穿戴或不全扣 1～2 分		
	合计		100			

否定项：若考生发生下列情况之一，则应及时终止其考试，考生该试题成绩记为零分。

（1）未按规定时间到达考场或擅自离开考场。

（2）无准考证或其身份与准考证不符。

（3）违反考场纪律，不听考评员指挥、利用通信设备相互传送探伤结果及故意损坏机具等

考评员：　　　　　　　　总分人：　　　　　　　　　　　　　　　年　　月　　日

钢轨探伤工中级工操作技能考核准备通知单（3）

试题名称：测定钢轨探伤仪 0°和 70°探头的分辨力
考核时间：30 分钟。

一、鉴定站准备

1. 材料准备
（1）耦合剂：黄油（或凡士林、润滑脂）1 盒、机油 500 g。
（2）棉纱若干。
（3）砂纸若干。
（4）书写板（每人 1 个）。
（5）多功能电源插座 1 个。

2. 设备准备
（1）通用超声波探伤仪 1 台。
（2）CSK-1A 试块 1 块。
（3）钢轨探伤仪探头：0°和 70°各 2 只。

3. 工、量、刃、卡具准备
（1）专用工具包 1 个。
（2）150 mm 活动扳手 1 把。
（3）150 mm 钢板尺 1 个。
（4）2 m 钢卷尺 1 个。

4. 考场准备
（1）光照：自然光或 100 W 白炽灯。
（2）考位安静与外界隔离。
（3）面积不小于 20 m²。
（4）室温保持常温。

二、考生准备

（1）劳动保护用品、函数计算器及记录笔等。
（2）准考证、身份证。

钢轨探伤工中级工操作技能考核试卷（3）

试题名称：测定钢轨探伤仪 0°和 70°探头的分辨力

一、技术要求

1. 超声波探伤仪各项技术指标应符合行业标准 TB/T 2340—2012 中的有关规定。
2. 探头测试方法应符合行业标准 TB/T 2340—2012 中的有关规定。

二、考核要求

1. 遵守考场纪律和考核时间。
2. 测定 0°和 70°探头（各 2 只）的分辨力，在 CSK-1A 试块上进行测试，并写出试验结果；考试前考评员负责测定各探头的分辨力。
3. 正确执行安全技术操作规程。
4. 考试场地整洁，设备、工具及备品摆放整齐，工作服装穿戴齐全。

三、考核时限

1. 准备时间：5 分钟。
2. 正式操作时间：30 分钟。
3. 计时从_____开始，到_____结束。
4. 规定时间内全部完成不加分，也不扣分。每超时 1 分钟，从总分中扣 1 分，总超时 5 分钟停止作业。

四、考核评分

1. 考评人数：3 人或以上。
2. 评分要点：探头分辨力的测定方法正确，数据记录清楚准确。
3. 评分程序：检查测定方法，分析测定结果。
4. 评分规则：各项配分扣完为止，不出现负分；考评员按考核评分记录表各自打分，取平均分数为总分，按技能考核评分记录表计算总分。

五、否定项

若考生发生下列情况之一，则应及时终止其考试，考生该试题成绩记为零分。
1. 未按规定时间到达考场或擅自离开考场。
2. 无准考证或其身份与准考证不符。
3. 违反考场纪律，不听考评员指挥、利用通信设备相互传送探伤结果及故意损坏机具等。

钢轨探伤工中级工操作技能考核评分记录表（3）

准考证号：_____ 姓名：_____ 单位：_____

试题名称：测定钢轨探伤仪 0°和 70°探头的分辨力

考核时间：30 分钟。

操作开始时间： 时 分　　　　操作结束时间： 时 分

序号	考核内容	考核要点	配分	评分标准	扣分	得分
1	时间	遵守考核时间	5	每超时 1 分钟，从总分中扣 2 分，总超时 5 分钟停止作业		
2	设备检测	测定钢轨探伤仪 0°和 70°探头分辨力	80	1. 配分：探头测试占 60 分，每个探头占 15 分；测试方法步骤占 20 分，每个探头占 5 分。 2. 以考评员测定的各探头分辨力为标准。 3. 每只探头测试结果误差（dB）/得分：2 dB/15 分，4 dB/10 分，6 dB 及以上得 5 分。 4. 测试方法步骤正确得 20 分，每只探头每项不正确扣 2 分。 5. 每只探头未写出书面测试结果扣 20 分		
3	设备工具使用	正确使用设备、工具及备品，并摆放整齐	5	1. 仪器调整、使用方法不正确扣 1~3 分。 2. 考试场地不整洁，仪器、试块、工具及备品摆放不整齐扣 1~2 分		
4	安全及其他	1. 仪器操作时防止滑落摔倒，损坏设备、砸伤人员。 2. 穿戴劳保服装、备齐考核用品	10	1. 未正确执行安全技术操作规程扣 5 分。 2. 考核用品准备不全（如函数计算器、记录笔等）扣 1~2 分。 3. 劳动保护服装未穿戴或不全扣 1~2 分		
	合计		100			

否定项：若考生发生下列情况之一，则应及时终止其考试，考生该试题成绩记为零分。

（1）未按规定时间到达考场或擅自离开考场。

（2）无准考证或其身份与准考证不符。

（3）违反考场纪律，不听考评员指挥、利用通信设备相互传送探伤结果及故意损坏机具等

考评员：_____　　　　总分人：_____　　　　年　月　日

钢轨探伤工中级工操作技能考核准备通知单（4）

试题名称：测定保护膜衰减值、调整探伤小车尼龙轮偏角
考核时间：30 分钟。

一、鉴定站准备

1. 材料准备
（1）耦合剂：黄油（或凡士林、润滑脂）1 盒、机油 500 g。
（2）棉纱若干。
（3）砂纸若干。
（4）钢丝刷 1 把。
（5）书写板（每人 1 个）。

2. 设备准备
（1）多通道钢轨探伤仪 1 台（状态良好）。
（2）CSK-1A 试块 1 块。
（3）钢轨探伤仪 70°探头 1 只，保护膜 4 只并编号。
（4）调整探伤小车尼龙轮偏角用钢轨 3 根，每根长度约为 2 m，两端按标准轨尺寸钻孔，用夹板连接。

3. 工、量、刃、卡具准备
（1）专用工具包 1 个。
（2）150 mm 活动扳手 1 把。
（3）150 mm 钢板尺 1 个。
（4）2 m 钢卷尺 1 个。

4. 考场准备
（1）光照：自然光或 100 W 白炽灯。
（2）考位安静与外界隔离。
（3）面积不小于 20 m^2。
（4）室温保持常温。

二、考生准备

（1）劳动保护用品、函数计算器及记录笔等。
（2）准考证、身份证。

钢轨探伤工中级工操作技能考核试卷（4）

试题名称：测定保护膜衰减值、调整探伤小车尼龙轮偏角

一、技术要求

1. 使用的钢轨探伤仪应符合行业标准 TB/T 2340—2012 中的有关规定。
2. 保护膜衰减值测试方法应符合行业标准 TB/T 2340—2012 中的有关规定。
3. 尼龙轮偏角应与钢轨成 1~3°的夹角。

二、考核要求

1. 遵守考场纪律和考核时间。
2. 保护膜衰减值试验在 CSK-1A 试块上进行，测试数量 4 个。
3. 正确执行安全技术操作规程。
4. 考试场地整洁，设备、工具及备品摆放整齐，工作服装穿戴齐全。

三、考核时限

1. 准备时间：5 分钟。
2. 正式操作时间：30 分钟。
3. 计时从_____开始，到_____结束。
4. 规定时间内全部完成不加分，也不扣分。每超时 1 分钟，从总分中扣 1 分，总超时 5 分钟停止作业。

四、考核评分

1. 考评人数：3 人或以上。
2. 评分要点：测定和调整方法正确，数据记录清楚准确。
3. 评分程序：检查测定和调整方法，分析测定结果。
4. 评分规则：各项配分扣完为止，不出现负分；考评员按考核评分记录表各自打分，取平均分数为总分，按技能考核评分记录表计算总分。

五、否定项

若考生发生下列情况之一，则应及时终止其考试，考生该试题成绩记为零分。

1. 未按规定时间到达考场或擅自离开考场。
2. 无准考证或其身份与准考证不符。
3. 违反考场纪律，不听考评员指挥、利用通信设备相互传送探伤结果及故意损坏机具等。

钢轨探伤工中级工技能考核评分记录表（4）

准考证号：_____ 姓名：_____ 单位：_____

试题名称：测定保护膜衰减值、调整探伤小车尼龙轮偏角

考核时间：30 分钟。

操作开始时间： 时 分 操作结束时间： 时 分

序号	考核内容	考核要点	配分	评分标准	扣分	得分
1	时间	遵守考核时间	5	每超时 1 分钟，从总分中扣 2 分，总超时 5 分钟停止作业		
2	设备调整检测	1. 测定保护膜衰减值。 2. 调整探伤小车尼龙轮偏角	80	1. 配分：保护膜衰减值测定占 60 分，每个占 15 分；尼龙轮偏角调整占 20 分，每个占 10 分。 2. 以考评人员测定的结果为标准。 3. 保护膜衰减值每只误差（dB）/得分：1 dB/15 分，2 dB/10 分，3 dB/5 分，4 dB 及以上得 3 分；未书面写出测试结果不得分。 4. 探伤小车尼龙轮偏角调整 20 分，每只偏角小于或等于 1°～3°得 10 分，大于 4°及以上得 5 分；未书面写出测试结果不得分		
3	设备工具使用	正确使用设备、工具及备品，并摆放整齐	5	1. 设备、工具使用不正确扣 1～3 分。 2. 考试场地不整洁，设备、工具及备品摆放不整齐扣 1～2 分		
4	安全及其他	1. 仪器操作时防止滑落摔倒，损坏设备、砸伤人员。 2. 穿戴劳保服装、备齐考核用品	10	1. 未正确执行安全技术操作规程扣 5 分。 2. 考核用品准备不全（如函数计算器、记录笔等）扣 1～2 分。 3. 劳动保护服装未穿戴或不全扣 1～2 分		
	合计		100			

否定项：若考生发生下列情况之一，则应及时终止其考试，考生该试题成绩记为零分。

（1）未按规定时间到达考场或擅自离开考场。

（2）无准考证或其身份与准考证不符。

（3）违反考场纪律，不听考评员指挥、利用通信设备相互传送探伤结果及故意损坏机具等

考评员： 总分人： 年 月 日

钢轨探伤工中级工操作技能考核准备通知单（5）

试题名称：测定钢轨探伤仪 37°和 70°探头折射角
考核时间：30 分钟。

一、鉴定站准备

1. 材料准备

（1）耦合剂：黄油（或凡士林、润滑脂）1 盒、机油 500 g。

（2）棉纱若干。

（3）砂纸若干。

（4）钢丝刷 1 把。

（5）书写板（每人 1 个）。

2. 设备准备

（1）通用超声波探伤仪 1 台。

（2）CSK-1A 试块 1 块。

（3）钢轨探伤仪探头：37°和 70°各 2 只。

3. 工、量、刃、卡具准备

（1）专用工具包 1 个。

（2）150 mm 活动扳手 1 把。

（3）150 mm 钢板尺 1 个。

（4）2 m 钢卷尺 1 个。

4. 考场准备

（1）光照：自然光或 100 W 白炽灯。

（2）考位安静与外界隔离。

（3）面积不小于 20 m^2。

（4）室温保持常温。

二、考生准备

（1）劳动保护用品、函数计算器及记录笔等。

（2）准考证、身份证。

钢轨探伤工中级工操作技能考核试卷（5）

试题名称：测定钢轨探伤仪 37°和 70°探头折射角

一、技术要求

1. 超声波探伤仪各项技术指标应符合行业标准 TB/T 2340—2012 中的有关规定。
2. 探头折射角测试方法按行业标准 TB/T 2340—2012 中的有关规定进行。

二、考核要求

1. 遵守考场纪律和考核时间。
2. 探头折射角试验应按操作规范要求的操作步骤，在 CSK-1A 试块上进行，测试 37°和 70°探头各 2 个，并写出测试结果。考评员考试前测出 4 个探头折射角的实际误差。
3. 正确执行安全技术操作规程。
4. 考试场地整洁，设备、工具及备品摆放整齐，工作服装穿戴齐全。

三、考核时限

1. 准备时间：5 分钟。
2. 正式操作时间：30 分钟。
3. 计时从_____开始，到_____结束。
4. 规定时间内全部完成不加分，也不扣分。每超时 1 分钟，从总分中扣 1 分，总超时 5 分钟停止作业。

四、考核评分

1. 考评人数：3 人或以上。
2. 评分要点：探头折射角测定方法正确，数据记录清楚准确。
3. 评分程序：检查测定方法，分析测定结果。
4. 评分规则：各项配分扣完为止，不出现负分；考评员按考核评分记录表各自打分，取平均分数为总分，按技能考核评分记录表计算总分。

五、否定项

若考生发生下列情况之一，则应及时终止其考试，考生该试题成绩记为零分。
1. 未按规定时间到达考场或擅自离开考场。
2. 无准考证或其身份与准考证不符。
3. 违反考场纪律，不听考评员指挥、利用通信设备相互传送探伤结果及故意损坏机具等。

钢轨探伤工中级工操作技能考核评分记录表（5）

准考证号：_____ 姓名：_____ 单位：_____

试题名称：测定钢轨探伤仪 37°和 70°探头折射角

考核时间：30 分钟。

操作开始时间：　　　　时　　　分　　　　　　操作结束时间：　　　时　　　分

序号	考核内容	考核要点	配分	评分标准	扣分	得分
1	时间	遵守考核时间	5	每超时 1 分钟，从总分中扣 2 分，总超时 5 分钟停止作业		
2	设备检测	测定钢轨探伤仪 37°和 70°探头折射角	80	1. 配分：折射角误差测定占 60 分，每个占 15 分；测试方法占 20 分。 2. 以考评人员测定的结果为标准。 3. 每只探头折射角误差（°）/得分：1°/15 分，1.5°/10 分，2°/8 分，3°/5 分，4°及以上得 3 分。 4. 每只探头测试方法正确得 5 分，每项不正确扣 2 分。 5. 未写出书面测试结果，每只探头扣 20 分		
3	设备工具使用	正确使用设备、工具及备品，并摆放整齐	5	1. 仪器调整、使用方法不正确扣 1~3 分。 2. 考试场地不整洁，仪器、试块、工具及备品摆放不整齐扣 1~2 分		
4	安全及其他	1. 仪器操作时防止滑落摔倒，损坏设备、砸伤人员。 2. 穿戴劳保服装、备齐考核用品	10	1. 未正确执行安全技术操作规程扣 5 分。 2. 考核用品准备不全（如函数计算器、记录笔等）扣 1~2 分。 3. 劳动保护服装未穿戴或不全扣 1~2 分		
	合计		100			

否定项：若考生发生下列情况之一，则应及时终止其考试，考生该试题成绩记为零分。

（1）未按规定时间到达考场或擅自离开考场。

（2）无准考证或其身份与准考证不符。

（3）违反考场纪律，不听考评员指挥、利用通信设备相互传送探伤结果及故意损坏机具等

考评员：　　　　　　　　　　总分人：　　　　　　　　　　　　年　　月　　日

钢轨探伤工中级工操作技能考核准备通知单（6）

试题名称：测定钢轨探伤仪 0°、37°和 70°探头声轴偏斜角

考核时间：30 分钟。

一、鉴定站准备

1. 材料准备

（1）耦合剂：黄油（或凡士林、润滑脂）1 盒、机油 500 g。
（2）棉纱若干。
（3）砂纸若干。
（4）钢丝刷 1 把。
（5）书写板（每人 1 个）。

2. 设备准备

（1）通用超声波探伤仪 1 台。
（2）WGT-3 和 CSK-1A 试块各 1 块。
（3）钢轨探伤仪探头：0°、37°和 70°各 1 只。

3. 工、量、刃、卡具准备

（1）专用工具包 1 个。
（2）150 mm 活动扳手 1 把。
（3）150 mm 钢板尺 1 个。
（4）2 m 钢卷尺 1 个。
（5）量角器 1 个。

4. 考场准备

（1）光照：自然光或 100W 白炽灯。
（2）考位安静与外界隔离。
（3）面积不小于 20 m^2。
（4）室温保持常温。

二、考生准备

（1）劳动保护用品、函数计算器及记录笔等。
（2）准考证、身份证。

钢轨探伤工中级工操作技能考核试卷（6）

试题名称：测定钢轨探伤仪 0°、37°和 70°探头声轴偏斜角

一、技术要求

1. 超声波探伤仪各项技术指标应符合行业标准 TB/T 2340—2012 中的有关规定。
2. 探头声轴偏斜角的测试方法按行业标准 TB/T 2340—2012 中的有关规定进行。

二、考核要求

1. 遵守考场纪律和考核时间。
2. 探头声轴偏斜角试验应按操作规范要求的操作步骤，在 WGT-3 和 CSK-1A 试块上进行，测试 0°、37°和 70°探头各 1 个，试验结束后写出试验报告。考评员考试前测出 3 个探头实际的声轴偏斜角。
3. 正确执行安全技术操作规程。
4. 考试场地整洁，设备、工具及备品摆放整齐，工作服装穿戴齐全。

三、考核时限

1. 准备时间：5 分钟。
2. 正式操作时间：30 分钟。
3. 计时从_____开始，到_____结束。
4. 规定时间内全部完成不加分，也不扣分。每超时 1 分钟，从总分中扣 1 分，总超时 5 分钟停止作业。

四、考核评分

1. 考评人数：3 人或以上。
2. 评分要点：各种探头声轴偏斜角测定方法正确，数据记录清楚准确。
3. 评分程序：检查测定方法，分析测定结果。
4. 评分规则：各项配分扣完为止，不出现负分；考评员按考核评分记录表各自打分，取平均分数为总分，按技能考核评分记录表计算总分。

五、否定项

若考生发生下列情况之一，则应及时终止其考试，考生该试题成绩记为零分。
1. 未按规定时间到达考场或擅自离开考场。
2. 无准考证或其身份与准考证不符。
3. 违反考场纪律，不听考评员指挥、利用通信设备相互传送探伤结果及故意损坏机具等。

钢轨探伤工中级工能考核评分记录表（6）

准考证号：_____ 姓名：_____ 单位：_____

试题名称：测定钢轨探伤仪 0°、37°和 70°探头声轴偏斜角

考核时间：30 分钟。

操作开始时间：　　　时　　　分　　　　　　操作结束时间：　　　时　　　分

序号	考核内容	考核要点	配分	评分标准	扣分	得分
1	时间	遵守考核时间	5	每超时 1 分钟，从总分中扣 2 分，总超时 5 分钟停止作业		
2	设备检测	测定钢轨探伤仪 0°、37°和 70°探头声轴偏斜角	80	1. 配分：探头声轴偏斜角测定占 60 分，每个占 15 分；测试方法占 20 分。 2. 以考评人员测定的结果为标准。 3. 每只探头声轴偏斜角误差（°）/得分：0.5°/15 分，1°/10 分，1.5°/8 分，2°/5 分，3°及以上得 3 分。 4. 每只探头测试方法正确得 5 分，每项不正确扣 2 分。 5. 未写出书面测试结果，每只探头扣 20 分		
3	设备工具使用	正确使用设备、工具及备品，并摆放整齐	5	1. 仪器调整、使用方法不正确扣 1~3 分。 2. 考试场地不整洁，仪器、试块、工具及备品摆放不整齐扣 1~2 分		
4	安全及其他	1. 仪器操作时防止滑落摔倒，损坏设备、砸伤人员。 2. 穿戴劳保服装、备齐考核用品	10	1. 未正确执行安全技术操作规程扣 5 分。 2. 考核用品准备不全（如函数计算器、记录笔等）扣 1~2 分。 3. 劳动保护服装未穿戴或不全扣 1~2 分		
	合计		100			

否定项：若考生发生下列情况之一，则应及时终止其考试，考生该试题成绩记为零分。
（1）未按规定时间到达考场或擅自离开考场。
（2）无准考证或其身份与准考证不符。
（3）违反考场纪律，不听考评员指挥、利用通信设备相互传送探伤结果及故意损坏机具等

考评员：　　　　　　　　　总分人：　　　　　　　　　　　　　　　年　　月　　日

钢轨探伤工中级工操作技能考核准备通知单（7）

试题名称：测定钢轨探伤仪水平线性和垂直线性误差
考核时间：30 分钟。

一、鉴定站准备

1. 材料准备

（1）耦合剂：黄油（或凡士林、润滑脂）1 盒、机油 500 g。

（2）棉纱若干。

（3）砂纸若干。

（4）钢丝刷 1 把。

（5）书写板（每人 1 个）。

2. 设备准备

（1）多通道钢轨探伤仪 1 台。

（2）CSK-1A 试块 1 块。

（3）0°探头 2 只。

3. 工、量、刃、卡具准备

（1）专用工具包 1 个。

（2）150 mm 活动扳手 1 把。

（3）150 mm 钢板尺 1 个。

（4）2 m 钢卷尺 1 个。

4. 考场准备

（1）光照：自然光或 100 W 白炽灯。

（2）考位安静与外界隔离。

（3）面积不小于 20 m^2。

（4）室温保持常温。

二、考生准备

（1）劳动保护用品、函数计算器及记录笔等。

（2）准考证、身份证。

钢轨探伤工中级工操作技能考核试卷（7）

试题名称：测定钢轨探伤仪水平线性和垂直线性误差

一、技术要求

1. 测试方法按行业标准 TB/T 2340—2012 中的有关规定进行。
2. 0°探头的各项技术指标符合行业标准 TB/T 2340—2012 中的有关规定。

二、考核要求

1. 遵守考场纪律和考核时间。
2. 水平线性、垂直线性测试应按操作规范要求的方法步骤，在 CSK-1A 试块上进行，并写出书面测试结果。考试前由考评员测出实际误差。
3. 正确执行安全技术操作规程。
4. 考试场地整洁，设备、工具及备品摆放整齐，工作服装穿戴齐全。

三、考核时限

1. 准备时间：5 分钟。
2. 正式操作时间：30 分钟。
3. 计时从_____开始，到_____结束。
4. 规定时间内全部完成不加分，也不扣分。每超时 1 分钟，从总分中扣 1 分，总超时 5 分钟停止作业。

四、考核评分

1. 考评人数：3 人或以上。
2. 评分要点：测定方法正确，数据记录清楚准确。
3. 评分程序：检查测定方法，分析测定结果。
4. 评分规则：各项配分扣完为止，不出现负分；考评员按考核评分记录表各自打分，取平均分数为总分，按技能考核评分记录表计算总分。

五、否定项

若考生发生下列情况之一，则应及时终止其考试，考生该试题成绩记为零分。

1. 未按规定时间到达考场或擅自离开考场。
2. 无准考证或其身份与准考证不符。
3. 违反考场纪律，不听考评员指挥、利用通信设备相互传送探伤结果及故意损坏机具等。

钢轨探伤工中级工操作技能考核评分记录表（7）

准考证号：_____ 姓名：_____ 单位：_____

试题名称：测定钢轨探伤仪水平线性和垂直线性误差

考核时间：30分钟。

操作开始时间：　　　时　　　分　　　　　　操作结束时间：　　　时　　　分

序号	考核内容	考核要点	配分	评分标准	扣分	得分
1	时间	遵守考核时间	5	每超时1分钟，从总分中扣2分，总超时5分钟停止作业		
2	设备检测	1. 测定钢轨探伤仪水平线性。 2. 测定钢轨探伤仪垂直线性	80	1. 配分：水平线性、垂直线性误差占60分，每项占30分；测试方法步骤占20分，每项占10分。 2. 考评员测定的结果为标准误差。 3. 水平线性误差（%）/得分：0.5%/30分，1%/25分，1.5%/20分，2%/15分，2%以上得10分。 4. 垂直线性误差(%)/得分：1%/30分，5%/25分，10%/20分，15%/15分，15%以上得10分。 5. 测试方法步骤正确得20分，对不正确的每项扣2分。 6. 未写出书面测试结果，每只探头扣20分		
3	设备工具使用	正确使用设备、工具及备品，并摆放整齐	5	1. 仪器调整、使用方法不正确扣1~3分。 2. 考试场地不整洁，仪器、试块、工具及备品摆放不整齐扣1~2分		
4	安全及其他	1. 仪器操作时防止滑落摔倒，损坏设备、砸伤人员。 2. 穿戴劳保服装、备齐考核用品	10	1. 未正确执行安全技术操作规程扣5分。 2. 考核用品准备不全（如函数计算器、记录笔等）扣1~2分。 3. 劳动保护服装未穿戴或不全扣1~2分		
	合计		100			

否定项：若考生发生下列情况之一，则应及时终止其考试，考生该试题成绩记为零分。

（1）未按规定时间到达考场或擅自离开考场。

（2）无准考证或其身份与准考证不符。

（3）违反考场纪律，不听考评员指挥、利用通信设备相互传送探伤结果及故意损坏机具等

考评员：　　　　　　　　　总分人：　　　　　　　　　　　　　　年　　月　　日

钢轨探伤工中级工操作技能考核准备通知单（8）

试题名称：用钢轨探伤仪探测轨底横向裂纹和轨腰纵向裂纹
考核时间：30 分钟。

一、鉴定站准备

1. 材料准备
（1）耦合剂：黄油（或凡士林、润滑脂）1 盒、水 10 L、机油 500 g。
（2）棉纱若干。
（3）砂纸若干。
（4）钢丝刷 1 把。
（5）书写板（每人 1 个）。

2. 设备准备
（1）钢轨探伤仪 1 台（状态良好，水箱注满水）。
（2）GTS-60C 试块 1 块。
（3）钢轨探伤仪备用探头 1 套。
（4）探伤用 60 kg/m 钢轨 5 根，每根长度约为 2 m，两端按标准轨尺寸钻孔，用夹板连接，其中有轨底横向裂纹和轨腰纵向裂纹各 1 处；引轨 2 根，每根长度为 1~1.5 m，一端按标准轨尺寸钻孔并用夹板与探伤用轨连接。

3. 工、量、刃、卡具准备
（1）专用工具包 1 个。
（2）150 mm 活动扳手 1 把。
（3）150 mm 钢板尺 1 个。
（4）2 m 钢卷尺 1 个。

4. 考场准备
（1）光照：自然光或 100 W 白炽灯。
（2）考位安静与外界隔离。
（3）面积不小于 20 m^2。
（4）室温保持常温。

二、考生准备

（1）劳动保护用品、函数计算器及记录笔等。
（2）准考证、身份证。

钢轨探伤工中级工操作技能考核试卷（8）

试题名称：用钢轨探伤仪探测轨底横向裂纹和轨腰纵向裂纹

一、技术要求

1. 钢轨探伤仪各项技术指标应符合行业标准 TB/T 2340—2012 中的有关规定，调整状态应符合《钢轨探伤管理规则》中的有关规定。
2. 备用探头各项技术指标应符合行业标准 TB/T 2340—2012 中的有关规定。
3. 对伤损进行定性、定位、定量。

二、考核要求

1. 遵守考场纪律和考核时间。
2. 探伤灵敏度调整在 GTS-60C 试块上进行。
3. 正确执行安全技术操作规程。
4. 考试场地整洁，设备、工具及备品摆放整齐，工作服装穿戴齐全。

三、考核时限

1. 准备时间：5 分钟。
2. 正式操作时间：30 分钟。
3. 计时从_____开始，到_____结束。
4. 规定时间内全部完成不加分，也不扣分。每超时 1 分钟，从总分中扣 1 分，总超时 5 分钟停止作业。

四、考核评分

1. 考评人数：3 人或以上。
2. 评分要点：探伤方法正确，数据记录清楚，伤损判定准确。
3. 评分程序：检查探伤方法，分析测定结果。
4. 评分规则：各项配分扣完为止，不出现负分；考评员按考核评分记录表各自打分，取平均分数为总分，按技能考核评分记录表计算总分。

五、否定项

若考生发生下列情况之一，则应及时终止其考试，考生该试题成绩记为零分。
1. 未按规定时间到达考场或擅自离开考场。
2. 无准考证或其身份与准考证不符。
3. 违反考场纪律，不听考评员指挥、利用通信设备相互传送探伤结果及故意损坏机具等。

钢轨探伤工中级工技能考核评分记录表（8）

准考证号：_____ 姓名：_____ 单位：_____

试题名称：用钢轨探伤仪探测轨底横向裂纹和轨腰纵向裂纹

考核时间：30分钟。

操作开始时间： 时 分　　　　　操作结束时间： 时 分

序号	考核内容	考核要点	配分	评分标准	扣分	得分
1	时间	遵守考核时间	5	每超时1分钟，从总分中扣2分，总超时5分钟停止作业		
2	探伤操作	1. 探测轨底横向裂纹。 2. 探测轨腰纵向裂纹	80	1. 配分：伤损检出占50分，每处占25分；伤损定性、定位、定量各占10分。 2. 伤损检出得分：每个伤损所在轨底和轨腰部位正确得25分。 3. 伤损定性得分：每个伤损定性正确得5分，不正确不得分。 4. 伤损定位误差（mm）/得分。 轨底横向裂纹距轨端水平距离：5 mm/5分，20 mm/3分，21 mm及以上不得分；轨腰纵向裂纹距轨端水平距离（在裂纹中心处测量）：50/5分，100 mm/3分，101mm以上不得分。 5. 伤损定量误差（mm）/得分。 轨腰纵向裂纹长度：50 mm以内/10分，100 mm以内/5分，101 mm以上不得分		
3	设备工具使用	正确使用设备、工具及备品，并摆放整齐	5	1. 仪器调整、使用方法不正确扣1~3分。 2. 考试场地不整洁，仪器、试块、工具及备品摆放不整齐扣1~2分		
4	安全及其他	1. 仪器推行要稳，防止滑落摔倒，损坏设备、砸伤人员。 2. 穿戴劳保服装、备齐考核用品	10	1. 未正确执行安全技术操作规程扣5分。 2. 考核用品准备不全（如函数计算器、记录笔等）扣1~2分。 3. 劳动保护服装未穿戴或不全扣1~2分。		
	合计		100			

否定项：若考生发生下列情况之一，则应及时终止其考试，考生该试题成绩记为零分。

（1）未按规定时间到达考场或擅自离开考场。

（2）无准考证或其身份与准考证不符。

（3）违反考场纪律、不听考评员指挥、利用通信设备相互传送探伤结果及故意损坏机具等

考评员：_____　　　总分人：_____　　　　　　年　月　日

钢轨探伤工中级工操作技能考核准备通知单（9）

试题名称：用钢轨探伤仪探测钢轨水平裂纹、钢轨核伤
考核时间：30 分钟。

一、鉴定站准备

1. 材料准备

（1）耦合剂：黄油（或凡士林、润滑脂）1 盒、水 10 L、机油 500 g。

（2）棉纱若干。

（3）砂纸若干。

（4）钢丝刷 1 把。

（5）书写板（每人 1 个）。

2. 设备准备

（1）钢轨探伤仪 1 台（状态良好，水箱注满水）。

（2）GTS-60C 试块 1 块。

（3）钢轨探伤仪备用探头 1 套。

（4）探伤用 60 kg/m 钢轨 5 根，每根长度约为 2 m，两端按标准轨尺寸钻孔，用夹板连接，其中有钢轨核伤 2 处；钢轨水平裂纹 2 处；引轨 2 根，每根长度为 1～1.5 m，一端按标准轨尺寸钻孔并用夹板与探伤用轨连接。

3. 工、量、刃、卡具准备

（1）专用工具包 1 个。

（2）150 mm 活动扳手 1 把。

（3）150 mm 钢板尺 1 个。

（4）2 m 钢卷尺 1 个。

4. 考场准备

（1）光照：自然光或 100 W 白炽灯。

（2）考位安静与外界隔离。

（3）面积不小于 20 m^2。

（4）室温保持常温。

二、考生准备

（1）劳动保护用品、函数计算器及记录笔等。

（2）准考证、身份证。

钢轨探伤工中级工操作技能考核试卷（9）

试题名称：用钢轨探伤仪探测钢轨水平裂纹、钢轨核伤

一、技术要求

1. 钢轨探伤仪各项技术指标应符合行业标准 TB/T 2340—2012 标准中的有关规定，调整状态应符合《钢轨探伤管理规则》中的有关规定。
2. 备用探头各项技术指标应符合行业标准 TB/T 2340—2012 标准中的有关规定。
3. 对伤损进行定性、定位、定量。

二、考核要求

1. 遵守考场纪律和考核时间。
2. 探伤灵敏度调整在 GTS-60C 试块上进行。
3. 正确执行安全技术操作规程。
4. 考试场地整洁，设备、工具及备品摆放整齐，工作服装穿戴齐全。

三、考核时限

1. 准备时间：5 分钟。
2. 正式操作时间：30 分钟。
3. 计时从_____开始，到_____结束。
4. 规定时间内全部完成不加分，也不扣分。每超时 1 分钟，从总分中扣 1 分，总超时 5 分钟停止作业。

四、考核评分

1. 考评人数：3 人或以上。
2. 评分要点：探伤方法正确，数据记录清楚，伤损判定准确。
3. 评分程序：检查探伤方法，分析伤损判定结果。
4. 评分规则：各项配分扣完为止，不出现负分；考评员按考核评分记录表各自打分，取平均分数为总分，按技能考核评分记录表计算总分。

五、否定项

若考生发生下列情况之一，则应及时终止其考试，考生该试题成绩记为零分。
1. 未按规定时间到达考场或擅自离开考场。
2. 无准考证或其身份与准考证不符。
3. 违反考场纪律，不听考评员指挥、利用通信设备相互传送探伤结果及故意损坏机具等。

钢轨探伤工中级工操作技能考核评分记录表（9）

准考证号：_____ 姓名：_____ 单位：_____

试题名称：用钢轨探伤仪探测钢轨水平裂纹、钢轨核伤

考核时间：30 分钟。

操作开始时间：　　　时　　　分　　　　　　操作结束时间：　　　时　　　分

序号	考核内容	考核要点	配分	评分标准	扣分	得分
1	时间	遵守考核时间	5	每超时 1 分钟，从总分中扣 2 分，总超时 5 分钟停止作业		
2	钢轨探伤	探测钢轨水平裂纹、钢轨核伤	80	1. 配分：伤损检出占 50 分，每个占 12.5 分；伤损定性、定量、定位各占 2.5 分。 2. 伤损检出得分：每个伤损检出得 5 分。 3. 伤损定性得分：每个伤损定性正确得 2.5 分，不正确不得分。 4. 伤损定位误差（mm）/得分：每个裂纹距轨面误差 5 mm/2.5 分，10 mm/1 分，大于 10 mm 不得分。核伤距轨端 5 mm/2.5 分，10 mm/2 分，20 mm/1 分，大于 20 mm 按未检出计。 5. 伤损定量误差（mm）/得分。每个水平裂纹长度误差：5 mm/2.5 分，10 mm/2 分，20 mm/1 分，大于 20 mm 以上不得分。核伤高度误差：5 mm/2.5 分，10 mm/2 分，10 mm 以上不得分。 6. 孔位不正确按未检出计。核伤定位误差大于 50 mm 按未检出计		
3	设备工具使用	正确使用设备、工具及备品，并摆放整齐	5	1. 仪器调整、使用方法不正确扣 1~3 分。 2. 考试场地不整洁，仪器、试块、工具及备品摆放不整齐扣 1~2 分		
4	安全及其他	1. 仪器推行要稳，防止滑落摔倒，损坏设备、砸伤人员。 2. 穿戴劳保服装、备齐考核用品	10	1. 未正确执行安全技术操作规程扣 5 分。 2. 考核用品准备不全（如函数计算器、记录笔等）扣 1~2 分。 3. 劳动保护服装未穿戴或不全扣 1~2 分		
	合计		100			

否定项：若考生发生下列情况之一，则应及时终止其考试，考生该试题成绩记为零分。
（1）未按规定时间到达考场或擅自离开考场。
（2）无准考证或其身份与准考证不符。
（3）违反考场纪律，不听考评员指挥、利用通信设备相互传送探伤结果及故意损坏机具等

考评员：　　　　　　　　　总分人：　　　　　　　　　　　　年　　月　　日

钢轨探伤工中级工操作技能考核准备通知单（10）

试题名称：用钢轨探伤仪探测钢轨螺孔斜裂纹、钢轨核伤
考核时间：30 分钟。

一、鉴定站准备

1. 材料准备
（1）耦合剂：黄油（或凡士林、润滑脂）1 盒、水 10 L、机油 500 g。
（2）棉纱若干。
（3）砂纸若干。
（4）钢丝刷 1 把。
（5）书写板（每人 1 个）。

2. 设备准备
（1）钢轨探伤仪 1 台（状态良好，水箱注满水）。
（2）GTS-60C 试块 1 块。
（3）钢轨探伤仪备用探头 1 套。
（4）探伤用 60 kg/m 钢轨 5 根，每根长度约为 2 m，两端按标准轨尺寸钻孔，用夹板连接，其中有钢轨螺孔斜裂纹 2 处，钢轨轨头核伤 2 处，引轨 2 根，每根长度为 1~1.5 m，一端按标准轨尺寸钻孔并用夹板与探伤用轨连接。

3. 工、量、刃、卡具准备
（1）专用工具包 1 个。
（2）150 mm 活动扳手 1 把。
（3）150 mm 钢板尺 1 个。
（4）2 m 钢卷尺 1 个。

4. 考场准备
（1）光照：自然光或 100 W 白炽灯。
（2）考位安静与外界隔离。
（3）面积不小于 20 m^2。
（4）室温保持常温。

二、考生准备

（1）劳动保护用品、函数计算器及记录笔等。
（2）准考证、身份证。

钢轨探伤工中级工操作技能考核试卷（10）

试题名称：用钢轨探伤仪探测钢轨螺孔斜裂纹、钢轨核伤

一、技术要求

1. 钢轨探伤仪各项技术指标应符合行业标准 TB/T 2340—2012 中的有关规定，调整状态应符合《钢轨探伤管理规则》中的有关规定。
2. 备用探头各项技术指标应符合行业标准 TB/T 2340—2012 中的有关规定。
3. 对伤损进行定性、定位、定量。

二、考核要求

1. 遵守考场纪律和考核时间。
2. 探伤灵敏度调整在 GTS-60C 试块上进行。
3. 正确执行安全技术操作规程。
4. 考试场地整洁，设备、工具及备品摆放整齐，工作服装穿戴齐全。

三、考核时限

1. 准备时间：5 分钟。
2. 正式操作时间：30 分钟。
3. 计时从_____开始，到_____结束。
4. 规定时间内全部完成不加分，也不扣分。每超时 1 分钟，从总分中扣 1 分，总超时 5 分钟停止作业。

四、考核评分

1. 考评人数：3 人或以上。
2. 评分要点：探伤方法正确，数据记录清楚，伤损判定准确。
3. 评分程序：检查探伤方法，分析伤损判定结果。
4. 评分规则：各项配分扣完为止，不出现负分；考评员按考核评分记录表各自打分，取平均分数为总分，按技能考核评分记录表计算总分。

五、否定项

若考生发生下列情况之一，则应及时终止其考试，考生该试题成绩记为零分。

1. 未按规定时间到达考场或擅自离开考场。
2. 无准考证或其身份与准考证不符。
3. 违反考场纪律，不听考评员指挥、利用通信设备相互传送探伤结果及故意损坏机具等。

钢轨探伤工中级工操作技能考核评分记录表（10）

准考证号：_____ 姓名：_____ 单位：_____

试题名称：用钢轨探伤仪探测钢轨螺孔斜裂纹、钢轨核伤

考核时间：30 分钟。

操作开始时间：　　时　　分　　　　　操作结束时间：　　时　　分

序号	考核内容	考核要点	配分	评分标准	扣分	得分
1	时间	遵守考核时间	5	每超时 1 分钟，从总分中扣 2 分，总超时 5 分钟停止作业		
2	探伤操作	探测钢轨螺孔斜裂纹、钢轨核伤	80	1. 配分：伤损检出占 50 分，每个占 12.5 分；伤损定性、定量、定位各占 2.5 分。 2. 伤损检出得分：每个伤损检出得 5 分。 3. 伤损定性得分：每个伤损定性正确得 2.5 分，不正确不得分。 4. 伤损定位误差（mm）/得分：定孔位、象限正确得 2.5 分，孔位正确、象限不正确得 1 分。核伤距轨端 5 mm/2.5 分，10 mm/2 分，20 mm/1 分，大于 20 mm 按未检出计。 5. 伤损定量误差（mm）/得分。每个水平裂纹长度误差：5 mm/2.5 分，10 mm/2 分，20 mm/1 分，大于 20 mm 以上不得分。核伤高度误差：5 mm/2.5 分，10 mm/2 分，10 mm 以上不得分。 6. 孔位不正确按未检出计。核伤定位误差大于 50 mm 按未检出计		
3	设备工具使用	正确使用设备、工具及备品，并摆放整齐	5	1. 仪器调整、使用方法不正确扣 1~3 分。 2. 考试场地不整洁，仪器、试块、工具及备品摆放不整齐扣 1~2 分		
4	安全及其他	1. 仪器推行要稳，防止滑落摔倒，损坏设备、砸伤人员。 2. 穿戴劳保服装、备齐考核用品	10	1. 未正确执行安全技术操作规程扣 5 分。 2. 考核用品准备不全（如函数计算器、记录笔等）扣 1~2 分。 3. 劳动保护服装未穿戴或不全扣 1~2 分		
	合计		100			

否定项：若考生发生下列情况之一，则应及时终止其考试，考生该试题成绩记为零分。
（1）未按规定时间到达考场或擅自离开考场。
（2）无准考证或其身份与准考证不符。
（3）违反考场纪律，不听考评员指挥、利用通信设备相互传送探伤结果及故意损坏机具等

考评员：_____　　　总分人：_____　　　　　　年　　月　　日

钢轨探伤工中级工操作技能考核准备通知单（11）

试题名称：用钢轨探伤仪探测螺孔水平裂纹和螺孔斜裂纹

考核时间：30 分钟。

一、鉴定站准备

1. 材料准备

（1）耦合剂：黄油（或凡士林、润滑脂）1 盒、水 10 L、机油 500 g。

（2）棉纱若干。

（3）砂纸若干。

（4）钢丝刷 1 把。

（5）书写板（每人 1 个）。

2. 设备准备

（1）钢轨探伤仪 1 台（状态良好，水箱注满水）。

（2）GTS-60C 试块 1 块。

（3）钢轨探伤仪备用探头 1 套。

（4）探伤用 60 kg/m 钢轨 5 根，每根长度约为 2 m，两端按标准轨尺寸钻孔，用夹板连接，其中有螺孔水平裂纹和螺孔斜裂纹各 1 处；引轨 2 根，每根长度为 1～1.5 m，一端按标准轨尺寸钻孔并用夹板与探伤用轨连接。

3. 工、量、刃、卡具准备

（1）专用工具包 1 个。

（2）150 mm 活动扳手 1 把。

（3）150 mm 钢板尺 1 个。

（4）2 m 钢卷尺 1 个。

4. 考场准备

（1）光照：自然光或 100 W 白炽灯。

（2）考位安静与外界隔离。

（3）面积不小于 20 m^2。

（4）室温保持常温。

二、考生准备

（1）劳动保护用品、函数计算器及记录笔等。

（2）准考证、身份证。

钢轨探伤工中级工操作技能考核试卷（11）

试题名称：用钢轨探伤仪探测螺孔水平裂纹和螺孔斜裂纹

一、技术要求

1. 钢轨探伤仪各项技术指标应符合行业标准 TB/T 2340—2012 中的有关规定，调整状态应符合《钢轨探伤管理规则》中的有关规定。
2. 备用探头各项技术指标应符合行业标准 TB/T 2340—2012 中的有关规定。
3. 对伤损进行定性、定位、定量。

二、考核要求

1. 遵守考场纪律和考核时间。
2. 缺陷检出能力试验要在 GTS-60C 试块上进行调整。
3. 正确执行安全技术操作规程。
4. 考试场地整洁，设备、工具及备品摆放整齐，工作服装穿戴齐全。

三、考核时限

1. 准备时间：5 分钟。
2. 正式操作时间：30 分钟。
3. 计时从_____开始，到_____结束。
4. 规定时间内全部完成不加分，也不扣分。每超时 1 分钟，从总分中扣 1 分，总超时 5 分钟停止作业。

四、考核评分

1. 考评人数：3 人或以上。
2. 评分要点：探伤方法正确，数据记录清楚，伤损判定准确。
3. 评分程序：检查探伤方法，分析伤损判定结果。
4. 评分规则：各项配分扣完为止，不出现负分；考评员按考核评分记录表各自打分，取平均分数为总分，按技能考核评分记录表计算总分。

五、否定项

若考生发生下列情况之一，则应及时终止其考试，考生该试题成绩记为零分。
1. 未按规定时间到达考场或擅自离开考场。
2. 无准考证或其身份与准考证不符。
3. 违反考场纪律，不听考评员指挥、利用通信设备相互传送探伤结果及故意损坏机具等。

钢轨探伤工中级工操作技能考核评分记录表（11）

准考证号：_____ 姓名：_____ 单位：_____

试题名称：用钢轨探伤仪探测螺孔水平裂纹和螺孔斜裂纹

考核时间：30 分钟。

操作开始时间： 时 分 操作结束时间： 时 分

序号	考核内容	考核要点	配分	评分标准	扣分	得分
1	时间	遵守考核时间	5	每超时 1 分钟，从总分中扣 2 分，总超时 5 分钟停止作业		
2	探伤操作	探测螺孔水平裂纹和螺孔斜裂纹	80	1. 配分：伤损检出占 50 分，每个占 25 分；伤损定性、定位、定量各占 10 分。 2. 伤损检出得分：每个伤损所在孔位正确得 25 分，不正确不得分。 3. 伤损定性得分：每个伤损定性正确得 5 分，不正确不得分。 4. 伤损定位得分：每个伤损孔位、象限正确得 5 分，孔位正确、象限不正确得 2.5 分。 5. 伤损定量误差（mm）/得分。 每个伤损：5 mm/5 分，10 mm/3 分，20 mm/2 分，21 mm 以上不得分		
3	设备工具使用	正确使用设备、工具及备品，并摆放整齐	5	1. 仪器调整、使用方法不正确扣 1～3 分。 2. 考试场地不整洁，仪器、试块、工具及备品摆放不整齐扣 1～2 分		
4	安全及其他	1. 仪器推行要稳，防止滑落摔倒，损坏设备、砸伤人员。 2. 穿戴劳保服装、备齐考核用品	10	1. 未正确执行安全技术操作规程扣 5 分。 2. 考核用品准备不全（如函数计算器、纸张、签字笔或圆珠笔等）扣 1～2 分。 3. 劳动保护服装未穿戴或不全扣 1～2 分		
	合计		100			

否定项：若考生发生下列情况之一，则应及时终止其考试，考生该试题成绩记为零分。

（1）未按规定时间到达考场或擅自离开考场。

（2）无准考证或其身份与准考证不符。

（3）违反考场纪律，不听考评员指挥、利用通信设备相互传送探伤结果及故意损坏机具等

考评员： 总分人： 年 月 日

任务三 钢轨探伤工高级操作技能考核

钢轨探伤工高级工操作技能考核准备通知单（1）

试题名称：将探头调整为以检查轨头核伤为主的组合方式

考核时间：30 分钟。

一、鉴定站准备

1. 材料准备

（1）耦合剂：黄油（或凡士林、润滑脂）1 盒、水 10 L、机油 500 g。

（2）棉纱若干。

（3）书写板 1 个。

2. 设备准备

（1）多通道钢轨探伤仪 1 台。

（2）钢轨探伤探头：前 37°1 个、70°4 个、前+后直 70°1 个、0°+37°1 个。

（3）探伤用 60 kg/m 钢轨 5 根，每根长度约为 2 m，两端按标准轨尺寸钻孔，用夹板连接；引轨 2 根，每根长度为 1~1.5 m，一端按标准轨尺寸钻孔并用夹板与探伤用轨连接。

3. 工、量、刃、卡具准备

（1）适用于钢轨探伤仪工具包 1 个。

（2）150 mm 活动扳手 1 把。

（3）150 mm 钢板尺 1 个。

4. 考场准备

（1）光照：自然光或 100 W 白炽灯。

（2）考位安静与外界隔离。

（3）面积不小于 20 m²。

（4）室温保持常温。

二、考生准备

（1）劳动保护用品、函数计算器及记录笔等。

（2）准考证、身份证。

钢轨探伤工高级工操作技能考核试卷（1）

试题名称：将探头调整为以检查轨头核伤为主的组合方式

一、技术要求

1. 可根据钢轨探伤仪通道数量调整为以检查钢轨核伤为主的探头组合方式。
2. 探头组合方式确定后，探头与仪器连接，开机校验仪器是否工作正常。
3. 组合后的探头方式应有 4 个 70° 及以上探头，要绘图说明。

二、考核要求

1. 遵守考场纪律和考核时间。
2. 校验仪器在 GTS-60C 试块上进行。
3. 正确执行安全技术操作规程。
4. 考试场地整洁，设备、工具及备品摆放整齐，工作服装穿戴齐全。

三、考核时限

1. 准备时间：5 分钟。
2. 正式操作时间：30 分钟。
3. 计时从_____开始，到_____结束。
4. 规定时间内全部完成不加分，也不扣分。每超时 1 分钟，从总分中扣 1 分，总超时 5 分钟停止作业。

四、考核评分

1. 考评人数：3 人或以上。
2. 评分要点：探头组合方式正确。
3. 评分程序：检查操作方法，分析操作过程。
4. 评分规则：各项配分扣完为止，不出现负分；考评员按考核评分记录表各自打分，取平均分数为总分，按技能考核评分记录表计算总分。

五、否定项

若考生发生下列情况之一，则应及时终止其考试，考生该试题成绩记为零分。

1. 未按规定时间到达考场或擅自离开考场。
2. 无准考证或其身份与准考证不符。
3. 违反考场纪律，不听考评员指挥、利用通信设备相互传送探伤结果及故意损坏机具等。

钢轨探伤工高级工操作技能考核评分记录表（1）

准考证号：_____ 姓名：_____ 单位：_____

试题名称：将探头调整为以检查轨头核伤为主的组合方式

考核时间：30 分钟。

操作开始时间：　　　　时　　　　分　　　　　　　操作结束时间：　　　　时　　　　分

序号	考核内容	考核要点	配分	评分标准	扣分	得分
1	时间	遵守考核时间	5	每超时1分钟，从总分中扣2分，总超时5分钟停止作业		
2	设备调整	1. 探头组合方式应符合技术要求。2. 探头线插头要与仪器相对插座正确连接。3. 探头组合完成后，要对仪器进行校验	80	1. 配分：探头组合方式调整占50分（附图说明），探头与仪器连接占10分，校验仪器占15分。2. 探头组合方式：每组（个）探头的安装及发射方向不正确扣5分。3. 探头与仪器连接：每组（个）探头连接不正确扣2分。4. 校验仪器：每个通道不正确扣2分		
3	设备工具使用	正确使用设备、工具及备品，并摆放整齐	5	1. 设备、工具使用不正确扣1~3分。2. 考试场地不整洁，工具及备品摆放不整齐扣1~2分		
4	安全及其他	1. 正确执行安全技术操作规程。2. 考核用品和劳保服装穿戴齐全	10	1. 未正确执行安全技术操作规程扣5分。2. 考核用品准备不全（如函数计算器、记录笔等）扣1~2分。3. 劳动保护服装未穿戴或不全扣1~2分		
	合计		100			
否定项：若考生发生下列情况之一，则应及时终止其考试，考生该试题成绩记为零分。（1）未按规定时间到达考场或擅自离开考场。（2）无准考证或其身份与准考证不符。（3）违反考场纪律，不听考评员指挥、利用通信设备相互传送探伤结果及故意损坏机具等						

考评员：　　　　　　　　总分人：　　　　　　　　　　　　　　　　年　　月　　日

钢轨探伤工高级工操作技能考核准备通知单（2）

试题名称：测定焊缝（通用）探伤仪动态范围和灵敏度余量
考核时间：30 分钟。

一、鉴定站准备

1. 材料准备

（1）耦合剂：黄油（或凡士林、润滑脂）1 盒、机油 500 g。

（2）棉纱若干。

（3）砂纸若干。

（4）钢丝刷 1 把。

（5）书写板（每人 1 个）。

2. 设备准备

（1）焊缝（通用）探伤仪 1 台。

（2）CSK-1A、CS-1-5 试块各 1 块，GHT 型焊缝试块 1 套。

（3）2.5 MHz ϕ20 直探头 2 个、

3. 工、量、刃、卡具准备

（1）适用于钢轨探伤仪工具包 1 个。

（2）150 mm 活动扳手 1 把。

（3）150 mm 钢板尺 1 个。

（4）2 m 钢卷尺 1 个。

4. 考场准备

（1）光照：自然光或 100 W 白炽灯。

（2）考位安静与外界隔离。

（3）面积不小于 20 m^2。

（4）室温保持常温。

二、考生准备

（1）劳动保护用品、函数计算器及记录笔等。

（2）准考证、身份证。

钢轨探伤工高级工操作技能考核试卷（2）

试题名称：测定焊缝（通用）探伤仪动态范围和灵敏度余量

一、技术要求

超声波探伤仪和探头各项技术指标应符合行业标准 TB/T 2658.21—2007 中的有关规定。

二、考核要求

1. 遵守考场纪律和考核时间。
2. 动态范围和灵敏度余量的试验分别在相应的试块上进行，并写出试验结果。
3. 正确执行安全技术操作规程。
4. 考试场地整洁，设备、工具及备品摆放整齐，工作服装穿戴齐全。

三、考核时限

1. 准备时间：5 分钟。
2. 正式操作时间：30 分钟。
3. 计时从_____开始，到_____结束。
4. 规定时间内全部完成不加分，也不扣分。每超时 1 分钟，从总分中扣 1 分，总超时 5 分钟停止作业。

四、考核评分

1. 考评人数：3 人或以上。
2. 评分要点：各项目测定方法正确，数据记录清楚准确。
3. 评分程序：检查测定方法，分析测定结果。
4. 评分规则：各项配分扣完为止，不出现负分；考评员按考核评分记录表各自打分，取平均分数为总分，按技能考核评分记录表计算总分。

五、否定项

若考生发生下列情况之一，则应及时终止其考试，考生该试题成绩记为零分。

1. 未按规定时间到达考场或擅自离开考场。
2. 无准考证或其身份与准考证不符。
3. 违反考场纪律，不听考评员指挥、利用通信设备相互传送探伤结果及故意损坏机具等。

钢轨探伤工高级工操作技能考核评分记录表（2）

准考证号：_____ 姓名：_____ 单位：_____

试题名称：测定焊缝（通用）探伤仪动态范围和灵敏度余量

考核时间：30分钟。

操作开始时间：　　　时　　　分　　　　　操作结束时间：　　　时　　　分

序号	考核内容	考核要点	配分	评分标准	扣分	得分
1	时间	遵守考核时间	5	每超时1分钟，从总分中扣2分，总超时5分钟停止作业		
2	设备检测	1. 正确测定焊缝（通用）探伤仪的动态范围和灵敏度余量。 2. 正确按规范要求的方法步骤测定	80	1. 配分：动态范围和灵敏度余量测定占60分，每项占30分；操作方法步骤占20分。 2. 以考评员测定的伤损判定灵敏度为标准。 3. 检测结果每项误差(dB/得分)：2 dB/30分，4 dB/20分，6 dB/10分，7 dB及以上不得分。 4. 操作方法步骤正确得20分，每项不正确扣2分。 5. 未写出检测结果，每项扣30分		
3	设备工具使用	正确使用设备、工具及备品，并摆放整齐	5	1. 仪器调整、使用方法不正确扣1~3分。 2. 考试场地不整洁，仪器、试块、工具及备品摆放不整齐扣1~2分		
4	安全及其他	1. 操作仪器防止滑落摔倒，损坏设备、砸伤人员。 2. 穿戴劳保服装、备齐考核用品	10	1 未正确执行安全技术操作规程扣5分。 2. 考核用品准备不全（如函数计算器、记录笔等）扣1~2分。 3. 劳动保护服装未穿戴或不全扣1~2分		
	合计		100			

否定项：若考生发生下列情况之一，则应及时终止其考试，考生该试题成绩记为零分。

（1）未按规定时间到达考场或擅自离开考场。

（2）无准考证或其身份与准考证不符。

（3）违反考场纪律，不听考评员指挥、利用通信设备相互传送探伤结果及故意损坏机具等

考评员：　　　　　　　　　总分人：　　　　　　　　　　　　　　　年　　月　　日

钢轨探伤工高级工操作技能考核准备通知单（3）

试题名称：测定通用直探头和斜探头分辨力

考核时间：30 分钟。

一、鉴定站准备

1. 材料准备

（1）耦合剂：黄油（或凡士林、润滑脂）1 盒、机油 500 g。

（2）棉纱若干。

（3）砂纸若干。

（4）油刷 1 个。

（5）书写板（每人 1 个）。

2. 设备准备

（1）模拟通用探伤仪 1 台。

（2）CSK-1A 试块 1 块。

（3）2.5 MHzϕ20 直探头 2 个、4 MHz 8×12 斜探头 2 个。

3. 工、量、刃、卡具准备

（1）专用工具包 1 个。

（2）150 mm 钢板尺 1 个。

（3）2 m 钢卷尺 1 个。

4. 考场准备

（1）光照：自然光或 100 W 白炽灯。

（2）考位安静与外界隔离。

（3）面积不小于 20 m^2。

（4）室温保持常温。

二、考生准备

（1）劳动保护用品、函数计算器及记录笔等。

（2）准考证、身份证。

钢轨探伤工高级工操作技能考核试卷（3）

试题名称：测定通用直探头和斜探头分辨力

一、技术要求

1. 超声波探伤仪各项技术指标应符合行业标准 TB/T 2658.21—2007 中的有关规定。
2. 两种探头的测试方法和步骤应按行业标准 TB/T 2658.21—2007 中的有关规定进行。

二、考核要求

1. 遵守考场纪律和考核时间。
2. 测定 1 个直探头和 1 个斜探头的分辨力，在 CSK-1A 试块上进行测试，并写出测试结果。考核前考评员测定实际分辨力的数值。
3. 正确执行安全技术操作规程。
4. 考试场地整洁，设备、工具及备品摆放整齐，工作服装穿戴齐全。

三、考核时限

1. 准备时间：5 分钟。
2. 正式操作时间：30 分钟。
3. 计时从_____开始，到_____结束。
4. 规定时间内全部完成不加分，也不扣分。每超时 1 分钟，从总分中扣 1 分，总超时 5 分钟停止作业。

四、考核评分

1. 考评人数：3 人或以上。
2. 评分要点：测定方法步骤正确，数据记录清楚准确。
3. 评分程序：检查测定步骤方法，分析测定结果。
4. 评分规则：各项配分扣完为止，不出现负分；考评员按考核评分记录表各自打分，取平均分数为总分，按技能考核评分记录表计算总分。

五、否定项

若考生发生下列情况之一，则应及时终止其考试，考生该试题成绩记为零分。
1. 未按规定时间到达考场或擅自离开考场。
2. 无准考证或其身份与准考证不符。
3. 违反考场纪律，不听考评员指挥、利用通信设备相互传送探伤结果及故意损坏机具等。

钢轨探伤工高级工操作技能考核评分记录表（3）

准考证号：_____　姓名：_____　单位：_____

试题名称：测定通用直探头和斜探头分辨力

考核时间：30 分钟。

操作开始时间：　　时　　分　　　　　操作结束时间：　　时　　分

序号	考核内容	考核要点	配分	评分标准	扣分	得分
1	时间	遵守考核时间	5	每超时 1 分钟，从总分中扣 2 分，总超时 5 分钟停止作业		
2	设备检测	1. 正确测定直探头和斜探头的分辨率。2. 正确按规范要求的方法步骤测定	80	1. 配分：分辨力测定占 60 分，每个占 30 分；操作方法和步骤占 20 分。2. 以考评员测定的分辨力数值为标准。3. 检测结果误差（dB/得分）：2 dB/30 分，4 dB/20 分，6 dB/10 分，7 dB 及以上不得分。4. 操作方法步骤正确得 20 分，每项不正确扣 2 分。5. 未写出检测结果，每项扣 30 分		
3	设备工具使用	正确使用设备、工具及备品，并摆放整齐	5	1. 仪器调整、使用方法不正确扣 1～3 分。2. 考试场地不整洁，仪器、试块、工具及备品摆放不整齐扣 1～2 分		
4	安全及其他	1. 操作仪器防止滑落摔倒，损坏设备、砸伤人员。2. 穿戴劳保服装、备齐考核用品	10	1. 未正确执行安全技术操作规程扣 5 分。2. 考核用品准备不全（如函数计算器、记录笔等）扣 1～2 分。3. 劳动保护服装未穿戴或不全扣 1～2 分		
合计			100			

否定项：若考生发生下列情况之一，则应及时终止其考试，考生该试题成绩记为零分。
（1）未按规定时间到达考场或擅自离开考场。
（2）无准考证或其身份与准考证不符。
（3）违反考场纪律，不听考评员指挥、利用通信设备相互传送探伤结果及故意损坏机具等

考评员：　　　　　　总分人：　　　　　　　　　　　　　　　年　　月　　日

钢轨探伤工高级工操作技能考核准备通知单（4）

试题名称：测定焊缝（通用）探伤仪斜探头折射角和声轴偏斜角

考核时间：30分钟。

一、鉴定站准备

1. 材料准备

（1）耦合剂：黄油（或凡士林、润滑脂）1盒、机油500 g。

（2）棉纱若干。

（3）砂纸若干。

（4）钢丝刷1把。

（5）书写板（每人1个）。

2. 设备准备

（1）焊缝（通用）探伤仪1台。

（2）CSK-1A、WGT-3试块各1块。

（3）2.5 MHz K2.5斜探头2个。

3. 工、量、刃、卡具准备

（1）适用于钢轨探伤仪工具包1个。

（2）150 mm活动扳手1把。

（3）150 mm钢板尺1个。

（4）2 m钢卷尺1个。

4. 考场准备

（1）光照：自然光或100 W白炽灯。

（2）考位安静与外界隔离。

（3）面积不小于20 m^2。

（4）室温保持常温。

二、考生准备

（1）劳动保护用品、函数计算器及记录笔等。

（2）准考证、身份证。

钢轨探伤工高级工操作技能考核试卷（4）

试题名称：测定焊缝（通用）探伤仪斜探头折射角和声轴偏斜角

一、技术要求

超声波探伤仪和探头的各项技术指标应符合行业标准 TB/T 2658.21—2007 中的有关规定。

二、考核要求

1. 遵守考场纪律和考核时间。
2. 分别在相应的试块上测试 2 个斜探头折射角和声轴偏斜角，并写出试验结果。考试前考评员测出各探头实际折射角和声轴偏斜角。
3. 正确执行安全技术操作规程。
4. 考试场地整洁，设备、工具及备品摆放整齐，工作服装穿戴齐全。

三、考核时限

1. 准备时间：5 分钟。
2. 正式操作时间：30 分钟。
3. 计时从_____开始，到_____结束。
4. 规定时间内全部完成不加分，也不扣分。每超时 1 分钟，从总分中扣 1 分，总超时 5 分钟停止作业。

四、考核评分

1. 考评人数：3 人或以上。
2. 评分要点：各项目测定方法正确，数据记录清楚准确。
3. 评分程序：检查测定方法，分析测定结果。
4. 评分规则：各项配分扣完为止，不出现负分；考评员按考核评分记录表各自打分，取平均分数为总分，按技能考核评分记录表计算总分。

五、否定项

若考生发生下列情况之一，则应及时终止其考试，考生该试题成绩记为零分。

1. 未按规定时间到达考场或擅自离开考场。
2. 无准考证或其身份与准考证不符。
3. 违反考场纪律，不听考评员指挥、利用通信设备相互传送探伤结果及故意损坏机具等。

钢轨探伤工高级工操作技能考核评分记录表（4）

准考证号：_____ 姓名：_____ 单位：_____

试题名称：测定焊缝（通用）探伤仪斜探头折射角和声轴偏斜角

考核时间：30分钟。

操作开始时间：　　　时　　　分　　　　　操作结束时间：　　　时　　　分

序号	考核内容	考核要点	配分	评分标准	扣分	得分
1	时间	遵守考核时间	5	每超时1分钟，从总分中扣2分，总超时5分钟停止作业		
2	设备检测	1. 测定焊缝（通用）探伤仪斜探头折射角和声轴偏斜角。 2. 写出检测结果	80	1. 设备检测分数分配：斜探头折射角和声轴偏斜角测试占60分，操作方法步骤占20分。 2. 以考评员测定的结果为标准。 3. 每个斜探头折射角误差（°）/得分：1°/15分，1.5°/10分，2°/8分，3°/5分，4°及以上得3分。 4. 每个斜探头声轴偏斜角误差（°）/得分：1°/15分，1.5°/10分，2°/8分，3°/5分，4°及以上得3分。 5. 操作方法步骤正确得20分，每项不正确扣2分。 6. 未写出检测结果，每个探头扣20分		
3	设备工具使用	正确使用设备、工具及备品，并摆放整齐	5	1. 仪器调整、使用方法不正确扣1~3分。 2. 考试场地不整洁，仪器、试块、工具及备品摆放不整齐扣1~2分		
4	安全及其他	1. 操作仪器时防止滑落摔倒，损坏设备、砸伤人员。 2. 穿戴劳保服装、备齐考核用品	10	1. 未正确执行安全技术操作规程扣5分。 2. 考核用品准备不全（如函数计算器、记录笔等）扣1~2分。 3. 劳动保护服装未穿戴或不全扣1~2分		
	合计		100			

否定项：若考生发生下列情况之一，则应及时终止其考试，考生该试题成绩记为零分。

（1）未按规定时间到达考场或擅自离开考场。

（2）无准考证或其身份与准考证不符。

（3）违反考场纪律，不听考评员指挥、利用通信设备相互传送探伤结果及故意损坏机具等

考评员：_____　　　　总分人：_____　　　　　　　　年　　月　　日

钢轨探伤工高级工操作技能考核准备通知单（5）

试题名称：测定焊缝（通用）探伤仪水平线性、垂直线性误差

考核时间：30 分钟。

一、鉴定站准备

1. 材料准备

（1）耦合剂：黄油（或凡士林、润滑脂）1 盒、机油 500 g。

（2）棉纱若干。

（3）砂纸若干。

（4）钢丝刷 1 把。

（5）书写板（每人 1 个）。

2. 设备准备

（1）焊缝（通用）探伤仪 1 台。

（2）CSK-1A 试块 1 块。

（3）2.5 MHz 或其他频率的直探头 2 只。

3. 工、量、刃、卡具准备

（1）适用于钢轨探伤仪工具包 1 个。

（2）150 mm 活动扳手 1 把。

（3）150 mm 钢板尺 1 个。

（4）2 m 钢卷尺 1 个。

4. 考场准备

（1）光照：自然光或 100 W 白炽灯。

（2）考位安静与外界隔离。

（3）面积不小于 20 m^2。

（4）室温保持常温。

二、考生准备

（1）劳动保护用品、函数计算器及记录笔等。

（2）准考证、身份证。

钢轨探伤工高级工操作技能考核试卷（5）

试题名称：测定焊缝（通用）探伤仪水平线性、垂直线性误差

一、技术要求

超声波探伤仪和探头的各项技术指标应符合行业标准 TB/T 2658.21—2007 中的有关规定。

二、考核要求

1. 遵守考场纪律和考核时间。
2. 水平线性、垂直线性试验应按操作规范要求的操作步骤，在 CSK-1A 试块上进行，试验结束后写出试验报告。考试前考评员测出各探头实际误差值。
3. 正确执行安全技术操作规程。
4. 考试场地整洁，设备、工具及备品摆放整齐，工作服装穿戴齐全。

三、考核时限

1. 准备时间：5 分钟。
2. 正式操作时间：30 分钟。
3. 计时从_____开始，到_____结束。
4. 规定时间内全部完成不加分，也不扣分。每超时 1 分钟，从总分中扣 1 分，总超时 5 分钟停止作业。

四、考核评分

1. 考评人数：3 人或以上。
2. 评分要点：测定方法正确，数据记录清楚准确。
3. 评分程序：检查测定方法，分析测定结果。
4. 评分规则：各项配分扣完为止，不出现负分；考评员按考核评分记录表各自打分，取平均分数为总分，按技能考核评分记录表计算总分。

五、否定项

若考生发生下列情况之一，则应及时终止其考试，考生该试题成绩记为零分。
1. 未按规定时间到达考场或擅自离开考场。
2. 无准考证或其身份与准考证不符。
3. 违反考场纪律，不听考评员指挥、利用通信设备相互传送探伤结果及故意损坏机具等。

钢轨探伤工高级工操作技能考核评分记录表（5）

准考证号：_____ 姓名：_____ 单位：_____

试题名称：测定焊缝（通用）探伤仪水平线性、垂直线性误差

考核时间：30分钟。

操作开始时间：　　时　　分　　　　　　操作结束时间：　　时　　分

序号	考核内容	考核要点	配分	评分标准	扣分	得分
1	时间	遵守考核时间	5	每超时1分钟，从总分中扣2分，总超时5分钟停止作业		
2	设备性能检测	1. 测定焊缝（通用）探伤仪水平线性和垂直线性。2. 写出书面测试结果	80	1. 配分：水平线性、垂直线性误差占60分，每项占30分；测试方法步骤占20分，每项占10分。2. 以考评员测定的结果为标准误差。3. 水平线性误差（%）/得分：0.5%/30分，1%/25分，1.5%/20分，2%/15分，2%以上得10分。4. 垂直线性误差（%）/得分：1%/30分，5%/25分，10%/20分，15%/15分，15%以上得10分。5. 测试方法步骤正确得20分，对不正确的每项扣2分。6. 未写出书面测试结果，每只探头扣20分		
3	设备工具使用	正确使用设备、工具及备品，并摆放整齐	5	1. 仪器调整、使用方法不正确扣1~3分。2. 考试场地不整洁，仪器、试块、工具及备品摆放不整齐扣1~2分		
4	安全及其他	1. 操作仪器时防止滑落摔倒，损坏设备、砸伤人员。2. 穿戴劳保服装、备齐考核用品	10	1. 未正确执行安全技术操作规程扣5分。2. 考核用品准备不全（如函数计算器、记录笔等）扣1~2分。3. 劳动保护服装未穿戴或不全扣1~2分		
	合计		100			

否定项：若考生发生下列情况之一，则应及时终止其考试，考生该试题成绩记为零分。

（1）未按规定时间到达考场或擅自离开考场。

（2）无准考证或其身份与准考证不符。

（3）违反考场纪律、不听考评员指挥、利用通信设备相互传送探伤结果及故意损坏机具等

考评员：_____　　总分人：_____　　　　　　年　　月　　日

钢轨探伤工高级工操作技能考核准备通知单（6）

试题名称：拆装探头架、尼龙轮、光电轮、机头与托架，并进行整修
考核时间：40 分钟。

一、鉴定站准备

1. 材料准备
（1）黄油 1 盒、机油 500 g、汽油 1 L。
（2）棉纱若干。
（3）砂纸若干。
（4）毛刷 1 把。

2. 设备准备
（1）多通道钢轨探伤仪 1 台。
（2）GTS-60C 试块 1 块。

3. 工、量、刃、卡具准备
（1）适用于钢轨探伤仪工具包 1 个。
（2）150 mm 活动扳手 1 把。
（3）150 mm 钢板尺 1 个。
（4）2 m 钢卷尺 1 个。

4. 考场准备
（1）光照：自然光或 100 W 白炽灯。
（2）考位安静与外界隔离。
（3）面积不小于 20 m²。
（4）室温保持常温。

二、考生准备

（1）劳动保护用品、函数计算器及记录笔等。
（2）准考证、身份证。

钢轨探伤工高级工操作技能考核试卷（6）

试题名称：拆装探头架、尼龙轮、光电轮、机头与托架，并进行整修

一、技术要求

1. 探头架压力适中、升降自如。
2. 尼龙轮灵活自如、并与钢轨成 1°~3°的偏角。
3. 机头与托架紧固、转动灵活。
4. 整修后部件齐全有效、无缺损。

二、考核要求

1. 遵守考场纪律和考核时间。
2. 拆装 1 台钢轨探伤仪的探头架、光电轮、尼龙轮、机头与托架，并进行整修。
3. 正确执行安全技术操作规程。
4. 考试场地整洁，设备、工具及备品摆放整齐，工作服装穿戴齐全。

三、考核时限

1. 准备时间：5 分钟。
2. 正式操作时间：40 分钟。
3. 计时从_____开始，到_____结束。
4. 规定时间内全部完成不加分，也不扣分。每超时 1 分钟，从总分中扣 1 分，总超时 5 分钟停止作业。

四、考核评分

1. 考评人数：3 人或以上。
2. 评分要点：各项目拆装、整修方法正确。
3. 评分程序：检查各考核项目操作方法，分析操作过程。
4. 评分规则：各项配分扣完为止，不出现负分；考评员按考核评分记录表各自打分，取平均分数为总分，按技能考核评分记录表计算总分。

五、否定项

若考生发生下列情况之一，则应及时终止其考试，考生该试题成绩记为零分。
1. 未按规定时间到达考场或擅自离开考场。
2. 无准考证或其身份与准考证不符。
3. 违反考场纪律，不听考评员指挥及故意损坏机具等。

钢轨探伤工高级工操作技能考核评分记录表（6）

准考证号：_____ 姓名：_____ 单位：_____

试题名称：拆装探头架、尼龙轮、光电轮、机头与托架，并进行整修

考核时间：40分钟。

操作开始时间： 时 分　　　　操作结束时间： 时 分

序号	考核内容	考核要点	配分	评分标准	扣分	得分
1	时间	遵守考核时间	5	每超时1分钟，从总分中扣2分，总超时5分钟停止作业		
2	设备调整	拆装1台钢轨探伤仪的探头架、尼龙轮、机头与托架，并进行整修	80	1. 探头架、尼龙轮、光电轮、机头与托架拆装方法正确、整修良好得80分。 2. 拆装方法不正确、紧固件松动、不灵活等每项扣3分。 3. 未调整尼龙轮偏角或调整后的偏角大于4°扣5分。 4. 螺丝、垫片、弹簧等每缺1件扣2分		
3	设备工具使用	正确使用设备、工具及备品，并摆放整齐	5	1. 设备、工具使用不正确扣1~3分。 2. 考试场地不整洁，设备、工具及备品摆放不整齐扣1~2分		
4	安全及其他	1. 操作仪器时防止滑落摔倒，损坏设备、砸伤人员。 2. 穿戴劳保服装、备齐考核用品	10	1. 未正确执行安全技术操作规程扣5分。 2. 考核用品准备不全（如函数计算器、纸张、签字笔或圆珠笔等）扣1~2分。 3. 劳动保护服装未穿戴或不全扣1~2分		
	合计		100			

否定项：若考生发生下列情况之一，则应及时终止其考试，考生该试题成绩记为零分。

（1）未按规定时间到达考场或擅自离开考场。

（2）无准考证或其身份与准考证不符。

（3）违反考场纪律，不听考评员指挥及故意损坏机具等

考评员：　　　　　　总分人：　　　　　　　　　　　年　月　日

钢轨探伤工高级工操作技能考核准备通知单（7）

试题名称：用手工方法检查轨腰和轨面（钢轨外部）伤损
考核时间：30 分钟。

一、鉴定站准备

1. 材料准备
（1）棉纱若干。
（2）书写板（每人 1 个）。

2. 设备准备

探伤用 60 kg/m 钢轨 5 根，每根长度为 2 m，两端按标准轨尺寸钻孔，用夹板连接，其中轨端至第一孔水平裂纹 1 处（长度为 60 mm 的自然伤损）、轨面掉块伤损 1 处、擦伤 1 处；引轨 2 根，每根长度为 1～1.5 m，一端按标准轨尺寸钻孔并用夹板与探伤用轨连接。

3. 工、量、刃、卡具准备
（1）手工检查锤 1 把。
（2）450 mm 活动扳手 1 把。
（3）150 mm 钢板尺 1 个。
（4）2 m 钢卷尺 1 个。
（5）反光镜 1 面。
（6）手电筒 1 个。

4. 考场准备
（1）光照：自然光或 100 W 白炽灯。
（2）考位安静与外界隔离。
（3）面积不小于 20 m²。
（4）室温保持常温。

二、考生准备

（1）劳动保护用品、函数计算器及记录笔等。
（2）准考证、身份证。

钢轨探伤工高级工操作技能考核试卷（7）

试题名称：用手工方法检查轨腰和轨面（钢轨外部）伤损

一、技术要求

1. 按照一看（目视检查）、二敲（小锤检查）、三照（镜子和手电检查）、四卸（拆卸螺栓检查）的方法检查。
2. 判定伤损程度（重伤或轻伤）。

二、考核要求

1. 遵守考场纪律和考核时间。
2. 按照《铁路线路修理规则》有关规定执行，记录检查结果。
3. 正确执行安全技术操作规程。
4. 考试场地整洁，设备、工具及备品摆放整齐，工作服装穿戴齐全。

三、考核时限

1. 准备时间：5分钟。
2. 正式操作时间：30分钟。
3. 计时从_____开始，到_____结束。
4. 规定时间内全部完成不加分，也不扣分。每超时1分钟，从总分中扣1分，总超时5分钟停止作业。

四、考核评分

1. 考评人数：3人或以上。
2. 评分要点：手工检查方法正确，数据记录清楚准确。
3. 评分程序：检查手工探伤基本方法，分析伤损判定结果。
4. 评分规则：各项配分扣完为止，不出现负分；考评员按考核评分记录表各自打分，取平均分数为总分，按技能考核评分记录表计算总分。

五、否定项

若考生发生下列情况之一，则应及时终止其考试，考生该试题成绩记为零分。

1. 未按规定时间到达考场或擅自离开考场。
2. 无准考证或其身份与准考证不符。
3. 违反考场纪律，不听考评员指挥、利用通信设备相互传送探伤结果及故意损坏机具等。

钢轨探伤工高级工操作技能考核评分记录表（7）

准考证号：＿＿＿＿＿＿　　姓名：＿＿＿＿＿＿　　单位：＿＿＿＿＿＿＿＿

试题名称：用手工方法检查轨腰和轨面（钢轨外部）伤损

考核时间：30分钟。

操作开始时间：　　时　　分　　　　操作结束时间：　　时　　分

序号	考核内容	考核要点	配分	评分标准	扣分	得分
1	时间	遵守考核时间	5	每超时1分钟，从总分中扣2分，总超时5分钟停止作业		
2	探伤操作	1. 按照一看、二敲、三照、四卸的方法检查。 2. 正确判定伤损程度	80	1. 伤损检出占45分，伤损判定占20分，检查方法和程序占15分。 2. 伤损检出得分：每个伤损所在轨腰、轨头部位正确，按检出计算，得15分，不正确不得分。 3. 伤损程度判定：每个伤损程度等级（轻伤或重伤）判定不正确扣5分。 4. 检查方法不正确或简化程序，每项扣2分。 5. 伤损漏检每个扣25分		
3	设备工具使用	工具及备品摆放整齐	5	考试场地不整洁，工具及备品摆放不整齐扣1~2分		
4	安全及其他	1. 正确执行安全技术操作规程。 2. 考核用品和劳保服装穿戴齐全	10	1. 未正确执行安全技术操作规程扣5分。 2. 考核用品准备不全（如函数计算器、记录笔等）扣1~2分。 3. 劳动保护服装未穿戴或不全扣1~2分		
合计			100			

否定项：若考生发生下列情况之一，则应及时终止其考试，考生该试题成绩记为零分。

（1）未按规定时间到达考场或擅自离开考场。

（2）无准考证或其身份与准考证不符。

（3）违反考场纪律，不听考评员指挥、利用通信设备相互传送探伤结果及故意损坏机具等

考评员：　　　　　　总分人：　　　　　　　　　　　年　　月　　日

钢轨探伤工高级工操作技能考核准备通知单（8）

试题名称：用钢轨探伤仪探测轨腰水平裂纹和螺孔斜裂纹
考核时间：30分钟。

一、鉴定站准备

1. 材料准备

（1）耦合剂：黄油（或凡士林、润滑脂）1盒、水10 L、机油500 g。
（2）棉纱若干。
（3）砂纸若干。
（4）钢丝刷1把。
（5）书写板（每人1个）。

2. 设备准备

（1）钢轨探伤仪1台（状态良好，水箱注满水）。
（2）GTS-60C试块1块。
（3）钢轨探伤仪备用探头1套。
（4）探伤用60 kg/m钢轨5根，每根长度约为2 m，两端按标准轨尺寸钻孔，用夹板连接，其中有轨腰水平裂纹和螺孔斜裂纹各1处；引轨2根，每根长度为1~1.5 m，一端按标准轨尺寸钻孔并用夹板与探伤用轨连接。

3. 工、量、刃、卡具准备

（1）适用于钢轨探伤仪工具包1个。
（2）150 mm活动扳手1把。
（3）150 mm钢板尺1个。
（4）2 m钢卷尺1个。

4. 考场准备

（1）光照：自然光或100 W白炽灯。
（2）考位安静与外界隔离。
（3）面积不小于20 m²。
（4）室温保持常温。

二、考生准备

（1）劳动保护用品、函数计算器及记录笔等。
（2）准考证、身份证。

钢轨探伤工高级工操作技能考核试卷（8）

试题名称：用钢轨探伤仪探测轨腰水平裂纹和螺孔斜裂纹

一、技术要求

1. 钢轨探伤仪和探头各项技术指标应符合行业标准 TB/T 2340—2012 中的有关规定，仪器调整状态应符合《钢轨探伤管理规则》中的有关规定。
2. 对伤损进行定性、定位、定量。

二、考核要求

1. 遵守考场纪律和考核时间。
2. 在 GTS-60C 试块上进行调整。
3. 正确执行安全技术操作规程。
4. 考试场地整洁，设备、工具及备品摆放整齐，工作服装穿戴齐全。

三、考核时限

1. 准备时间：5 分钟。
2. 正式操作时间：30 分钟。
3. 计时从＿＿＿＿开始，到＿＿＿＿结束。
4. 规定时间内全部完成不加分，也不扣分。每超时 1 分钟，从总分中扣 1 分，总超时 5 分钟停止作业。

四、考核评分

1. 考评人数：3 人或以上。
2. 评分要点：探伤方法正确，数据记录清楚，伤损判定准确。
3. 评分程序：检查探伤方法，分析伤损判定结果。
4. 评分规则：各项配分扣完为止，不出现负分；考评员按考核评分记录表各自打分，取平均分数为总分，按技能考核评分记录表计算总分。

五、否定项

若考生发生下列情况之一，则应及时终止其考试，考生该试题成绩记为零分。

1. 未按规定时间到达考场或擅自离开考场。
2. 无准考证或其身份与准考证不符。
3. 违反考场纪律、不听考评员指挥、利用通信设备相互传送探伤结果及故意损坏机具等。

钢轨探伤工高级工操作技能考核评分记录表（8）

准考证号：_____ 姓名：_____ 单位：_____

试题名称：用钢轨探伤仪探测轨腰水平裂纹和螺孔斜裂纹

操作开始时间：　　时　　分　　　　　操作结束时间：　　时　　分

序号	考核内容	考核要点	配分	评分标准	扣分	得分
1	时间	遵守考核时间	5	每超时1分钟，从总分中扣2分，总超时5分钟停止作业		
2	探伤操作	1. 探测轨腰水平裂纹和螺孔斜裂纹。2. 对伤损进行定性、定位、定量	80	1. 配分：伤损检出占50分，每个占25分；伤损定性、定位、定量各占10分。2. 伤损检出得分：每个伤损所在轨腰、孔位正确，按检出计，得25分。3. 伤损定性得分：每个伤损定性正确得5分，不正确不得分。4. 伤损定位误差（mm）/得分。轨腰水平裂纹距轨端距离（按裂纹中心计算）：15 mm/2.5分，30 mm/2分，50 mm/1.5分，51 mm以上不得分；裂纹深度：5 mm/2.5分，10 mm/2分，20 mm/1.5分，21 mm以上不得分。螺孔斜裂纹：孔位、象限正确得5分，孔位正确、象限不正确得2.5分。5. 伤损定量误差（mm）/得分。轨腰水平裂纹：5 mm/5分，10 mm/3分，20 mm/2分，21 mm及以上不得分；螺孔斜裂纹：5 mm/5分，10 mm/3分，20 mm/2分，21 mm以上不得分。6. 孔位不正确扣25分		
3	设备工具使用	正确使用设备、工具及备品，并摆放整齐	5	1. 仪器调整、使用方法不正确扣1~3分。2. 考试场地不整洁，仪器、试块、工具及备品摆放不整齐扣1~2分		
4	安全及其他	1. 仪器推行要稳，防止滑落摔倒，损坏设备、砸伤人员。2. 穿戴劳保服装、备齐考核用品	10	1. 未正确执行安全技术操作规程扣5分。2. 考核用品准备不全（如函数计算器、记录笔等）扣1~2分。3. 劳动保护服装未穿戴或不全扣1~2分		
	合计		100			

否定项：若考生发生下列情况之一，则应及时终止其考试，考生该试题成绩记为零分。
（1）未按规定时间到达考场或擅自离开考场。
（2）无准考证或其身份与准考证不符。
（3）违反考场纪律，不听考评员指挥、利用通信设备相互传送探伤结果及故意损坏机具等

考评员：　　　　　　　总分人：　　　　　　　　　　　年　月　日

钢轨探伤工高级工操作技能考核准备通知单（9）

试题名称：用钢轨探伤仪探测轨底横向裂纹和螺孔水平裂纹
考核时间：30 分钟。

一、鉴定站准备

1. 材料准备
（1）耦合剂：黄油（或凡士林、润滑脂）1 盒、水 10 L、机油 500 g。
（2）棉纱若干。
（3）砂纸若干。
（4）钢丝刷 1 把。
（5）书写板（每人 1 个）。

2. 设备准备
（1）钢轨探伤仪 1 台（状态良好，水箱注满水）。
（2）GTS-60C 试块 1 块。
（3）钢轨探伤仪备用探头 1 套。
（4）探伤用 60 kg/m 钢轨 5 根，每根长度约为 2 m，两端按标准轨尺寸钻孔，用夹板连接，其中有轨底横向裂纹和螺孔水平裂纹各 1 处；引轨 2 根，每根长度为 1～1.5 m，一端按标准轨尺寸钻孔并用夹板与探伤用轨连接。

3. 工、量、刃、卡具准备
（1）适用于钢轨探伤仪工具包 1 个。
（2）150 mm 活动扳手 1 把。
（3）150 mm 钢板尺 1 个。
（4）2 m 钢卷尺 1 个。

4. 考场准备
（1）光照：自然光或 100 W 白炽灯。
（2）考位安静与外界隔离。
（3）面积不小于 20 m^2。
（4）室温保持常温。

二、考生准备

（1）劳动保护用品、函数计算器及记录笔等。
（2）准考证、身份证。

钢轨探伤工高级工操作技能考核试卷（9）

试题名称：用钢轨探伤仪探测轨底横向裂纹和螺孔水平裂纹

一、技术要求

1. 钢轨探伤仪和探头各项技术指标应符合行业标准 TB/T 2340—2012 中的有关规定，仪器调整状态应符合《钢轨探伤管理规则》中的有关规定。
2. 对伤损进行定位、定量。

二、考核要求

1. 遵守考场纪律和考核时间。
2. 在 GTS-60C 试块上进行调整。
3. 正确执行安全技术操作规程。
4. 考试场地整洁，设备、工具及备品摆放整齐，工作服装穿戴齐全。

三、考核时限

1. 准备时间：5 分钟。
2. 正式操作时间：30 分钟。
3. 计时从_____开始，到_____结束。
4. 规定时间内全部完成不加分，也不扣分。每超时 1 分钟，从总分中扣 1 分，总超时 5 分钟停止作业。

四、考核评分

1. 考评人数：3 人或以上。
2. 评分要点：探伤方法正确，数据记录清楚，伤损判定准确。
3. 评分程序：检查探伤方法，分析伤损判定结果。
4. 评分规则：各项配分扣完为止，不出现负分；考评员按考核评分记录表各自打分，取平均分数为总分，按技能考核评分记录表计算总分。

五、否定项

若考生发生下列情况之一，则应及时终止其考试，考生该试题成绩记为零分。
1. 未按规定时间到达考场或擅自离开考场。
2. 无准考证或其身份与准考证不符。
3. 违反考场纪律，不听考评员指挥、利用通信设备相互传送探伤结果及故意损坏机具等。

钢轨探伤工高级工操作技能考核评分记录表（9）

准考证号：_____ 姓名：_____ 单位：_____

试题名称：用钢轨探伤仪探测轨底横向裂纹和螺孔水平裂纹

考核时间：30 分钟。

操作开始时间： 时 分 　　　　　操作结束时间： 时 分

序号	考核内容	考核要点	配分	评分标准	扣分	得分
1	时间	遵守考核时间	5	每超时 1 分钟，从总分中扣 2 分，总超时 5 分钟停止作业		
2	探伤操作	1. 探测轨底横向裂纹和螺孔水平裂纹。 2. 对伤损进行定性、定位、定量	80	1. 探伤操作分数分配：伤损检出占 50 分，每处占 25 分；伤损定性、定位、定量各占 10 分。 2. 伤损检出得分：每个伤损所在轨底、孔位正确，按检出计，得 25 分。 3. 伤损定性得分：每个伤损定性正确得 5 分，不正确不得分。 4. 伤损定位误差（mm）/得分。 轨底横向裂纹（距轨端水平距离）：10 mm/5 分，20 mm/3 分，21 mm 及以上不得分；螺孔水平裂纹：孔位、象限正确得 5 分，孔位正确、象限不正确得 2.5 分。 5. 伤损定量误差（mm）/得分。 螺孔水平裂纹：5 mm/5 分，10 mm/3 分，20 mm/2 分，21 mm 及以上不得分。 6. 孔位不正确扣 25 分		
3	设备工具使用	正确使用设备、工具及备品，并摆放整齐	5	1. 仪器调整、使用方法不正确扣 1~3 分。 2. 考试场地不整洁，仪器、试块、工具及备品摆放不整齐扣 1~2 分		
4	安全及其他	1. 仪器推行要稳，防止滑落摔倒，损坏设备、砸伤人员。 2. 穿戴劳保服装、备齐考核用品	10	1. 未正确执行安全技术操作规程扣 5 分。 2. 考核用品准备不全（如函数计算器、记录笔等）扣 1~2 分。 3. 劳动保护服装未穿戴或不全扣 1~2 分		
合计			100			

否定项：若考生发生下列情况之一，则应及时终止其考试，考生该试题成绩记为零分。
（1）未按规定时间到达考场或擅自离开考场。
（2）无准考证或其身份与准考证不符。
（3）违反考场纪律，不听考评员指挥、利用通信设备相互传送探伤结果及故意损坏机具等

考评员： 　　　　　　　总分人： 　　　　　　　　　　　　　　　年 月 日

钢轨探伤工高级工操作技能考核准备通知单（10）

试题名称：将钢轨探伤仪由出厂状态调整为正常工作状态，并能检测出 GTS-60 动态试块上各种人工缺陷

考核时间：40 分钟。

一、鉴定站准备

1. 材料准备

（1）耦合剂：黄油（或凡士林、润滑脂）1 盒、水 10 L、机油 500 g。

（2）棉纱若干。

（3）砂纸若干。

（4）钢丝刷 1 把。

（5）书写板（每人 1 个）。

2. 设备准备

（1）通用探伤仪 1 台（状态良好）。

（2）GTS-60C 试块 1 块。

（3）CSK-1A 标准试块 1 块、GHT 型钢轨焊缝探伤试块 1 套。

（4）备用探头：钢轨探伤仪备用探头 1 套。

3. 工、量、刃、卡具准备

（1）适用于钢轨探伤仪工具包 1 个。

（2）150 mm 活动扳手 1 把。

（3）150 mm 钢板尺 1 个。

（4）2 m 钢卷尺 1 个。

4. 考场准备

（1）光照：自然光或 100 W 白炽灯。

（2）考位安静与外界隔离。

（3）面积不小于 20 m^2。

（4）室温保持常温。

二、考生准备

（1）劳动保护用品、函数计算器及记录笔等。

（2）准考证、身份证。

钢轨探伤工高级工操作技能考核试卷（10）

试题名称：将钢轨探伤仪由出厂状态调整为正常工作状态，并能检测出 GTS-60 动态试块上各种人工缺陷

一、技术要求

1. 探伤仪和探头各项技术指标应符合行业标准 TB/T 2340—2012 中的有关规定，调整状态应符合《钢轨探伤管理规则》中的有关规定。
2. 对试块人工缺陷进行定位、定量。

二、考核要求

1. 遵守考场纪律和考核时间。
2. 在 GTS-60C 试块上调整仪器至正常工作状态，并能够发现 GTS-60C 试块上各种人工缺陷。
3. 正确执行安全技术操作规程。
4. 考试场地整洁，设备、工具及备品摆放整齐，工作服装穿戴齐全。

三、考核时限

1. 准备时间：5 分钟。
2. 正式操作时间：40 分钟。
3. 计时从_____开始，到_____结束。
4. 规定时间内全部完成不加分，也不扣分。每超时 1 分钟，从总分中扣 1 分，总超时 5 分钟停止作业。

四、考核评分

1. 考评人数：3 人或以上。
2. 评分要点：探伤方法正确，数据记录清楚，伤损判定准确。
3. 评分程序：检查调整、探伤方法，分析伤损判定结果。
4. 评分规则：各项配分扣完为止，不出现负分；考评员按考核评分记录表各自打分，取平均分数为总分，按技能考核评分记录表计算总分。

五、否定项

若考生发生下列情况之一，则应及时终止其考试，考生该试题成绩记为零分。
1. 未按规定时间到达考场或擅自离开考场。
2. 无准考证或其身份与准考证不符。
3. 违反考场纪律，不听考评员指挥、利用通信设备相互传送探伤结果及故意损坏机具等。

钢轨探伤工高级工操作技能考核评分记录表（10）

准考证号：_____   姓名：_____   单位：_____

试题名称：将钢轨探伤仪由出厂状态调整为正常工作状态，并能检测出 GTS-60 动态试块上各种人工缺陷

考核时间：40 分钟。

操作开始时间：　　　时　　　分　　　　　　操作结束时间：　　　时　　　分

序号	考核内容	考核要点	配分	评分标准	扣分	得分
1	时间	遵守考核时间	5	每超时 1 分钟，从总分中扣 2 分，总超时 5 分钟停止作业		
2	探伤操作	1. 按行业标准 TB/T 2340—2012 中规定的方法进行扫查。 2. 正确检出试块上的各种人工缺陷，不漏检	80	1. 调整仪器内的各项设置，探头射向、报警、增益、抑制、拼孔等，仪器状态调整占 40 分。 2. 检测各种人工缺陷占 40 分，每漏 1 处扣 10 分。 3. 人工缺陷定位得分：螺孔裂纹区分通道、象限、孔位；核伤区分探头、内外侧；缺陷检出得分：轨腰横通孔、轨底横向裂纹区分通道；每错误 1 处扣 5 分		
3	设备工具使用	正确使用设备、工具及备品，并摆放整齐	5	1. 仪器调整、使用方法不正确扣 1~3 分。 2. 考试场地不整洁，仪器、试块、工具及备品摆放不整齐扣 1~2 分		
4	安全及其他	1. 仪器推行要稳，防止滑落摔倒，损坏设备、砸伤人员。 2. 穿戴劳保服装、备齐考核用品	10	1. 未正确执行安全技术操作规程扣 5 分。 2. 考核用品准备不全（如函数计算器、纸张、记录笔等）扣 1~2 分。 3. 劳动保护服装未穿戴或不全扣 1~2 分		
	合计		100			

否定项：若考生发生下列情况之一，则应及时终止其考试，考生该试题成绩记为零分。
（1）未按规定时间到达考场或擅自离开考场。
（2）无准考证或其身份与准考证不符。
（3）违反考场纪律，不听考评员指挥、利用通信设备相互传送探伤结果及故意损坏机具等

考评员：　　　　　　　　　总分人：　　　　　　　　　　　　　年　　月　　日

钢轨探伤工高级工操作技能考核准备通知单（11）

试题名称：用专用或通用探伤仪探测钢轨铝热焊缝轨底脚缺陷

考核时间：40 分钟。

一、鉴定站准备

1. 材料准备

（1）耦合剂：黄油（或凡士林、润滑脂）1 盒、水 10 L、机油 500 g。

（2）棉纱若干。

（3）砂纸若干。

（4）钢丝刷 1 把。

（5）书写板（每人 1 个）。

2. 设备准备

（1）专用焊缝探伤仪或通用探伤仪 1 台（状态良好）。

（2）钢轨焊缝探伤扫查装置 1 个。

（3）CSK-1A 标准试块 1 块、GHT 型钢轨焊缝探伤试块 1 套。

（4）备用探头：能满足焊缝探伤用各类单探头、双探头及阵列式探头等。

（5）探伤用 60 kg/m 钢轨铝热焊头 2 根，每根长度不少于 1.5 m，焊缝居中。2 个焊缝断面有 n 处缺陷（伤损总数一般不超过 3 处），应有明显的缺陷回波。

3. 工、量、刃、卡具准备

（1）适用于钢轨探伤仪工具包 1 个。

（2）150 mm 活动扳手 1 把。

（3）150 mm 钢板尺 1 个。

（4）2 m 钢卷尺 1 个。

4. 考场准备

（1）光照：自然光或 100 W 白炽灯。

（2）考位安静与外界隔离。

（3）面积不小于 20 m^2。

（4）室温保持常温。

二、考生准备

（1）劳动保护用品、函数计算器及记录笔等。

（2）准考证、身份证。

钢轨探伤工高级工操作技能考核试卷（11）

试题名称：用专用或通用探伤仪探测钢轨铝热焊缝轨底脚缺陷

一、技术要求

1. 探伤仪和探头各项技术指标应符合行业标准 TB/T 2658.21—2007 中的有关规定，调整状态应符合《钢轨探伤管理规则》有关规定。
2. 对缺陷进行定位、定量。

二、考核要求

1. 遵守考场纪律和考核时间。
2. 在 CSK-1A 试块和 GHT 型钢轨焊缝探伤试块上调整仪器状态。
3. 正确执行安全技术操作规程。
4. 考试场地整洁，设备、工具及备品摆放整齐，工作服装穿戴齐全。

三、考核时限

1. 准备时间：5 分钟。
2. 正式操作时间：40 分钟。
3. 计时从_____开始，到_____结束。
4. 规定时间内全部完成不加分，也不扣分。每超时 1 分钟，从总分中扣 1 分，总超时 5 分钟停止作业。

四、考核评分

1. 考评人数：3 人或以上。
2. 评分要点：探伤方法正确，数据记录清楚，伤损判定准确。
3. 评分程序：检查探伤方法，分析伤损判定结果。
4. 评分规则：各项配分扣完为止，不出现负分；考评员按考核评分记录表各自打分，取平均分数为总分，按技能考核评分记录表计算总分。

五、否定项

若考生发生下列情况之一，则应及时终止其考试，考生该试题成绩记为零分。
1. 未按规定时间到达考场或擅自离开考场。
2. 无准考证或其身份与准考证不符。
3. 违反考场纪律，不听考评员指挥、利用通信设备相互传送探伤结果及故意损坏机具等。

钢轨探伤工高级工操作技能考核评分记录表（11）

准考证号：_____ 姓名：_____ 单位：_____

试题名称：用专用或通用探伤仪探测钢轨铝热焊缝轨底脚缺陷

考核时间：40 分钟。

操作开始时间： 时 分　　　　　操作结束时间： 时 分

序号	考核内容	考核要点	配分	评分标准	扣分	得分
1	时间	遵守考核时间	5	每超时 1 分钟，从总分中扣 2 分，总超时 5 分钟停止作业		
2	探伤操作	1. 按行业标准 TB/T 2658.21—2007 中规定的方法进行扫查。 2. 正确检出缺陷，不漏检。 3. 对缺陷进行定位、定量	80	1. 每处焊缝有 n 个伤损占 40 分，其中每个伤损检出占 $30/n$ 分、定量占 $5/n$、定位占 $5/n$ 分。若焊缝内无伤，考生也判为无伤按检出正确得分。 2. 缺陷检出得分：每处焊缝中每个缺陷所在轨底脚里口或外口正确，按检出计算，得 $30/n$ 分，不正确不得分。 3. 缺陷定位得分：每处焊缝中每个缺陷任意一点位于距轨底脚边缘 20 mm 范围内得 $5/n$ 分，不正确不得分。 4. 缺陷定量得分：每处焊缝中每个缺陷的高度和宽度尺寸误差 5 mm 得 $2.5/n$ 分，误差 10 mm 得 $1.5/n$ 分，误差 11mm 及以上不得分。 5. 缺陷漏检每个扣 $40/n$ 分，误判每个扣 5 分		
3	设备工具使用	正确使用设备、工具及备品，并摆放整齐	5	1. 仪器调整、使用方法不正确扣 1~3 分。 2. 考试场地不整洁，仪器、试块、工具及备品摆放不整齐扣 1~2 分		
4	安全及其他	1. 仪器推行要稳，防止滑落摔倒，损坏设备、砸伤人员。 2. 穿戴劳保服装、备齐考核用品	10	1. 未正确执行安全技术操作规程扣 5 分。 2. 考核用品准备不全（如函数计算器、纸张、签字笔或圆珠笔等）扣 1~2 分。 3. 劳动保护服装未穿戴或不全扣 1~2 分		
	合计		100			

否定项：若考生发生下列情况之一，则应及时终止其考试，考生该试题成绩记为零分。

（1）未按规定时间到达考场或擅自离开考场。

（2）无准考证或其身份与准考证不符。

（3）违反考场纪律，不听考评员指挥、利用通信设备相互传送探伤结果及故意损坏机具等

考评员：　　　　　　总分人：　　　　　　　　　　　　　　年　月　日

钢轨探伤工高级工操作技能考核准备通知单（12）

试题名称：用专用或通用探伤仪探测钢轨焊缝轨头缺陷
考核时间：40 分钟。

一、鉴定站准备

1. 材料准备

（1）耦合剂：黄油（或凡士林、润滑脂）1 盒、水 10 L、机油 500 g。
（2）棉纱若干。
（3）砂纸若干。
（4）钢丝刷 1 把。
（5）书写板（每人 1 个）。

2. 设备准备

（1）专用焊缝探伤仪或通用探伤仪 1 台。
（2）钢轨焊缝探伤扫查装置 1 个。
（3）CSK-1A 标准试块 1 块、GHT 型钢轨焊缝探伤试块 1 套。
（4）备用探头：能满足焊缝探伤用的各类单探头、双探头及阵列式探头等。
（5）探伤用 60 kg/m 钢轨闪光焊头 2 根，每根长度不少于 1.5 m，焊缝居中。2 个焊缝断面有 n 处缺陷（伤损总数一般不超过 3 处），应有明显的缺陷回波。

3. 工、量、刃、卡具准备

（1）适用于钢轨探伤仪工具包 1 个。
（2）150 mm 活动扳手 1 把。
（3）150 mm 钢板尺 1 个。
（4）2 m 钢卷尺 1 个。

4. 考场准备

（1）光照：自然光或 100 W 白炽灯。
（2）考位安静与外界隔离。
（3）面积不小于 20 m^2。
（4）室温保持常温。

二、考生准备

（1）劳动保护用品、函数计算器及记录笔等。
（2）准考证、身份证。

钢轨探伤工高级工操作技能考核试卷（12）

试题名称：用专用或通用探伤仪探测钢轨焊缝轨头缺陷

一、技术要求

1. 探伤仪和探头各项技术指标应符合行业标准 TB/T 2658.21—2007 中的有关规定，调整状态应符合《钢轨探伤管理规则》中的有关规定。
2. 对缺陷进行定位、定量。

二、考核要求

1. 遵守考场纪律和考核时间。
2. 在 CSK-1A 试块和 GHT 型钢轨焊缝探伤试块上调整仪器状态。
3. 正确执行安全技术操作规程。
4. 考试场地整洁，设备、工具及备品摆放整齐，工作服装穿戴齐全。

三、考核时限

1. 准备时间：5 分钟。
2. 正式操作时间：40 分钟。
3. 计时从_____开始，到_____结束。
4. 规定时间内全部完成不加分，也不扣分。每超时 1 分钟，从总分中扣 1 分，总超时 5 分钟停止作业。

四、考核评分

1. 考评人数：3 人或以上。
2. 评分要点：探伤方法正确，数据记录清楚，伤损判定准确。
3. 评分程序：检查探伤方法，分析伤损判定结果。
4. 评分规则：各项配分扣完为止，不出现负分；考评员按考核评分记录表各自打分，取平均分数为总分，按技能考核评分记录表计算总分。

五、否定项

若考生发生下列情况之一，则应及时终止其考试，考生该试题成绩记为零分。
1. 未按规定时间到达考场或擅自离开考场。
2. 无准考证或其身份与准考证不符。
3. 违反考场纪律，不听考评员指挥、利用通信设备相互传送探伤结果及故意损坏机具等。

钢轨探伤工高级工操作技能考核评分记录表（12）

准考证号：_____ 姓名：_____ 单位：_____

试题名称：用专用或通用探伤仪探测钢轨焊缝轨头缺陷

考核时间：40分钟。

操作开始时间：　　时　　分　　　　　操作结束时间：　　时　　分

序号	考核内容	考核要点	配分	评分标准	扣分	得分
1	时间	遵守考核时间	5	每超时1分钟，从总分中扣2分，总超时5分钟停止作业		
2	探伤操作	1. 按行业标准 TB/T 2658.21—2007 中规定的方法进行扫查。2. 正确检出缺陷，不漏检。3. 对缺陷进行定位、定量	80	1. 每处焊缝有 n 个伤损占40分，其中每个伤损检出占 $30/n$ 分、定量占 $5/n$ 分、定位占 $5/n$ 分。若焊缝内无伤，考生也判为无伤按检出正确得分。2. 缺陷检出得分：每处焊缝中每个缺陷所在轨头部位正确，按检出计算，得 $30/n$ 分，不正确不得分。3. 缺陷定位得分：每处焊缝中每个缺陷距里口侧面和轨顶面的深度尺寸误差15 mm 得 $2.5/n$ 分，误差25 mm 得 $1.5/n$ 分，误差26 mm 及以上不得分。4. 缺陷定量得分：每处焊缝中每个缺陷的高度和宽度尺寸误差5 mm 得 $2.5/n$ 分，误差10 mm 得 $1.5/n$ 分，误差11 mm 及以上不得分。5. 缺陷漏检每个扣 $40/n$ 分，误判每个扣5分		
3	设备工具使用	正确使用设备、工具及备品，并摆放整齐	5	1. 仪器调整、使用方法不正确扣1~3分。2. 考试场地不整洁，仪器、试块、工具及备品摆放不整齐扣1~2分。		
4	安全及其他	1. 仪器推行要稳，防止滑落摔倒，损坏设备、砸伤人员。2. 穿戴劳保服装、备齐考核用品	10	1. 未正确执行安全技术操作规程扣5分。2. 考核用品准备不全（如函数计算器、记录笔等）扣1~2分。3. 劳动保护服装未穿戴或不全扣1~2分。		
	合计		100			

否定项：若考生发生下列情况之一，则应及时终止其考试，考生该试题成绩记为零分。

（1）未按规定时间到达考场或擅自离开考场。

（2）无准考证或其身份与准考证不符。

（3）违反考场纪律，不听考评员指挥、利用通信设备相互传送探伤结果及故意损坏机具等

考评员：　　　　　　　总分人：　　　　　　　　　　　　　　　年　　月　　日

钢轨探伤工高级工操作技能考核准备通知单（13）

试题名称：钢轨探伤仪无电源电压外部故障检查及处理

考核时间：30分钟。

一、鉴定站准备

1. 材料准备

（1）电源电缆线1条。

（2）保险管（2~5A）5个。

（3）电源电缆线1条。

（4）电池组1组。

（5）焊锡丝若干。

2. 设备准备

（1）钢轨探伤仪1台（有外部故障2处）。

（2）GTS-60C试块1块。

3. 工、量、刃、卡具准备

（1）适用于钢轨探伤仪工具包1个。

（2）50W电烙铁1把。

（3）万用表1块。

4. 考场准备

（1）光照：自然光或100W白炽灯。

（2）考位安静与外界隔离。

（3）面积不小于20 m²。

（4）室温保持常温。

二、考生准备

（1）劳动保护用品、函数计算器及记录笔等。

（2）准考证、身份证。

钢轨探伤工高级工操作技能考核试卷（13）

试题名称：钢轨探伤仪无电源电压外部故障检查及处理

一、技术要求

1. 修复后的钢轨探伤仪各项技术指标应符合行业标准 TB/T 2340—2000 中的有关规定。
2. 检查（测试）项目：保险管、电源线、电池组、插座情况。

二、考核要求

1. 遵守考场纪律和考核时间。
2. 排除 2 处仪器外部故障，在 GTS-60C 试块上进行调整试验，使仪器能正常工作。
3. 考试场地整洁，设备、工具及备品摆放整齐。

三、考核时限

1. 准备时间：5 分钟。
2. 正式排除故障时间：30 分钟。
3. 试块调试：5 分钟。
4. 计时从_____开始，到_____结束。
5. 规定时间内全部完成不加分，也不扣分。每超时 1 分钟，从总分中扣 1 分，总超时 5 分钟停止作业。

四、考核评分

1. 考评人数：3 人或以上。
2. 评分要点：检查项目正确，故障发现准确。
3. 评分程序：检查测试项目，分析故障排除结果。
4. 评分规则：各项配分扣完为止，不出现负分；考评员按考核评分记录表各自打分，取平均分数为总分，按技能考核评分记录表计算总分。

五、否定项

若考生发生下列情况之一，则应及时终止其考试，考生该试题成绩记为零分。

1. 未按规定时间到达考场或擅自离开考场。
2. 无准考证或其身份与准考证不符。
3. 违反考场纪律，不听考评员指挥及故意损坏机具等。

钢轨探伤工高级工操作技能考核评分记录表（13）

准考证号：_____ 姓名：_____ 单位：_____

试题名称：钢轨探伤仪无电源电压外部故障检查及处理

考核时间：30分钟。

操作开始时间：　　时　　分　　　　　　操作结束时间：　　时　　分

序号	考核内容	考核要点	配分	评分标准	扣分	得分
1	时间	遵守考核时间	5	每超时1分钟，从总分中扣2分，总超时5分钟停止作业		
2	故障处理	1. 检查项目顺序：保险管、电源线、电池组、插座等。 2. 正确排除故障。 3. 故障排除后，在钢轨探伤试块上将仪器调整到探伤状态	80	1. 配分：故障排除占30分，每处占15分；检查（测试）项目占40分，每项占10分；仪器调整占10分。 2. 故障排除：每处正确得15分，未排除不得分。 3. 检查（测试）项目：每项完成正确得10分，漏项不得分。 4. 仪器调整试验：每个探头通道按要求完成得10分，未按要求完成不得分		
3	设备工具使用	1. 用万用表测量电池电压及电源线是否短路或断路。 2. 设备、工具及备品摆放整齐	5	1. 万用表使用方法不正确扣1~4分。 2. 考试场地不整洁，仪器、试块、工具及备品摆放不整齐扣1~2分		
4	安全及其他	1. 穿戴劳保服装、备齐考核用品。 2. 处理时对使用的仪器、仪表、工具无损坏，轻拿轻放	10	1. 未正确执行安全技术操作规程扣5分。 2. 考核用品准备不全（如函数计算器、记录笔等）扣1~2分。 3. 发生碰手、碰脚扣5分。 4. 发生仪器、仪表碰撞损坏扣10分		
	合计		100			

否定项：若考生发生下列情况之一，则应及时终止其考试，考生该试题成绩记为零分。
（1）未按规定时间到达考场或擅自离开考场。
（2）无准考证或其身份与准考证不符。
（3）违反考场纪律，不听考评员指挥及故意损坏机具等

考评员：　　　　　　　总分人：　　　　　　　　　　　　　年　　月　　日

钢轨探伤工高级工操作技能考核准备通知单（14）

试题名称：将钢轨伤损输入"钢轨探伤及伤损管理"系统

考核时间：40 分钟。

一、鉴定站准备

1. 材料准备

某条线路的伤损资料，其中轻伤不少于 5 处（包含钢轨、焊缝、道岔等），重伤不少于 3 处（钢轨、焊缝、道岔各 1 处）。

2. 设备准备

安装了"钢轨探伤及伤损管理"系统的计算机 1 台。

3. 考场准备

（1）光照：自然光或 100 W 白炽灯。

（2）考位安静与外界隔离。

（3）面积不小于 10 m^2。

（4）室温保持常温。

二、考生准备

（1）劳动保护用品、函数计算器及记录笔等。

（2）准考证、身份证。

钢轨探伤工高级工操作技能考核试卷（14）

试题名称：将钢轨伤损输入"钢轨探伤及伤损管理"系统

一、技术要求

按"钢轨探伤及伤损管理"系统要求正确将钢轨伤损数据输入系统。

二、考核要求

1. 遵守考场纪律和考核时间。
2. 向数据库中输入 5 处轻伤和 3 处重伤钢轨伤损数据。
3. 考试场地整洁，设备、工具，工作服装穿戴齐全。

三、考核时限

1. 准备时间：5 分钟。
2. 正式操作时间：40 分钟。
3. 计时从_____开始，到_____结束。
4. 规定时间内全部完成不加分，也不扣分。每超时 1 分钟，从总分中扣 1 分，总超时 5 分钟停止作业。

四、考核评分

1. 考评人数：3 人或以上。
2. 评分要点：伤损输入方法正确，数据输入准确。
3. 评分程序：检查各项操作方法，分析伤损数据输入过程。
4. 评分规则：各项配分扣完为止，不出现负分；考评员按考核评分记录表各自打分，取平均分数为总分，按技能考核评分记录表计算总分。

五、否定项

若考生发生下列情况之一，则应及时终止其考试，考生该试题成绩记为零分。

1. 未按规定时间到达考场或擅自离开考场。
2. 无准考证或其身份与准考证不符。
3. 违反考场纪律，不听考评员指挥等。

钢轨探伤工高级工操作技能考核评分记录表（14）

准考证号：_____   姓名：_____   单位：_____

试题名称：将钢轨伤损输入"钢轨探伤及伤损管理"系统

考核时间：40分钟。

操作开始时间：____时____分   操作结束时间：____时____分

序号	考核内容	考核要点	配分	评分标准	扣分	得分
1	时间	遵守考核时间	5	每超时1分钟，从总分中扣2分，总超时5分钟停止作业		
2	将伤损数据输入"钢轨探伤及伤损管理"系统	1. 将5处轻伤和3处重伤钢轨伤损数据正确输入"钢轨探伤及伤损管理"系统。2. 正确操作软件管理系统	80	1. 配分：伤损数据输入占60分，软件系统操作占20分。2. 伤损数据输入正确得60分，每漏输1处扣3分，数据输入错误每项扣1分。3. 软件系统操作正确得20分，不正确或不熟悉扣1～10分		
3	设备及用品	正确使用计算机，伤损资料及书写用品摆放整齐	5	1. 计算机使用不熟练扣1～2分。2. 伤损资料及书写用品摆放不整齐扣1～2分		
4	其他	考核用品及工作服装齐全	10	1. 考核用品准备不全（如函数计算器、记录笔等）扣1～2分。2. 工作服装未穿戴或不全扣1～2分		
	合计		100			

否定项：若考生发生下列情况之一，则应及时终止其考试，考生该试题成绩记为零分。
（1）未按规定时间到达考场或擅自离开考场。
（2）无准考证或其身份与准考证不符。
（3）违反考场纪律，不听考评员指挥等

考评员：_____   总分人：_____   年   月   日

钢轨探伤工高级工操作技能考核准备通知单（15）

试题名称：在"钢轨探伤及伤损管理"系统，查询探伤计划完成、周期、伤损等，并且能够打印所查询的资料

考核时间：40分钟。

一、鉴定站准备

1. 材料准备

（1）某条线路的伤损资料，其中轻伤不少于15处、重伤不少于15处。

（2）A4打印纸若干。

2. 设备准备

（1）安装了"钢轨探伤及伤损管理"系统的计算机1台。

（2）打印机1台。

（3）U盘1个。

3. 考场准备

（1）光照：自然光或100 W白炽灯。

（2）考位安静与外界隔离。

（3）面积不小于10 m²。

（4）室温保持常温。

二、考生准备

（1）劳动保护用品、函数计算器及记录笔等。

（2）准考证、身份证。

钢轨探伤工高级工操作技能考核试卷（15）

试题名称：在"钢轨探伤及伤损管理"系统，查询探伤计划完成、周期、伤损等，并且能够打印所查询的资料

一、技术要求

按"钢轨探伤和伤损管理系统"软件系统要求。

二、考核要求

1. 遵守考场纪律和考核时间。
2. 从伤损数据库中正确查询不同线路的 3 条探伤计划及完成情况；2 个正线区间、1 个到发线、1 条站专线的探伤周期；2 条正线伤损（钢轨母材、焊缝各 1 条），1 条道岔伤损；导出和打印各查询结果。
3. 考试场地整洁，设备、工具，工作服装穿戴齐全。

三、考核时限

1. 准备时间：5 分钟。
2. 正式操作时间：40 分钟。
3. 计时从_____开始，到_____结束。
4. 规定时间内全部完成不加分，也不扣分。每超时 1 分钟，从总分中扣 1 分，总超时 5 分钟停止作业。

四、考核评分

1. 考评人数：3 人或以上。
2. 评分要点：计划完成、周期、伤损等资料查询、导出、打印操作方法正确，数据资料完整。
3. 评分程序：检查操作方法，分析查询和打印过程。
4. 评分规则：各项配分扣完为止，不出现负分；考评员按考核评分记录表各自打分，取平均分数为总分，按技能考核评分记录表计算总分。

五、否定项

若考生发生下列情况之一，则应及时终止其考试，考生该试题成绩记为零分。

1. 未按规定时间到达考场或擅自离开考场。
2. 无准考证或其身份与准考证不符。
3. 违反考场纪律，不听考评员指挥及故意损坏机具等。

钢轨探伤工高级工操作技能考核评分记录表（15）

准考证号：_____ 姓名：_____ 单位：_____

试题名称：在"钢轨探伤及伤损管理"系统，查询探伤计划完成、周期、伤损等，并且能够打印所查询的资料

考核时间：40分钟。

操作开始时间：　　　时　　　分　　　　　　操作结束时间：　　　时　　　分

序号	考核内容	考核要点	配分	评分标准	扣分	得分
1	时间	遵守考核时间	5	每超时1分钟，从总分中扣2分，总超时5分钟停止作业		
2	伤损处理及分析	1. 正确查询不同线路的3条探伤计划及完成情况。2个正线区间、1个到发线、1条站专线的探伤周期；2条正线伤损（钢轨母材、焊缝各一条），1条道岔伤损。2. 正确操作软件管理系统	80	1. 配分：计划、完成、周期、伤损资料查询占40分；导出和打印占20分，软件系统操作占20分。2. 计划、完成、周期、伤损资料查询正确得40分，查询过程每少1处扣5分。3. 导出和打印正确得20分，导出和打印过程每项错误扣2分。4. 软件系统操作正确得20分，不正确或不熟悉扣1~10分		
3	设备及用品	正确使用计算机，伤损资料及书写用品摆放整齐	5	1. 计算机使用不熟练扣1~2分。2. 资料及书写用品摆放不整齐扣1~2分		
4	其他	考核用品及工作服装齐全	10	1. 考核用品准备不全（如函数计算器、记录笔等）扣1~2分。2. 工作服装未穿戴或不全扣1~2分		
	合计		100			

否定项：若考生发生下列情况之一，则应及时终止其考试，考生该试题成绩记为零分。
（1）未按规定时间到达考场或擅自离开考场。
（2）无准考证或其身份与准考证不符。
（3）违反考场纪律，不听考评员指挥及故意损坏机具等

考评员：_____　　　　总分人：_____　　　　　　年　　月　　日

钢轨探伤工高级工操作技能考核准备通知单（16）

试题名称：测试 0°、70°探头距离-幅度特性，并绘制距离-幅度特性曲线

考核时间：40 分钟。

一、鉴定站准备

1. 材料准备

（1）耦合剂：黄油（或凡士林、润滑脂）1 盒、水 10 L、机油 500 g。

（2）棉纱若干。

（3）砂纸若干。

（4）钢丝刷 1 把。

（5）书写板（每人 1 个）。

2. 设备准备

（1）钢轨探伤仪 1 台（状态良好）。

（2）0°、70°探头各 1 只。

（3）CSK-1A 试块 1 块、阶梯试块 1 块、WGT-3 试块 1 块。

3. 工、量、刃、卡具准备

（1）适用于钢轨探伤仪工具包 1 个。

（2）150 mm 活动扳手 1 把。

（3）150 mm 钢板尺 1 个。

（4）2 m 钢卷尺 1 个。

4. 考场准备

（1）光照：自然光或 100 W 白炽灯。

（2）考位安静与外界隔离。

（3）面积不小于 20 m^2。

（4）室温保持常温。

二、考生准备

（1）劳动保护用品、函数计算器及记录笔等。

（2）准考证、身份证。

钢轨探伤工高级工操作技能考核试卷（16）

试题名称：测试 0°、70°探头距离-幅度特性，并绘制距离-幅度特性曲线

一、技术要求

1. 探伤仪和探头各项技术指标应符合行业标准 TB/T 2340—2012 中的有关规定，调整状态应符合《钢轨探伤管理规则》中的有关规定。
2. 测试 0°、70°探头距离-幅度特性。
3. 绘制出距离-幅度特性曲线。

二、考核要求

1. 遵守考场纪律和考核时间。
2. 在 CSK-1A 试块上调整仪器状态；在阶梯试块、WGT-3 试块上分别检测 0°、70°探头距离-幅度特性，并根据检测结果绘制距离-幅度特性曲线。
3. 正确执行安全技术操作规程。
4. 考试场地整洁，设备、工具及备品摆放整齐，工作服装穿戴齐全。

三、考核时限

1. 准备时间：5 分钟。
2. 正式操作时间：40 分钟。
3. 计时从_____开始，到_____结束。
4. 规定时间内全部完成不加分，也不扣分。每超时 1 分钟，从总分中扣 1 分，总超时 5 分钟停止作业。

四、考核评分

1. 考评人数：3 人或以上。
2. 评分要点：探伤方法正确，数据记录清楚，特性曲线规则圆润。
3. 评分程序：检查测试方法、过程，分析检测结果。
4. 评分规则：各项配分扣完为止，不出现负分；考评员按考核评分记录表各自打分，取平均分数为总分，按技能考核评分记录表计算总分。

五、否定项

若考生发生下列情况之一，则应及时终止其考试，考生该试题成绩记为零分。
1. 未按规定时间到达考场或擅自离开考场。
2. 无准考证或其身份与准考证不符。
3. 违反考场纪律，不听考评员指挥、利用通信设备相互传送探伤结果及故意损坏机具等。

钢轨探伤工高级工操作技能考核评分记录表（16）

准考证号：_____ 姓名：_____ 单位：_____

试题名称：测试 0°、70°探头距离-幅度特性，并绘制距离-幅度特性曲线

考核时间：40 分钟。

操作开始时间： 时 分　　　　　　操作结束时间： 时 分

序号	考核内容	考核要点	配分	评分标准	扣分	得分
1	时间	遵守考核时间	5	每超时 1 分钟，从总分中扣 2 分，总超时 5 分钟停止作业		
2	探伤操作	1. 按行业标准 TB/T 2340—2012 中规定的方法进行检测、标定。 2. 正确绘制距离-幅度特性曲线	80	1. 测试 0°、70°探头距离-幅度特性占 60 分，每只探头各占 30 分；绘制 0°、70°探头距离-幅度特性曲线占 20 分，每只探头各占 10 分。 2. 测试方法、流程不准确，扣 20 分。 3. 测试结果得分：测试 6 个点位，每少 1 个点位扣 10 分；测试误差≤2 dB 不扣分，≤4 dB 扣 5 分，≤6 dB 扣 10 分，误差大于 6 dB 扣 20 分。 4. 距离-幅度特性曲线应圆润，符合线性要求，不满足线性要求的扣 10 分		
3	设备工具使用	正确使用设备、工具及备品，并摆放整齐	5	1. 仪器调整、使用方法不正确扣 1~3 分。 2. 考试场地不整洁，仪器、试块、工具及备品摆放不整齐扣 1~2 分		
4	安全及其他	1. 仪器操作要稳，防止试块滑落摔倒，损坏设备、砸伤人员。 2. 穿戴劳保服装、备齐考核用品	10	1. 未正确执行安全技术操作规程扣 5 分。 2. 考核用品准备不全（如函数计算器、记录笔等）扣 1~2 分。 3. 劳动保护服装未穿戴或不全扣 1~2 分		
	合计		100			

否定项：若考生发生下列情况之一，则应及时终止其考试，考生该试题成绩记为零分。
（1）未按规定时间到达考场或擅自离开考场。
（2）无准考证或其身份与准考证不符。
（3）违反考场纪律，不听考评员指挥、利用通信设备相互传送探伤结果及故意损坏机具等

考评员：　　　　　　　　总分人：　　　　　　　　　　　　　　年　月　日

参考文献

[1] 铁路职工岗位培训教材编审委员会. 铁路探伤工（钢轨探伤）[M]. 北京：中国铁道出版社，2014.

[2] 马占生. 无损检测之钢轨探伤[M]. 成都：西南交通大学出版社，2019.

[3] 马占生，秦立朝，赵长波，等. 钢轨探伤习题集与报告册[M]. 成都：西南交通大学出版社，2019.

[4] 马占生. 钢轨探伤实训指导书[M]. 成都：西南交通大学出版社，2014.

[5] 张红梅，岳国军. 钢轨探伤[M]. 2版. 北京：中国铁道出版社，2022.

[6] 攀枝花钢铁有限责任公司. 钢轨超声波探伤方法：YB/T 951—2003[S]. 北京：中国标准出版社，2003.

[7] 铁道科学研究院金属及化学研究所，铁道部标准计量研究所. 钢轨焊接 第1部分：通用技术条件：TB/T 1632.1—2005[S]. 北京：中国铁道出版社，2005.

[8] 铁道科学研究院金属及化学研究所，铁道部标准计量研究所. 钢轨伤损分类：TB/T 1778—2010[S]. 北京：中国铁道出版社，2010.

[9] 上海申声超声波仪器有限公司. SZT-800（S）数字式钢轨探伤仪使用维护手册[Z]. 上海：上海申声超声波仪器有限公司，2014.

[10] 上海申声超声波仪器有限公司. SDW-900焊缝探伤仪使用说明书[Z]. 上海：上海申声超声波仪器有限公司，2012.

[11] 何学科. 钢轨探伤工[M]. 北京：中国铁道出版社，2009.

[12] 中国机械工程学会无损检测学会. 超声波检测[M]. 北京：机械工业出版社，2000.